安全衛生推進者必携

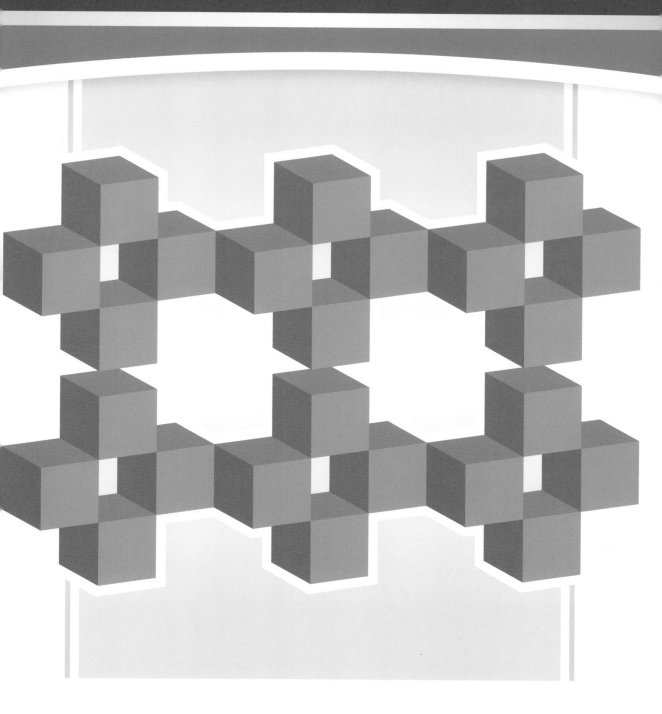

中央労働災害防止協会

はじめに

　わが国の労働災害による被災者数は，昭和 36 年をピークに，長期的には減少傾向にありますが，近年，休業 4 日以上の死傷者数は増加傾向にあります。また，800 人近くの尊い命が失われています。業務上疾病者数はいまだ年間 8,000 人を超えており，腰痛，熱中症，有機溶剤中毒等は後を絶たない状況にあります。

　とくに，中小規模事業場では，大規模事業場に比べて労働災害の発生率が格段に高くなっていること，また，健康診断の実施率が低いことなど，安全衛生水準に，依然として大きな格差があることが，課題としてあげられます。

　労働災害を防止し，労働者の健康を確保するためには，事業場の安全衛生管理体制を確立することが重要であり，10 人以上 50 人未満の労働者を使用する所定の業種の事業場では，安全衛生業務を担当する安全衛生推進者を選任しなければならないこととされています。

　本書は，安全衛生対策，関係法令等のうち基本的なものを取りまとめて，安全衛生推進者養成講習用テキストとして作成したものですが，日々の安全衛生業務を担当していくうえでも，十分活用いただけるものです。

　今回の改訂では，化学物質による健康障害の防止に関する安全衛生法令の改正に基づく内容の追加・修正，各種統計等の更新を行いました。

　本書を，安全衛生推進者をはじめ，広く関係者に活用いただき，各事業場における安全衛生水準の一層の向上にお役に立てば幸いです。

令和 5 年 10 月

中央労働災害防止協会

安全衛生推進者養成講習の講習科目の範囲および時間

平成 21 年 3 月 30 日厚生労働省告示第 135 号

講習科目	範囲	時間
安全管理	安全衛生推進者の役割と職務　安全活動　労働災害の原因の調査と再発防止対策	2 時間
危険性又は有害性等の調査及びその結果に基づき講ずる措置等	危険性又は有害性等の調査及びその結果に基づき講ずる措置等	2 時間
作業環境管理及び作業管理	作業環境測定　作業環境改善　作業方法の改善　労働衛生保護具	2 時間
健康の保持増進対策	健康診断　労働衛生統計　労働生理　健康教育	1 時間
安全衛生教育	安全衛生教育の方法　作業標準の作成と周知	1 時間
安全衛生関係法令	労働安全衛生法（昭和 47 年法律第 57 号。）及び労働者派遣事業の適正な運営の確保及び派遣労働者の保護等に関する法律（昭和 60 年法律第 88 号。）並びにこれらに基づく命令中の関係条項	2 時間

CONTENTS

第 **1** 章

安全管理

1　安全衛生推進者の役割と職務

● **チェックポイント**

☑　事業者は，事業場の業種と規模に応じ，安全衛生の管理者を選任しなければなりません。

☑　安全衛生推進者・衛生推進者は，事業者の安全配慮義務を担い，事業場の安全衛生管理の第一線の担当者として活動することになります。

☑　安全衛生推進者・衛生推進者の職務は多岐にわたり，監督者や作業者，専門家など関係者との協力のもと活動を実施していかなければなりません。

（1）労働災害の発生状況

ア　全産業における状況

　　わが国における労働災害による死亡者数は，昭和36年の6,712人をピークとして，昭和56年に初めて3,000人を下回り，さらに平成10年に初めて2,000人

走行

9

を下回るなど，長期的には減少傾向を示しています。しかし，近年でも年に800人近く（令和4年：774人）の人々が亡くなられています。最近の死亡災害の発生状況を業種別に見ると，「建設業」「製造業」「陸上貨物運送事業」の3つの合計で約6割を占めています。また，事故の型別に分類すると，「墜落・転落」「交通事故（道路）」「はさまれ・巻き込まれ」の合計が約6割となっています。

　死傷者数（休業4日以上）は，近年は増加傾向にあります。業種別に見ると，「製造業」「陸上貨物運送事業」「建設業」の合計が4割超，事故の型別では「転倒」「動作の反動・無理な動作」「墜落・転落」の合計が約6割となっています。

　また，労災保険新規受給者数は，業務災害（業務上の負傷，疾病，障害または死亡）によるものが約60万人となっており，その社会的・経済的損失は膨大なものです。

　なお，休業4日以上の業務上疾病については，近年は9,000人前後でほぼ横ばいとなっており，そのうち約6割が災害性腰痛で，このほか，「異常温度条件による疾病（熱中症を含む。）」「化学物質による疾病（がんを除く。）」「手指前腕の障害及び頸肩腕症候群」「じん肺症及びじん肺合併症」「病原体による疾病」などが多く発生しています。

イ　第三次産業における状況

　第三次産業の労働災害等の発生状況を見ると，全産業の死亡者数の約4分の1，死傷者数と業務上疾病の約半数を占めています。最近の死亡災害の業種別内訳を見ると，多い順に「商業」「清掃・と畜」「警備業」「保健衛生業」で，この4つの合計で約7割を占めています。また，事故の型別に分類すると，「交通事故（道路）」「墜落・転落」の2つで約6割となっています。

　第三次産業では，死傷者数（休業4日以上）が近年増加の傾向にあり，全産業に占める割合も年々高くなっています。最近の傾向を見ると，第三次産業の死傷者数約6万人のうち，業種別では「商業」「保健衛生業」「接客・娯楽」の3つの合計で約7割，事故の型別では「転倒」「動作の反動・無理な動作」「墜落・転落」の3つの合計で約6割となっています。

　なお，第三次産業での休業4日以上の業務上疾病は，最近では5,000人前後となっており，そのうち約7割が災害性腰痛となっています。

（2）安全衛生推進者の役割

ア　事業者の安全配慮義務と安全衛生推進者

　機械設備，作業環境，作業方法などを適正に保持し，職場で働く人たちの生命と安全を守ることは，事業者の義務です（労働契約法第5条）。しかし，事業者は，事業の運営のほか，財務，税務，労務関係などの安全衛生関係以外の業務で多忙なのが実態です。

　安全配慮義務を果たすためには，事業者は，安全衛生関係の仕事を具体的に担当してくれる人を選任して，自らその者を指揮して仕事を進めていくことが必要となります。安全衛生推進者とは，労働者数50人未満の小規模事業場においてこれらの仕事を担当する人たちのことをいいます。

　中小規模の事業場においては，労働災害発生率が大規模事業場に比べ極めて高く，また，特殊健康診断の実施率も，規模が小さくなるに従って低下しています。その大きな理由として，安全衛生管理を担当する人の不在があげられています。すなわち，労働者数の少ない事業場であっても安全衛生活動を推進するためには，事業者の指揮を受けて日々具体的な安全衛生活動を担当する人を

第1章

第2章

第3章

第4章

第5章

第6章

11

選任することが必要となるわけです。

　以上のような理由から，労働安全衛生法第12条の2の規定により，労働者数10人以上50人未満の事業場において製造業，建設業等所定の業種にあっては安全衛生推進者を，それ以外の業種にあっては衛生推進者を選任しなければならないこととされています（次ページの表を参照）。安全衛生推進者・衛生推進者は，事業者の安全衛生管理責任のもと，事業場の安全衛生管理の第一線の担当者として活動することになります。

イ　安全衛生管理体制における留意事項

　労働安全衛生法令により，次ページの表のように事業場の規模と業種ごとに安全衛生管理体制が定められています（安全衛生関係法令の詳細は第6章を参照）。

　表の内容は最も基本的な体制の内容ですが，労働者数50人以上の事業場では安全管理者・衛生管理者などを選任するところが，50人未満では安全衛生推進者のみとなっており，担うべき職務内容の幅広さがうかがえます。以下に安全衛生管理体制に関して，医師等による健康管理や，業務請負，派遣労働者についての留意事項を説明します。

㋐　**安全衛生管理体制に係る努力義務等**

①　産業医や保健師の利用

　常時50人未満の労働者を使用する事業場では産業医の選任義務はありませんが，産業医や保健師に労働者の健康管理の一部または全部を行わせるよう努めなければならないこととされています。また，このような事業場における労働者の健康確保のための支援体制として，地域窓口（地域産業保健センター）が設置されています。

②　参考　安全推進者の配置

　常時10人以上の労働者を使用する事業場で，安全衛生推進者や安全管理者の選任義務がない事業場についても，行政通達により，「安全推進者」の配置等についてのガイドラインが示されています（平成26年3月28日付け基発0328第6号）。同ガイドラインでは，次の業種においてとくに重点的に安全推進者の配置に取り組むこととしています。

　　・小売業（安全衛生推進者・安全管理者の選任が必要な小売業を除く）

　　・社会福祉施設

表　事業場規模別・業種別安全衛生管理組織

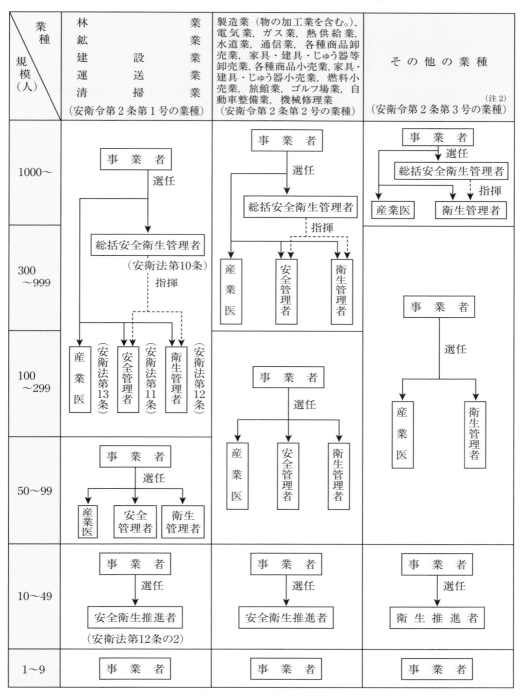

業種 規模（人）	林　　　　　　業 鉱　　　　　　業 建　設　業 運　送　業 清　掃　業 （安衛令第2条第1号の業種）	製造業（物の加工業を含む。）, 電気業, ガス業, 熱供給業, 水道業, 通信業, 各種商品卸売業, 家具・建具・じゅう器等卸売業, 各種商品小売業, 家具・建具・じゅう器小売業, 燃料小売業, 旅館業, ゴルフ場業, 自動車整備業, 機械修理業 （安衛令第2条第2号の業種）	その他の業種 （注2） （安衛令第2条第3号の業種）
1000～	事業者 → 選任	事業者 → 選任	事業者 → 選任
300 ～999	総括安全衛生管理者 （安衛法第10条） 指揮	総括安全衛生管理者 指揮	総括安全衛生管理者 指揮
100 ～299	産業医（安衛法第13条） 安全管理者（安衛法第11条） 衛生管理者（安衛法第12条）	産業医 安全管理者 衛生管理者	産業医 衛生管理者
50～99	事業者 → 選任 産業医 安全管理者 衛生管理者	事業者 → 選任 産業医 安全管理者 衛生管理者	事業者 → 選任 産業医 衛生管理者
10～49	事業者 → 選任 安全衛生推進者 （安衛法第12条の2）	事業者 → 選任 安全衛生推進者	事業者 → 選任 衛生推進者
1～9	事業者	事業者	事業者

（注1）　安衛則第7条第1項第3号により，農林畜水産業，鉱業，建設業，製造業（物の加工業を含む。），電気業，ガス業，水道業，熱供給業，運送業，自動車整備業，機械修理業，医療業及び清掃業については，第二種衛生管理者免許を有する者を衛生管理者として選任することはできない。

（注2）　10人以上の事業場においては，通達により安全推進者の配置が求められている（平成26年3月28日基発0328第6号）。

・飲食店

(イ) **総合的な安全衛生管理**

① 請負労働者の安全衛生確保

製造業などでは，近年，業務請負が増え，構内にある設備の修理・解体などを関係請負人に請け負わせて作業をすることが多く，設備の状況もよくわからずに1つの場所で複数の請負人などが混在して作業を行うといったことも，労働災害発生の要因となっています。こうした作業では，労働安全衛生法上，「元方事業者」や「注文者」が所定の義務を負うことになります。

元方事業者は，次の措置を行う必要があります。

・関係請負人およびその労働者に，労働安全衛生法令の規定に違反しないよう，必要な指導を行うこと
・混在作業によって生ずる労働災害を防止するため，作業間の連絡調整を行うことに関する措置その他必要な措置（クレーンの合図の統一，有機溶剤等の容器の集積箇所の統一，警報の統一など）を講じること

また，労働安全衛生法第22条に規定する健康障害を防止するため，新たに11省令（安衛則，有機則，鉛則，四アルキル鉛則，特化則など）の改正（令和4年厚生労働省令第82号）により，危険有害な作業を請け負わせる請負人（一人親方，下請業者）や，同じ場所で作業の一部を行う労働者以外の人に対しても，労働者と同等の保護が図られるよう，事業者は一定の保護措置を実施することが義務付けられました（令和5年4月1日施行）。

このほか，「製造業による元方事業者による総合的な安全衛生管理のための指針」（平成18年8月1日付け基発第0801010号）において，元方事業者や関係請負人が実施すべき事項が具体的に定められています。

② 派遣労働者の安全衛生管理

派遣労働者の安全と健康を確保するために，派遣元，派遣先の事業者はそれぞれ，労働者派遣事業の適正な運営の確保及び派遣労働者の保護等に関する法律（労働者派遣法）および労働安全衛生法に基づき，必要な措置を講じなければなりません（詳細は第6章3を参照）。

③ 参考　建設業・造船業の安全衛生管理

建設業・造船業においては，業態の特殊性から次のことが規定されてい

ます。

　　・建設業の共同企業体（JV：ジョイントベンチャー）における労働安
　　　全衛生法の規定の適用関係
　　・安全衛生責任者などの選任その他の店社や現場において必要な措置

（3）安全衛生推進者の選任

　安全衛生推進者は，事業者の安全衛生についての考え方を生産等の場で具体的な形で実践する役割を果たすとともに，生産等の計画の立案などにあたっての安全衛生面からの提案をし，事業者の安全衛生についての理解が不十分で，必要な措置が講じられていない場合には，あらゆるデータを駆使して説得するという積極性が望まれます。

　いわば，安全衛生推進者は，安全衛生についての施策を推進する実施担当者であるとともに，一面においては事業者の参謀的な役割を果たすことも求められます。安全衛生推進者がこのような任務を果たすためには，事業者は，安全衛生推進者としての能力を有すると認められる者のうちから，さらに，次のような要件を備えた人を選任することが望まれます。

---

① 　事業場における作業態様の全般に精通していること
　　労働災害の多くは，作業現場で起きます。したがって，労働災害を防ぐためには，作業現場から物的，人的な危険性および有害性を排除することが必要なわけですが，このためには，どこで，どのような作業が，どのような方法で，あるいはどのような機械設備，原材料を用いてどのような環境のもとで行われているかを十分知っていなければなりません。
② 　安全衛生についての理解と熱意があること
　　安全衛生について優れた成績をあげた事業場には，たいてい安全衛生にたいへん熱心だといわれるような人がいるものです。このような人のひたむきな情熱とたゆまざる努力がいつかは事業者や労働者を動かし，安全衛生活動を推し進めるのです。
　　事業者や現場の労働者の協力が得られないこともあるでしょうが，努力と創意工夫により，安全衛生推進者としての職務を果たすことが必要です。
③ 　労使双方から信頼されていること
　　安全衛生は，労使がそれぞれの立場において実施すべきことを分担して遂行することによって実現されます。この協調体制をつくりあげるためには，安全衛生活動の推進役である安全衛生推進者が労使の双方から信頼されているということが必要です。知識，技術もさることながら，労使それぞれの立場に立って公正公平にものを見る人格が望まれます。

　安全衛生推進者は，通常ほかの業務を兼ねることが多いと思われますが，その

　ために安全衛生推進者としての職務がおろそかになるようなことがあってはなりません。

　事業者は，安全衛生推進者が出張等で不在にするような場合を考え，そのようなときに安全衛生推進者の職務を代行する者をあらかじめ定めておくことも大切ですが，代理者の選任にあたってもこの3つの要件を考慮することが必要です。また，安全衛生推進者を選任したときは，単に口頭で言い渡すのでなく，辞令を交付すると，事業者と安全衛生推進者の双方でその役割と責任を深く認識することができます。選任したら，掲示板などに掲示し，全労働者にそのことを知らせることが労働安全衛生規則で義務付けられています。さらに，安全衛生推進者の腕章・バッジの着用によって，着用者が安全衛生推進者であることの認知が捉されるとともに，安全衛生推進者の現場活動の円滑な展開が期待できます。

　安全衛生推進者も，以上のことを理解しておきましょう。

（4）安全衛生推進者の職務

ア　職務の概要

　安全衛生推進者は，事業者が行うべき安全衛生管理業務の具体的事項を担当する者であり，その職務内容は，労働安全衛生法令では次のとおりとなっています。

安全衛生推進者の職務
①　労働者の危険または健康障害を防止するための措置に関すること
②　労働者の安全または衛生のための教育の実施に関すること

③　健康診断の実施その他健康の保持増進のための措置に関すること
④　労働災害の原因の調査および再発防止対策に関すること
⑤　安全衛生に関する方針の表明に関すること
⑥　危険性または有害性等の調査およびその結果に基づき講ずる措置に関すること
⑦　安全衛生に関する計画の作成・実施・評価および改善に関すること

　本項は安全衛生推進者の職務内容を具体的に紹介するとともに，職務を適切に遂行するのに必要な知識をわかりやすくまとめたものです。

　安全衛生推進者は，職場で働く人たちの協力を得てこれらの職務を確実に実施しなければなりません。以下は，主要な職務の例です。

㋐　**施設，機械，設備等（安全装置，安全衛生関係設備，保護具等を含む。）の点検および使用状況の確認ならびにこれらの結果に基づく必要な措置に関すること**

　施設，機械，設備等は，時間の経過とともに損耗したり，故障を起こしたりします。こういう異常状態を放っておくと労働災害につながるため，異常の早期発見に努めるとともに，発見された異常状態に対しては，すみやかに事業者に報告して必要な是正措置を講じなければなりません。労働災害発生の危険性の度合が大きい場合には，是正措置が講じられるまで一時その施設，機械，設備等の使用を停止することが望まれます。

　また，このような労働災害発生の危険性を発見した場合には，再び同じことが繰り返されないよう，なぜそうなったのかを十分検討し，根本的な対策を考え実行することが大切です。

　安全装置，安全衛生関係設備，保護具のような危険や健康障害の防止のた

めの設備，器具は，その機能が正常でないとこれらの設備，器具が取り付けられていない場合よりも危険が大きくなることもあります。

　安全装置，安全衛生関係設備，保護具の多くは，一定の構造要件（構造規格）があり，装置や設備を新たに設置し，または購入する場合には，この構造要件に適合したものにすることが必要です。施設，機械，設備等と同様にこれらの装置，器具も使用時間の経過に伴って損耗し，あるいは，振動，粉じんなどによって機能が低下することが多いので，その種類に応じ，点検の周期を定め，一定の基準に従って点検を行うことが大切です。

　点検の結果，発見された異常に対し，直ちに必要な措置を講じなければならないのは，施設，機械，設備等の場合と同じですが，機能の維持改善についての創意工夫も忘れてはなりません。また，十分な機能が期待できない場合には新しいものに交換することが必要です。

　これら点検の状況や使用状況については，日常的に労働者や監督者に点検等を実施させたうえで，その結果を確認することになるでしょう。しかし，異常状態を早期に発見したり，点検等が報告どおり確実に行われていることを確認するためには，安全衛生推進者が，できるだけ頻繁に現場を巡視することが必要です。とくに，建設工事現場のように現場の様子や作業内容が日々変わるところでは，昨日巡視したとき異常がなかったからといって安心してはいられないのです。新しい作業に伴って，新しい危険がもたらされることがあるからです。

㈡　作業環境の点検（作業環境測定を含む。）および作業方法の点検ならびにこれらの結果に基づく必要な措置に関すること

　作業環境の状態を点検することは，安全で衛生的な作業を継続的に実施していくうえで，たいへん大切です。また，有害業務の行われている作業場の環境を点検する方法として，作業環境測定があります。これは，作業環境の状態を把握するうえで大切なことです。法令の規定に沿って定期的な作業環境測定を実施し，その結果を踏まえた措置をとってください。

　労働者が日常的に作業を行う場所の作業環境は，好ましくない状態になっていても，ややもすれば気付かないこともあります。そのような状態で労働者が作業を続けると，作業性が悪くなるだけでなく，思わぬけがをしたり，有害物による中毒になったりすることがあります。さらに，労働者が気付か

ない状態であっても，長期間経つと身体に変調を来たす慢性的な健康影響がみられることもあります。そのため，作業環境が好ましくない状態になっていないかどうかを日々確認するとともに，明らかにされた好ましくない状態に対しては，事業者に報告して必要な是正措置を講じなければなりません。

　また，このような作業環境の好ましくない状態に気付いた場合には，再び同じ状態とならないよう，なぜそうなったかを十分検討し，根本的な対策を考えることが大切です。

　作業環境の好ましくない状態を早期に発見するためには，安全衛生推進者は，できるだけ頻繁に職場を巡視することが必要です。新しい作業に伴って作業環境が変化することは当然ですが，いつも同じであると思っていた作業環境が，気付かないうちに変化していることもあります。

　作業方法も作業環境と同様，安全で衛生的な作業を実施するうえで大切なことです。作業方法により，労働者に疲労が残ったり，腰痛等を起こすこともあります。また，有害業務のなかには，適切な作業時間の管理を行うことにより，疾病にかかるおそれを少なくすることができるものもあります。そのため，作業方法が適切に行われているかどうかを確認するとともに，不適切な作業方法に対しては，事業者に報告して必要な是正措置を講じなければなりません。

　作業環境の点検と同様に，根本的な対策を検討し，適切な作業方法を作業手順化し，労働者に実行させることが必要です。作業内容は変わっていなくても，労働者が作業の時間短縮などを理由に，決められた適切な作業手順以外の方法で作業することも少なくありません。できるだけ頻繁に職場を巡視し，発見した不適切な作業方法はすみやかに是正してください。

(ｳ)　健康診断および健康の保持増進のための措置に関すること

　安全衛生推進者の選任を要する中小規模事業場では，産業医や衛生管理者の選任が義務付けられていないことから，安全衛生推進者は，健康診断の実施や健康の保持増進のための措置について，計画をたてるとともに，実施にあたって，事業場における中心的な役割を果たす必要があります。また，健康診断の的確な実施に加え，その結果に基づく事後措置や保健指導の実施も必要です。

　しかし，実際には，健康診断については健康診断機関，健康の保持増進の

ための措置については健康保持増進のサービスを提供するような外部機関を利用することが多くなります。安全衛生推進者は，計画に従って，これらの外部機関と連絡をとり，健康診断等が適切に実施されるよう段取りするとともに，健康診断やその結果に基づく保健・健康指導などの当日には，これらの外部機関に協力することが必要です。また，健康診断の実施や健康の保持増進のための措置については，個人個人の記録を一定期間，継続的に管理することが大切であることから，記録の保存に関することも行わなければなりません。

㈨　安全衛生教育に関すること

　安全衛生推進者は，安全衛生に関する教育訓練についての計画をたて，その実施にあたっても中心的役割を果たすことになります。

　教育訓練には，対象者によりいろいろな種類や方式があります。教育対象に応じ，どの種類や方式がよいかをよく検討することを忘れてはなりません。一般的に，新規採用者に対しては，集団教育と現場配属後の個別教育（OJT）を併用することが効果的であり，職長その他の現場監督者に対しては，講義方式よりも適切な主題をとらえての討議方式がよいとされています。

　小規模事業場では，特別教育等や職長その他の現場監督者に対する教育を独自で実施することは困難ですので，それらは，外部の教育機関等で実施することとなります。安全衛生推進者等が自ら実施しなければならないものは，現場部門における実務的な教育訓練となります。

　教育訓練は，教えただけで終わりというものではありません。教えた事柄を確実に実施させることが大切です。このため，教育訓練後のフォローアップに努めるとともに，実施した教育訓練を適正に評価し，次回の教育訓練計画に生かすようにすることが大切です。

㈩　緊急時における措置に関すること

　重大なまたは大規模な災害が起きた場合には，直ちに消火，機械・設備の停止，避難などの措置を講じることが大切です。こうした措置によって，災害の規模の拡大や多くの犠牲者を出すことを防止できます。また，労働災害が発生した場合，被災者の救出，二次災害の防止，救急蘇生・応急手当等の救急処置を講じなければなりません。

　このようなことを適切に実施するためには，緊急時における措置を単に知識として知っているだけでは不十分であり，実践的な訓練を通してその要領を身につけておくことが必要です。このため，消火，避難，救急処置などの訓練を適宜計画し，実施することが望まれます。

　これらの訓練の計画・実施は，安全衛生推進者を中心に行いますが，外部の専門家の助言・指導が必要なことが少なくないため，他の事業場と協力して地域で行ったほうがよい場合も多いと思われます。

　事業場では，労働者が負傷したり，また，急性の疾病にかかったりすることが少なくありません。救急処置は，これらの者に対して，医師が診療を開始するまでの間に，一時的に行う手当として大切なものです。この手当によって，ときには生命を救うことができますし，また，医師の診療が円滑に行われる状態を準備することもできます。

　安全衛生推進者は，救急処置が適切に行われるよう上記訓練等を計画したり，必要な用具，備品を補充するなど日頃から準備しておくことが望ましいものです。

㈹　労働災害の原因の調査および再発防止対策に関すること

　不幸にして労働災害が発生した場合には，その災害がなぜ起こったかについて徹底的な分析，検討を行うことになります。安全衛生推進者がその中心的立場に立ち，現場関係者の協力を得て，できるだけ早い時期にこのための調査を行うことが必要です。

　労働災害の原因の調査にあたっては，直接的な原因のみならず，その労働災害の発生に関係するあらゆる要因（背景的なものも含めて）を究明することが大切です。

　労働災害のなかには，かすり傷，軽いやけど程度の不休災害もかなりありますが，これらの不休災害についても同様の原因調査をすることが大切です。たまたま不休災害となったものの，まかり間違えると重篤な災害となるものも少なくないからです。また，高いところから物が落下したり，有害物の入ったビンが倒れ，内容物が漏出したが，たまたま人がいなかったことによって何事もなく済んだというようなケースもあります。これは，一般に事故といっている現象ですが，そこに人がいたならば労働災害につながっていたかもしれないわけですから，こういう事故についても厳しい態度でその原

　因を解明していくことが望まれます。

　　原因を明らかにしたうえで，対策を検討して実施しますが，他の場所にも同じような設備や作業がある場合には，その調査結果を広く活用して水平展開し，事業場全体の安全衛生水準の向上を図ることが大切です。また，労働災害の原因の排除という型どおりの解決で満足することなく，使用する機械，設備や作業方法そのものを変更するという根本的な対策を考えることも忘れてはなりません。

(キ) **安全衛生情報の収集および労働災害，疾病・休業等の統計の作成に関すること**

　　的確な労働災害防止対策を推進するためには，安全衛生についての資料や情報（法令改正，技術情報，改善事例，災害事例など）を広く収集し，これらを活用することが必要です。

　　また，事業場において労働災害防止対策を進めるにあたっては，まず，労働災害や疾病の発生，休業の状況や作業の記録，作業環境の状況などの基本的な統計資料の整備を図ることが重要であり，これらを比較検討することにより，問題点や対策を講じなければならない事項が明らかになってきます。

(ク) **関係行政機関に対する安全衛生に係る各種報告，届出等に関すること**

　　労働安全衛生法では，事故報告，労働者死傷病報告，計画の届出，健康診断の結果報告などを労働基準監督署等に提出することを事業者に義務付けています。必要事項を定められた様式に適切に記入し，期限までに提出することも安全衛生推進者の大切な職務です。

　　また，安全衛生推進者は，各種報告，届出などを実際に労働基準監督署に提出することにより，安全衛生業務を担当する者としての自覚を深めるとともに，相談することなどがあったときに，労働基準監督署へ気軽に出向くことができるようにもなります。

イ　ラインとの協力

　　安全衛生推進者は，一般に安全衛生管理業務を担当するスタッフ的な性格をもちますが，現業部門であるラインの中で安全衛生活動を推進しようとすればするほどスタッフ的な意味での安全衛生推進者に期待するところが多くなると

いえます。

　なぜなら，ラインにおける職長その他の現場監督者は，職場の機械設備や作業方法については精通していても，安全衛生についてはそれほどの知識をもっていないのが普通であり，また，安全衛生点検の実施などにあたっては，ややもすれば傍観者的な立場になりやすいからです。

　このような弊害を排除し，ラインの中に安全衛生活動を定着させるためには，安全衛生についての情報や資料をラインに提供するとともに，ラインの職長その他の現場監督者と協力して，安全衛生活動を進めていくことが望まれるわけです。また，職場における安全衛生点検その他の安全衛生活動が適正に行われているかどうかを絶えず監視し，必要と認めた場合には，直ちにその改善を要請しなければなりません。

　つまり，生産現場における安全衛生活動が積極的に展開されるためには，ラインと安全衛生推進者との相互協力が絶対必要であるということになります。この協力体制を確立するため，安全衛生推進者は自らなすべき事柄を確実に行うとともに，ラインの職長その他の現場監督者と十分連携することが大切です。

ウ　労働者の意見の反映

　企業における安全衛生管理は，本来，事業者の責任において進められるべきものですが，同時に，労働者の協力なくしてはその円滑な推進を期待することが困難です。労働安全衛生法が労働者数50人以上の事業場について安全委員会（非工業的業種に属するものを除く。）（同法第17条）および衛生委員会（同法第18条）の設置を義務付け，労働者の参加を求めている理由もここにあります。労働者数50人未満の事業場については，安全委員会や衛生委員会を設置する義務は課せられていませんが，その代わり，事業者に対して，安全または衛生に関する事項について関係労働者の意見を聴くための機会を設けるべきことが定められています（労働安全衛生規則第23条の2）。

　この「関係労働者の意見を聴くための機会を設ける」とは，たとえば安全衛生の委員会，労働者の常会，職場懇談会の設置・開催など労働者の意見を聴くための措置を講じることをいいます。これらの会は，安全衛生に関する事項について労働者の意見を聴くため開かれるものですから，事業者またはこれに代わる人が出席することが望まれます。ラインの管理者や安全衛生推進者も，もちろん出席して意見を述べるべきです。これらの会を会社側の報告と指示事項

の伝達だけの場にすることは，厳に慎しまなければなりません。

　意見を聴くべき事項としては，安全委員会や衛生委員会の場合と同様，次のようなものが挙げられます。

①　労働者の危険または健康障害を防止するための基本的対策に関すること。

②　労働者の健康の保持増進を図るための基本的対策に関すること。

③　発生した労働災害の原因の調査と再発防止対策に関すること。

④　安全衛生に関する規程の作成に関すること。

⑤　安全衛生に関する計画の作成，実施，評価および改善に関すること。

⑥　安全衛生教育の実施計画の作成に関すること。

⑦　危険性または有害性等の調査（リスクアセスメント）およびその結果に基づき講ずる措置に関すること。

⑧　労働者に危険もしくは健康障害を生じるおそれのある化学物質の有害性等の調査およびその結果に基づく対策の樹立に関すること。

⑨　作業環境測定の結果およびその結果の評価に基づく対策の樹立に関すること。

⑩　健康診断の結果およびその結果に対する対策の樹立に関すること。

⑪　労働者の健康の保持増進を図るため必要な措置の実施計画の作成に関すること。

⑫　長時間にわたる労働による労働者の健康障害の防止を図るための対策の樹立に関すること。

⑬　労働者の精神的健康の保持増進を図るための対策の樹立に関すること。

⑭　厚生労働大臣，都道府県労働局長，労働基準監督署長，労働基準監督官等から文書により命令，指示，勧告または指導を受けた事項のうち，労働者の危険または健康障害の防止に関すること。

　安全衛生に関する措置は，できるだけ労使が合意または協調して決めるべきものであり，労使の意見が一致するまでよく話し合うことが大切です。

　このような労働者の意見を聴く機会を充実させるため，安全衛生推進者は，事前に議題および関係資料を作成して参加者に配布するようにしなければなりません。また，全員が出席しやすい日を開催日に設定するなど，よく工夫して議事を進めることが望まれます。

2　安全衛生管理の進め方

> ● **チェックポイント**
>
> ☑　安全衛生のために必要となる管理を，組織だった活動として計画的に進めるためにまとめるものが安全衛生計画です。安全衛生計画には具体的な目標，スケジュール，担当者などを盛り込み，結果のチェックなども行います。
>
> ☑　労働安全衛生マネジメントシステム（OSHMS）は，PDCA サイクルに従い，安全衛生活動を体系的かつ継続的に進めるための仕組みです。
>
> ☑　安全衛生点検は，安全衛生活動において最も基本的なもののひとつです。

（1）安全衛生計画

ア　安全衛生計画の必要性

　　安全衛生管理の目的は，労働災害をなくし安全・快適な職場をつくることですが，やみくもにやっていてはその目的は達成できません。目的達成のためには，職場に存在する多くの災害要因（危険・有害要因）を見つけ出し，その背景を考えながら一つひとつ確実に対策していかなければなりません。そのために必要不可欠なものが安全衛生計画です。安全衛生計画の作成のポイントは次のようなものです。

①　安全衛生管理に関する課題を把握すること

　　安全衛生管理に関する課題は企業・事業場・部門等によって大きく変わります。安全衛生計画をたてる過程で，課題を詳細に検討し，「何をやらなければならないか？」を正確につかむ必要があります。

②　事業場等の管理目標の方向性を統一すること

　　各職場でバラバラに安全衛生計画を作り，バラバラに動いていては大きな効果をあげることはできません。計画は，企業トップが示す安全衛生方針に沿ったものとする必要があり，また，たとえば部門等における計画は，事業場における計画を踏まえたものとしなければなりません。

③　管理目標を明確にすること

　　裏付けのない観念的な目標や，漠然とした「労働災害半減」などでは，組織的な実施や結果の評価に結びつきにくい場合があります。そこで，目標は事業場等で組織的に検討し，できるだけ実施後の評価ができるように，たと

えば「はさまれ・巻き込まれ箇所のリスクアセスメントを毎月3箇所実施」「安全衛生推進者による週1回の職場巡視」「プレス機械の全数（10台）を自動化」のように活動に対する具体的な目標を設定し，また，活動における実施回数・時期・参加者・責任者など，「だれが・いつ・何を・どのように」を明確に決める必要があります。

安全衛生計画は，これらの必要性を満たすことができる，大変意義あるものです。

イ　安全衛生計画のたて方

㈦　事業者の責任と安全衛生推進者の役割

労働災害防止の最終責任は事業者にあることはいうまでもありません。したがって，事業者は安全衛生管理の最高責任者として，企業または事業場の安全衛生に関する基本方針を明確に示さなければなりません。

もし，基本方針がまだ示されていない場合，安全衛生推進者は事業者に対し安全衛生に関する現状や問題点，社会の動向等を説明し，基本方針を示すようアドバイスすることが重要です。安全衛生推進者は，事業者のもつ安全衛生責任と事業者の示した基本方針のもと，第一線の担当者として安全衛生計画の作成をはじめとし，安全衛生管理を推進していくことになります。

㈣　現状の把握

安全衛生計画をたてるにあたっては，まず次のような職場の実態を把握し，それに対する適切な対応手段を考えることがスタートになります。

① 過去にどのような災害が発生したか。

② 安全衛生点検や職場巡視で見つかった危険・有害要因はどのようなものか。

③ 日常の仕事の中で問題になっているような行動はないか。

これには，自分の目で見るばかりでなく，部下の意見を聞く等，全員参加で進めることが望ましいといえます。また，これらの現状は，これまでの安全衛生計画の実施結果ととらえ，計画内容の見直しに活かすことも大切です。

職場の危険・有害要因については，その危険・有害要因に係るリスクの大きさを知り，リスクの大きさに応じて適切な対策を講じることが重要です

　が，それにあたってはリスクアセスメントを実施している事業場ではその結果を参照してもよいでしょう。

㈦　目標の設定と具体化

　現状の把握により明らかになってきた安全衛生上の課題（「職場巡視の強化」「4S の徹底」「○○作業の安全化」など）を解決するため，「何を」「いつまでに」「どのように」「どこまで」を明確にし，目標を設定します。たとえば下部である部門等における安全衛生計画では，上部にあたる企業・事業場等の計画を取り寄せ，その内容を踏まえたものとする必要があります。

　目標が確実に実行されるよう，責任者や参加者，担当部署などを決めておくことが大切です。

　安全衛生計画は，職場で共有され，職場一丸となって実行されるべきものです。そのため，安全衛生目標とは別にわかりやすいスローガンなどを決定し，標題として掲げるのもよい方法です。

㈧　実施結果のチェック

　安全衛生計画の実施状況を目標と突き合わせ，チェックすることが重要ですが，このチェックは年度の終わりだけでなく，年度の途中でも行い，もし目標に達していなければその原因を調べ，対策を検討することが大切です。年度途中であっても見直しが必要な場合もあります。安全衛生委員会等での議題とし，定期的にチェックするのがよいでしょう。

　こうして1年間実行してきた安全衛生計画とその実施結果は，次年度計画をたてるうえでも役立ちます。PDCA（Plan（計画），Do（実行），Check

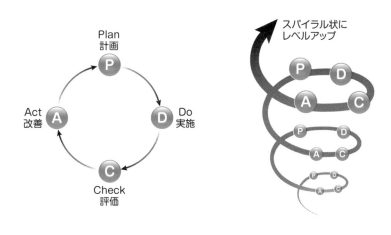

（評価），Act（改善））のサイクルを回し，職場の安全衛生レベルを引き上げていくことが，安全衛生管理の第一線の担当者である安全衛生推進者として最も重要なことです。

（2）労働安全衛生マネジメントシステム

安全衛生水準の向上を図っていくためには，安全衛生計画の内容を毎年検討し，安全衛生活動を継続して実施していく必要があります。このための有効な手法として労働安全衛生マネジメントシステム（OSHMS。以下「マネジメントシステム」という。）の導入があります。

マネジメントシステムの導入とは，今ある安全衛生管理活動を全てやめて新しい活動を行うことではなく，基本方針の表明や安全衛生計画の作成，PDCA サイクルなど，マネジメントシステムの特徴を活かして，日常的に実施している安全衛生活動の流れを，「系統的にまとめ直すもの」と理解することができます。

このマネジメントシステムは，事業場が体系的かつ継続的に実施する一連の安全衛生活動に関する仕組みで，生産管理等，事業実施と一体となって運用されるものです。詳細は第2章で述べますが，概略は経営トップの安全衛生方針の表明のもと，リスクアセスメントを行い，これらに基づいて安全衛生目標を設定し，安全衛生計画の作成，実施，評価および改善（PDCA）を適切かつ継続的に実施していくというものです。

マネジメントシステムによる安全衛生活動をより有効に機能させるためには，安全衛生管理の中で労使一体となった取組みとし，活動を担う人材を確保し活用していくことなどが必要となります。

（3）安全衛生点検の実施

職場の安全衛生水準を維持するためには，日常的・定期的に安全衛生点検が実施されるよう，安全衛生推進者が中心となって体制づくりをしなければなりません。ここでは，安全点検について説明します（衛生点検については，第3章の1で説明します）。

ア　安全点検制度

機械設備は組み込まれた安全機能や追加して設置した安全装置も含め，設置の際には適正に機能したとしても，使用時間の経過とともにその機能が低下す

るおそれがあります。災害事例のなかには，安全に関連する機器が故障して，肝心な場面でその安全機能を発揮できなかったために発生したものがあります。

　こうした欠陥をなくすためには，点検制度を定めて，機械設備および関連する安全装置などについての定期的な点検を励行し，異常の早期発見に努めることが大切です。

㋐　点検の実施者

　安全点検は，職場の機械設備などに不安全な状態がないかどうかを点検することですから，職場の事情を一番よく知っており，かつ，不安全な状態を修復する責任を持つ職長など現場を監督する立場にある者や労働者に実施させることが望ましく，最も効果的です。

　また，機械設備や点検の種類ごとに点検者を選任することが必要です。

　安全衛生推進者は，これらの活動を促すとともに，職長などが実施した点検結果を確認し，もし不適切な点検が実施されていたり，機械設備の不具合等が見つかったら，直ちにこれを是正することが必要です。

㋑　点検の時期

　安全点検は，日常的に行うべきものですが，点検の対象や項目によっては，ある期間変化しないものもありますから，これらについては，一定期間ごとに点検してもさしつかえありません。また，不定期に使用する機械設備については，使用の直前に点検する必要があります。

　このように，安全点検を行う時期（周期）は，点検対象，作業内容，安全面からみた緊急度などに応じて異なりますので，あらかじめ適切に定めておくべきです。

　なお，危険性の高いボイラー，クレーン，遠心機械，動力プレス機械，フォークリフト，車両系建設機械，圧力容器などについては，労働安全衛生法によって年次や月例の定期自主検査が義務付けられています。これらのうち，とくに危険性が高いとされる動力プレス機械，フォークリフト，車両系建設機械等については，特定自主検査の対象とされており，一定の資格を持っている者が検査をすることとされています。資格者が事業場内にいない場合は検査業者に検査を委託します。当然ですが，これらの機械設備については，法定の検査周期を守る必要がありますし，検査の結果修理が必要と判定されたものについてはメーカーや関連業者に依頼して修理することとなり

第1章

第2章

第3章

第4章

第5章

第6章

ます。

イ　安全点検の結果に基づく欠陥の修復

安全点検は，不安全な状態などを発見して，それを修復するために行うものですから，点検だけで終わってはなりません。不安全な状態などのうち，その職場で直ちに修復できるものは，関係者の責任において適切な措置を講じます。それ以外の事項については，現場関係者も参加させて十分に対策を検討し，組織として処理するようにします。

欠陥が多数発見されて，一時に全部を修復することが困難な場合には，重大な欠陥から先に対策することです。また，抜本的な対策（恒久対策）の即時実施が困難な場合には，当面の措置として暫定対策を講じ，準備ができ次第，恒久対策を講じるという二段構えで処理するべきです。

ここで重要なことは，修復した結果を確認することです。点検者が自ら確認できれば問題はありませんが，確認が困難な場合には，責任者を定め，報告書を提出させるのもひとつの方法です。

ウ　安全点検の実施

㋐　点検基準

安全点検は，点検者によるばらつきで結果の判断が異なったり，個人の主観に頼って判断したり，また，点検項目に見落としがあったりしては，十分な効果が上がりません。そこで，点検対象ごとに，点検方法，項目および判断基準を明確に定めておくことが必要です。

点検基準は，安全関係法令や自主検査指針で定められている事項のみでなく，各事業場や関連する工業会等で制定されている自主的な安全基準，災害事例などから導き出された対策などを織り込み，災害防止上実効を上げられるものとすることが望まれます。

また，点検基準は，定期的な見直しの実施で，機械設備や作業方法の変化に即応することが大切です。

㋑　点検にあたっての留意事項

安全点検を実施する際には，次の事項に留意してください。

①　関係者に安全点検の意義をよく理解させ，協力を求めること。

②　職場のあら探し的な態度や方法は避けること。

③　点検者は，服装，態度などについて模範的であること。

④　過去に災害が発生した箇所では，その要因がなくなっているかどうかを確認すること。

⑤　他の同種の設備に発見された不安全な状態が，点検対象の機械設備にないか確認すること。

⑥　作業性重視で安全を犠牲にしている箇所を見逃さないこと。

⑦　ささいな問題だと思っても，結果的に大災害を招くことがあるので見逃さないこと。

⑧　安全点検の際は，作業者などに対し，欠陥を指摘するだけでなく，安全への好ましい取組みがあればこれをほめて，安全についての自信を深めさせること。

なお，発見された不安全な状態などに対しては，単にその対応策を講じるだけでなく，その発生原因を調べ，根本的な対策（たとえば，機械設備そのものの安全化，不安全行動を回避する作業方法の策定など）を検討・実施することが必要です。

(ウ)　**チェックリストの作成**

安全点検の際に，点検項目に見落としがないよう，点検項目を一覧できるように記載し，点検結果を記入する欄を設けたチェックリストを用いることがあります。これを用いると短時間に能率的な点検を行うことができますが，機械設備や作業内容に変更があった場合には，チェック項目の過不足が生じて適切な点検ができないことがあります。安全上重要な項目を見逃すおそれがありますから，チェックリストは事前に更新しておく必要があります。なお，現場ではチェックリストだけに頼らず，その場で気付いたチェックリストに未記載の事項も放っておかないことが肝要です。その意味で，チェックリストには，新たな項目を追記できる空欄を余分に設けておくべきです。

チェックリストは，安全衛生推進者が職長など，現場を監督する者と協力して作成しますが，その際，機械設備の保全担当者や機械オペレータなど関係者の意見を十分聴取したうえで定めることが必要です。チェックリストを作成するには，次のような事項に留意してください。

①　チェックリストの記述は，具体的であること。

②　チェックリストの記述内容は，点検者が容易に理解できるものとすること。

③　作成するチェックリストは通常，何種類にもなるが，できるだけ様式を統一すること。

④　チェックリストには，「点検項目」「点検内容」はもちろん，適切に判定するための「判定基準」その他点検に必要な項目を盛り込むこと。

なお，チェックリストの限られたスペースでは，そこに記述された点検項目の意味と内容が点検者に十分理解されない可能性があります。そこで点検者に対し，事前の教育訓練で点検項目，点検方法，および判定基準などについてその意図を十分理解させることが大切です。

加えて，点検者自身の安全を確保するための注意事項があれば，書き添えるとよいでしょう。

次にチェックリストの例を掲げますので，これらを参考にしてそれぞれの機械に応じたものを作成することをおすすめします。また，動力プレス機械などで既定の様式があるものについては，それらを利用してください。

安全点検表（チェックリスト）例

（1）研削盤

ア　本体

① 定格電圧，無負荷回転速度，使用可能な研削といしの種類等の表示があるか。

② 定格電圧は，電源電圧に適合しているか。

③ 起動，停止装置（スイッチ類）は正しく作動するか。

④ コード，プラグ等に異常はないか。

⑤ 本体は適正に接地されているか。

⑥ 締め付け部各部に緩みはないか。

⑦ 各部の給油状態はよいか。

⑧ 試運転してみて異常な音や振動は出ないか。（※試運転時，といしが割れて飛んでくるおそれがあるので，研削といしの飛散方向に立ってはいけない。）

⑨ 携帯用空気研削盤には調速機が付いているか（呼び寸法が65mm以上のもののみ）。また調速機は正常に機能するか。

⑩ 卓上用または床上用の研削盤では，ワークレストと研削といしの間隙が3mm以下になっているか。

⑪ 乾式の研削盤の場合，局所排気装置が取り付けられているか。また，正常に作動しているか。

イ　研削といし

① といしに結合剤の種類，最高使用周速度が表示されているか。

② 最高使用周速度は研削盤の無負荷回転速度以上か。

③ といしの粒度と結合度は加工材に適合しているか。

④ といしの軸径は，といし軸の軸径と適合しているか。

⑤ 研削といしの回転方向と回転軸の回転方向を一致させているか。

⑥ といしに，傷（ひび割れ等）や欠損部分はないか。

⑦ といしに，目詰まりはないか。

⑧ といしは，摩耗しすぎていないか。片減りしていないか。

ウ　フランジ

① さびや付着物はないか。反り・ひずみなどの変形はないか。

② フランジ外径は研削といし外径の3分の1以上か。

③ 移動側・固定側は一対（直径が同一）のものか。

④ といし軸に正しく取り付けてあるか。

⑤ 規定フランジまたは取付け具以外の代用品を用いていないか。

⑥ フランジと研削といしの接触部（接触幅）は正常に密着しているか。

エ　研削といしの覆い

① 覆いの厚さは適正か。調整片も覆いの外周部と同一の厚さか。

② 防護箇所は適正か。

③　研削といしとの間隙は適正か（3 ～ 10mm 程度が望ましい）。
④　調整片の取付けに緩みはないか。取付けボルトに異常はないか。
⑤　調整片と研削といしとの間隙は 3 ～ 10mm 以内に調整されているか。
⑥　使用できる研削といしの最高使用周速度，直径等が表示されているか。

(2)　移動はしご

ア　構造

①　安定した丈夫な構造で，各部に「がた」はないか。
②　各部材に曲がり，き裂，破損または腐食等はないか。
③　はしご支柱への踏さんの取付けに緩みやがたはないか（柄差，欠込み，緊結，締付けボルト等）。
④　支柱の接地面に適切な滑り止めは付いているか。

イ　設置方法

①　2 つ以上のはしごを継いで使ってはいないか。
②　立てかけの角度は適当か（支柱と床面の角度が 75° 程度）。
③　立てかけたはしご上部は，上部の床面から 60cm 以上突き出し，要所を緊縛固定しているか。
④　設置箇所の床面は安定していて，強度上の問題はないか。
⑤　左右の支柱の接地面は均等に床面に接しているか。置き方は安定しているか。不安定な箇所では丈夫な敷板を敷いているか。
⑥　通路またはその近くで，はしごを使って作業するときは，その旨を表示しているか（落下物の激突防止等のための「立ち入り禁止」など）。
⑦　出入り口，開閉窓等の近くで使用するときは，とびらの開閉による危険防止の措置はしてあるか（とびらの固定，危険表示，通行止等）。
⑧　踏さんや作業者の履物に油や泥が付着していないか。
⑨　充電部の近くで作業する場合，感電のおそれがないように配慮しているか（確実な絶縁，立てかけ場所の選定等）。
⑩　足場の代用にするため，はしごを水平に設置していないか。

ウ　使用方法

①　昇降は 1 段ずつ，3 点支持動作で行っているか（両手両足のうち 3 点ではしごに接する）。
②　手に物を持って昇降してはいないか。
③　必ずはしごに正対して昇降しているか。はしごを背にして降りていないか。
④　はしごから床面に降りるとき，最下段の踏さんに足を掛けずに飛び降りていないか。
⑤　はしごに乗ったまま作業する場合は，上部の踏さんを 2 ～ 3 段以上残しているか。
⑥　はしごに乗ったまま作業する場合は，墜落制止用器具を使用しているか。
⑦　はしごに乗って左右に身を乗りだすなどの不安定な姿勢で作業してはいないか。
⑧　はしご上部を固定できない場合は，補助者がはしごを支えているか。

3 安全衛生活動

● **チェックポイント**

☑ 　国が定めた最低基準に満足することなく，さらにその上に事業場の実情に即した自主的活動の努力を積み上げて，より高い安全衛生水準の確立を目指すことが望まれます。

☑ 　安全衛生朝礼，KY 活動，4S 活動などいろいろな活動がありますが，いずれも，安全衛生水準の向上が期待できるため，積極的な実施が望まれます。

（1）安全衛生活動の基本

　労働災害はある日突然に発生するものではなく，それに先だって不安全な状態や不安全な行動などの災害の発生する要因が存在します。この災害要因を職場から排除すれば，災害は防ぎ得るものなのです。

　労働災害は，人と物との接触によって生じるものですから，その要因も人の側，物の側の両方にあります（52ページの図参照）。また，その程度も大きいものから小さいものまであります。しかし，これくらいなら大丈夫といって小さな要因を見逃すことは，やがて大きな災害を招くことになります。「くぎ一つ拾う心に事故はなし」という標語がこのことを示しています。

　また，あと少しで作業が終わるからといって，災害の要因をそのままにしておくこともいけません。わずか1秒の間でも要因がある限り，災害は起こり得るからです。建設工事などで竣工間際によく大きな災害が発生していますが，これは，このような考え方が徹底していないことに大きな原因があると思われます。

　安全衛生推進者が現場を回って，災害要因を発見した場合には，直ちにこれを排除するとともに，メモにとどめておくことが望まれます。このメモの数がだんだん減っていき，災害要因が見つからないという状態になったとき，はじめて無災害の夢が実現することになります。

　いかなる活動も自主的，意欲的に行われることが最も望ましい姿でありますが，日々状況の変わる作業現場における安全衛生活動については，とくにこのことが大切です。それぞれの人がその立場，持ち場において常に安全衛生を考え，これを確実に実行に移す，これが安全衛生活動の自主的推進であり，安全衛生活

動の本来の姿でもあるわけです。国が定めた最低基準や技術上の指針に満足することなく，さらにその上に事業場の実情に即した自主的活動の努力を積み上げて，より高い安全衛生水準の確立を目指すことが望まれます。

また，生産技術の進歩に伴って，作業条件はややもすれば生産性を重視しがちですが，危険・有害性の低減を進めるとともに，働きやすさも考慮して安全衛生対策を実施し，真に快適な職場環境の形成を図るという積極的な努力が期待されます。

（2）自主的安全衛生活動の促進

労働者に安全衛生のルールを十分に理解させ，これを守ってもらうことは，各自の生命，健康を守るうえで極めて大切なことです。これを日常の習慣とするためには，安全衛生意識をいろいろな方法によって高めていかなければなりません。

次に挙げるのは，このためのいろいろな自主的安全衛生活動の例ですが，安全衛生推進者は，これらのうちからその事業場あるいは現場部門にふさわしい活動を採用し，あるいはそれを応用して実施することが望まれます。

ア　ツールボックス・ミーティング（TBM）

ツールボックス・ミーティング（TBM）とは，職場で開く，仕事の段取りや手順，安全衛生に関する打ち合わせのことです。道具箱（ツールボックス）の付近にみんなが集まり，職長その他の現場監督者などを中心にしてお互いに話し合うので，このように呼ばれています。朝，仕事にかかる前に，5〜10分くらいの時間を割いて開くのが普通です。

このミーティングの特徴は，身近な問題をみんなで話し合うことです。それだけで活発な意見も期待できますが，より意義深いことは，単なる話し合いで終わらせずに，このミーティングを通じて，安全衛生について申し合わせをし，それを実行に移すということにあります。そのためには，適切なテーマを準備し，話し合いをよい方向にリードすることが大切です。

⑺　ツールボックス・ミーティングを開くまでの準備

ツールボックス・ミーティングを開くにあたっては，次の事項について準備しておきます。

①　ツールボックス・ミーティングは，作業時間の一部を割いて行われる

ものだが，それによって労働者の安全衛生意識が高められ，また，いろ
いろな災害防止対策がとられることにより，やがては能率，品質の向上
がもたらされるものであることを，事業者や労働者に十分理解してもら
うこと。
②　ツールボックス・ミーティングを効果のあるものとするため，話し合
う価値のあるテーマを選んでおくこと。事業場内で発生した災害の原因
と対策，不安全行動の事例，そのほか新聞，インターネット，安全衛生
関係雑誌の記事などから適切な事例を選ぶように普段から心がけること
が大切。

(イ)　**ツールボックス・ミーティングの進め方**

ツールボックス・ミーティングでは，一気に結論づけたり，一方通行的な
話にならないように心がけなければなりません。そのためにはまず，参加者
をリラックスさせ，提供する話題に関心を向けさせるようにすることが大切
です。次に参加者の意見や考え方を引き出す段階に移ります。なるべく全員
に発言させるようにつとめ，話し合いがわき道にそれたり，混乱したりする
ことがないようにリードします。

最後に話し合いを通じて結論をまとめ，どのようにしてその結論を実行に
移すかを決め，もし結論が出せなかった場合には，今後その問題をどのよう
に扱うかを決めておきます。

ツールボックス・ミーティングを運営する際に留意しなければならない事
柄を挙げると，次のとおりです。
①　取り上げる問題について，あらかじめ結論のおおよその方向性を準備
しておき，話し合いの過程でいろいろな意見を引き出しながら手際よく
この方向へ導いていくようにすること。
②　話し合いの過程で誤った考え方が出た場合，直ちにそれは誤りである
と決めつけてしまうと，次回から意見を述べなくなるので，これに対す
る他の者の意見を求め，提案者にそれが妥当ではないことを納得しても
らうようにすること。
③　リーダーは，話し合いの雰囲気に巻き込まれないように冷静に行動す
ること。
④　参加者全員が対等の立場で話し合うことが大切であるから，リーダー

　　は，発言者に対し教えるような態度をとったり，あるいは職制上の地位
　　をふり回して発言をおさえたりするようなことは慎むこと。
　⑤　要領よく進行させて所定の時間がきたら切り上げるようにすること。
　　この場合，最後の結論をまとめることができないときは，次回に繰り越
　　して継続して話し合うこととするが，そのときまでに出た結論は，まと
　　めておくようにすることが大切である。

イ　危険予知活動（KY活動）やヒヤリ・ハット活動

　　危険予知訓練（KYT）は，職場の中に潜む危険要因を発見・把握・解決し
ていく手法で，ヒューマンエラー事故防止に有効な手段のひとつとなっていま
す。具体的には現場で実際に作業をさせたり，してみせたりして，または作業
の状況を描いたイラストなどを用いて，少人数のチームで危険要因や対策を考
え合い，納得し合い，一人ひとりの労働者の危険に対する感受性とともに，問
題解決能力や実践への意欲を高める活動です。さらに，日々の実作業において
も危険予知を実践していく活動をKY活動といいます。

　　KYTを日々実践することにより危険性または有害性に対する感受性を高め
ることができ，効果的なリスクアセスメントにもつながります。また，リスク
アセスメントに基づくリスク低減措置を実施しても，除去しきれなかった「残

留リスク」の回避にKY活動は有効です。このように，KY活動とリスクアセスメントを相互に補完しあうよう一体的に活用すると，より一層有効な手法となります。

　ヒヤリ・ハット活動は，日々の作業のなかで労働者がヒヤリとしたりハッとしたこと（たとえば，荷が崩れてヒヤリとしたがけがはなかった，脚立で作業していて身を乗り出したとき傾いてハッとした，など）を監督者・管理者に報告し，職場で情報共有して労働災害防止に活かすための活動です。

　KY活動やヒヤリ・ハット活動は，従来から全員参加による安全先取り活動として広く活用され，効果を上げてきました。また，その記録はリスクアセスメントを行う際にも重要な情報として活かすことができます。

ウ　安全衛生パトロール

　安全衛生推進者が行うだけではなく，事業者や労働者によるパトロール，他部門との相互パトロールなども考えられます。安全衛生パトロールを自主活動として継続実施することは，職場の危険・有害要因を見つけ出すだけでなく，安全衛生意識の向上にもつながります。パトロール結果に基づいて，機械設備，作業方法の改善などを行うことにより，災害の防止を図ることができます。

(ア)　安全衛生パトロールの実施計画の作成

　年間を通じて計画的に実施し，全ての職場をパトロールし，その結果に基づいて必要な改善を指導し，その改善状況の確認まで行うことが必要です。実施計画を作る際には，その年，その月の安全衛生活動の目標などを念頭に置きますが，次のような事項を考慮します。

　　①　実施時期，実施者，実施範囲，実施方法
　　②　記録の作成と活用方法，保存の方法
　　③　パトロールの際のチェックリストと重点事項
　　④　パトロール結果の検討および対策の指導
　　⑤　指導事項の是正の確認の方法

(イ)　安全衛生パトロール時の心構え

　　①　どんなことでも見落とさないという厳しい姿勢で行う。
　　②　悪い点に注目するだけではなく，良いところは高く評価する。
　　③　あら探し的な態度や方法は避ける。

第1章

第2章

第3章

第4章

第5章

第6章

④　すぐできることは，その場で改善させる。

⑤　対話を通じ，どんな危険が潜んでいるか正しく認識させる。

⑥　職場の安全水準を頭に入れて指導する。

⑦　不安全な行動が生じる背景要因を把握する。

エ　安全衛生提案制度

労働者から安全衛生についての提案を出してもらうことは，安全衛生対策をたてるうえで役立つのみならず，提案を通して提案者の安全衛生意識を高めることができます。安全衛生提案制度の運用により，危険・有害要因の発見とその対策，安全措置の考案，作業方法の改善などを進めることが期待できます。この制度を採用する場合，提案があったら誠意をもって審査し，採用したものはなるべく早く実施し，採用できないものは，その理由を提案者に説明するようにしなければなりません。

オ　安全衛生当番制度

労働者全員を交替で安全衛生当番にあたらせることは，安全衛生意識を高めるうえで役立ちます。安全衛生推進者は，安全衛生当番に，あらかじめ危険・有害な状態や行動の見方を指導しておく必要があります。

なるべく全員が，月に1回はあたるようにし，腕章などをつけさせることにより，自身の安全衛生はもとより，みんなの安全衛生を自分が守っているのだという自覚をもたせることが大切です。安全衛生当番には，安全衛生日誌をもたせ，事業場内を巡視した際に気が付いたことなどを記入させることが必要です。この日誌には，事業者や安全衛生推進者も必ず目を通し，適切な指示，助言を与えることが望まれます。

カ　安全衛生朝礼

毎日の作業にかかる前に全員を集め，朝礼を行い，お互いに朝のあいさつをしたのち，事業者や安全衛生推進者から仕事上の注意事項や，安全衛生についての話を5分程度でよいからするようにします。この場合，話をする人は，事業所長，安全衛生推進者などに限定せず，職長その他の現場監督者などに交替で話をさせるようにすると，話し方の勉強にもなりますし，話題を探すことが安全衛生の勉強にもつながることとなります。また，この朝礼のときに軽い体

操を行えば，物の取扱い，運搬などに伴う災害の防止に役立つことにもなります。

全体での朝礼に引き続き，作業ごとにミーティングを実施することが望ましいといえます。

キ 安全衛生意識の高揚

その他，事業場における自主的な取組みの例として次のようなものが挙げられます。これらも，事業場の安全衛生意識を高め，危険や健康障害を防止する雰囲気づくりに役立ちます。

① 安全衛生日を設ける

毎月，一定の日をとくに「安全衛生日」として決め，この日は事業者が先頭にたち，全労働者が一丸となって職場の安全衛生を見直すものです。この日には，安全衛生旗などを掲揚したり，整理整頓を実施したり，事業者が参加する安全衛生パトロールを実施するなど効果を高める工夫をします。また，年に1回を安全衛生大会として実施し，安全衛生講話やKYT大会，安全衛生表彰などを行うのもよいでしょう。

② 安全衛生競争

大きな事業場では，無災害競争，整理整頓競争，安全技能競技会などが行われています。労働者の少ない事業場では，年単位では無災害となることも多いため，無災害期間の長さを基準にするか，整理整頓競争などを行うとよいでしょう。整理整頓競争では，審査委員が定期的に作業現場をパトロールし，危険・有害な状態を発見した場合に持ち点から減点して競争期間の終了時の残りの点数で判定する方法もあります。

③ 安全衛生表彰

安全衛生について創意工夫をしたり，地道な安全衛生活動を行ったり，優れた安全衛生提案をしたりして安全衛生に大きな功績をあげた個人または職場を，事業者が表彰するもので，労働者の安全衛生意識を高めるうえでたいへん効果があります。

表彰は，全国安全週間や全国労働衛生週間，会社の創立記念日などの機会を利用して行うとよいでしょう。

④ ポスター，標語等を活用する

ポスター，標語などによる安全衛生のPRは，昔から広く一般的に採用さ

第1章
第2章
第3章
第4章
第5章
第6章

れてきました。これらは直接目で見ることによって，安全衛生がどんなに大切なものであるかを訴える最も簡単で，かつ，効果のあるものです。「安全第一」などの定番の標語だけではなく，全国安全週間などの週間行事に合わせたポスターやスローガンの掲示，カッター作業や台車作業など毎月テーマを変えた壁新聞の掲示など，内容の工夫によってさらに効果が期待できます。

⑤　労働者の家族に対する働きかけ

　労働者の家庭での日常生活の悩み事や疲労などが災害の間接的な要因となっている例は少なくありません。家族の理解・応援を得て，いきいきと仕事をしてもらうことは安全衛生上も重要なことです。事業所長の名前で家族向けに社内報を送る，家族向け職場見学会の開催，安全衛生大会への招待など，さまざまな工夫が考えられます。

(3) 4S 活動

ア　4S 活動とは

　4S は「整理，整頓，清掃，清潔」の頭文字をとったものです。4S 活動は，わかりやすく，みんなができて，経費があまりかからず，そして結果がすぐに見えることに特徴があることから，安全管理の基本として，あらゆる業種で広く導入されています。なお，4S 活動に「躾」などの S を加えた 5S 活動として実施している事業場もあります。

　「整理」とは，廃棄基準を定めておいてその基準に基づいて必要なものと不要なものを分別し，不要なものを廃棄することをいいます。そのためには，必要物と不要物の分別を日常的に励行するとともに，定期的に行う大掃除などの機会にあらかじめ不要品を分別しておき，処分する必要があります。

　「整頓」とは，必要なものを容易にいつでも取り出せるように工夫して配置することです。そのためには，使用頻度などを考慮のうえ，使いやすい便利な場所に安全な状態（作業の妨げ，危険な状態になるような配置をしないことを含む。）で配置する必要があります。

　「清掃」とは，「掃き清めること」で，通路，作業床から機械設備，治工具，作業用具などを屑や埃のない状態に保つことをいいます。清掃は，単に掃除をするだけではなく，この清掃にあわせて整理・整頓の仕上げの役目も持っており，また，清掃中に機械設備の傷，緩みなどの不具合，問題点を発見し，それをすみやかに改善することも大切です。屑を発生源で容器に落とし込み，床に

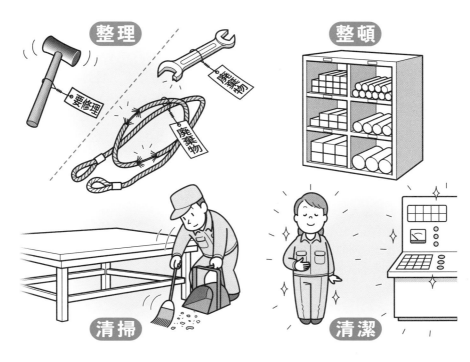

散乱しないように改善することなど工夫するとよいでしょう。

「清潔」とは，生産工程で発生する油，水，粉じん，汚れなどを除去したり，作業場のミスト，ガス，有機溶剤蒸気などを局所排気装置などで抑制したりすることにより，作業場の汚染を防止するとともに，労働者の服装などについても清潔を保持することをいいます。

イ　4S 活動の効果的な進め方

4S を効果的に推進するためには，次のことが必要です。

① 経営トップの熱意と姿勢が重要である。

② 企業の全員での活動とする。

③ 職場での各人の分担する役割を決める。

④ 基準どおりに 4S が確保されているか，パトロールと評価活動を繰り返す。

⑤ 間断のない日々の取組みとする。

なお，4S の維持や，働きやすさ，災害防止に有効な手法として「見える化」があります。「見える化」とは，だれが見てもすぐにわかるようにする工夫で，「どうすればよいか」「それが何か」「安全な状態か」等を，だれにでも，いつでも，記憶や慣れに頼らせず，余分な労力を使わせずに，即座にわからせる方

法です。作業上の注意事項，禁止事項等を端的に可視化した図柄表示や，薬品への表示ラベル，床の線引き・色分け，保管場所の区分表示，「非常口」等の場所を示す表示等がその例で，特定の人にしかわからず，対処できないことが減るので，とくに交替制勤務時，担当者不在時にも有効です。

参考　4S 点検チェック項目の例

（1）整理
　①　不要な物の廃棄基準があるか。
　②　整理を推進する責任者が選任されているか。
　③　その責任者は定期的に職場巡視をしているか。
　④　整理の担当区分が定められているか。
　⑤　整理のためのチェックリストは作成されているか。
　⑥　廃棄基準などの見直しは行われているか。

（2）整頓
　①　物の置き場所が定められているか。
　②　その置き場所ごとに置く物の種類や数量が定められているか。
　③　置き場所ごとに責任者が選任されているか。
　④　置き場所には適切な置き方が表示されているか。
　⑤　必要な物はすぐに見つかる状態になっているか。
　⑥　通路や階段に物が置かれていないか。

（3）清掃
　①　作業場の大掃除はなされているか。
　②　日常の掃除が行われているか。
　③　清掃の各人の受け持ち区域が定められているか。
　④　汚れや埃の発生源対策が行われているか。
　⑤　作業場にごみ箱が置かれているか。
　⑥　清掃状態の評価のためのチェックリストが作成されているか。
　⑦　清掃を推進する体制が整備されているか。

（4）清潔
　①　作業場が清潔な状態となっているか。
　②　中毒が発生するようなところはないか。
　③　作業場が汚染されていないか。
　④　労働者の服装などは清潔な状態となっているか。
　⑤　個人用の保護具は清潔に保たれているか。

（4）安全な服装および保護具

ア　安全な服装

　職場における服装は，仕事の内容に応じて，作業がやりやすく，また，災害から身を守ることのできるものであることが第一に必要です。しかし，これだけでは十分ではなく，着用者の年齢，性別などに応じた好み，スタイルなども加味することが重要です。首にかけたタオルが回転するシャフトに巻き込まれたり，長い毛髪を機械に巻き取られたりする事故例がしばしばみられます。これらは，服装が作業内容と合わなかったことが第一の原因ですが，服装，たとえば，帽子の形や作業服のスタイルなどが着用者の好みに合わず，着用をしぶったり，変則的な着用をしたりすることも原因となっています。

　また，最近では熱中症が多発しているので，高温環境下の作業では，吸湿性や通気性のよい服装とする工夫が大切です。

　服装には，作業の種類や用途に応じていろいろなものがありますが，一般的に用いられるものは，次のとおりです。

（ア）　作業服

　作業服の選定，着用などにあたっては，次の事項に留意することが必要です。

① 　からだに合った軽快なものであること。作業によっては，上着の端やズボンのすそが巻き込まれないようにしぼってあるものがよい。

② 　破れ，ほころびなどは，すぐにつくろっておくこと。

③ 　常に清潔に保つこと。とくに，油のしみた作業服は火がつきやすく危険。

④ 　暑い季節や暑い場所での作業では，熱中症の防止のため熱を吸収，保熱しやすいものは避け，吸湿性，通気性の良いものにする。

（イ）　作業帽

　頭部を保護するため，また，毛髪が機械などに巻き込まれるのを防ぐため，作業帽の着用は大切なことです。

① 　機械に労働者の頭髪が巻き込まれるおそれのあるときは，作業帽をかぶらせること。

② 　長髪者の場合には，毛髪を完全におおうようにすること。

③ 　着用方法についてよく指導すること。

㈦　はき物

　はき物は，作業内容，作業箇所の状況などによく適したものを選んで，使用させることが必要です。作業の状況により，プロテクティブスニーカー，耐滑靴の使用を検討するとよいでしょう。

　なお，軽作業であっても素足はもとよりサンダル等かかとが固定できないはき物は，物を落としたとき傷つきやすく，高熱物にふれたときにも危険である。また，足もとが不安定で，つまずきやねんざを起こしやすいので避けること。

㈣　手袋

　手を汚れやけがから守るために手袋が使用されますが，手袋の着用によって，かえって大きな災害を招くことがあります。たとえば，ボール盤作業のように，ドリルに巻き込まれるおそれのある作業では，手袋を使用することによって巻き込まれる危険が増加し，また，巻き込まれた結果，災害を大きくすることになります。

　このように，手袋を使用することにより危険が増大するおそれのある機械では，手袋の使用を禁止し，はっきりとその旨を掲示して作業者に知らせることが必要です。

㈤　前かけ

　作業によっては，前かけを使うことがありますが，この場合にも，万一，機械に巻き込まれたときを考えて，外れやすくするようにベルトに両端をはさみ込む程度にしておくほうが安全です。

イ　安全保護具

　一般に使用される安全用の保護具には，保護帽（ヘルメット），安全靴，墜落制止用器具，保護めがねなどがあります。このほか，特殊な作業用としていろいろなものが考案され使われています。

　災害を防止するためには，機械設備の改善や作業方法の変更など，施設や作業を改善し，それらの危険・有害要因を排除することが基本で，保護具はやむを得ないときに補助的または臨時的に使うものであると理解すべきです。しかし，墜落，物の落下など，予想される危険性から作業者を守るため，やむを得

保護帽

フルハーネス型
墜落制止用器具

安全靴

保護帽

作業用手袋

作業に適した靴
（プロテクティブスニーカー
や耐滑靴など）

ない手段として保護具が使用されているのが現状です。

　保護具を選ぶ際には,

① 　作業中常時使用させるもの（たとえば, 保護帽, 安全靴）

② 　作業中必要なときに使用させるもの（たとえば, 保護めがね, 墜落制止
　用器具）

③ 　緊急の際に臨時的, 応急的に使用させるもの（たとえば, 救命具）

など使用目的を考慮することが必要です。

　また, 保護具を有効に利用するには, 次の事項に留意することが重要です。

① 　作業に適した保護具を選定すること。

② 　各自の体格, 体形, 骨格等にフィットする保護具を使用すること。

③ 　必要な数を備えておくこと。

④ 　正しい使い方を教えること。

⑤ 　保守管理をよく行うこと。

⑥ 　保護具を必要とする作業では, 必ず保護具を使用させること。

　次に, 一般に使用されている代表的な保護具について, 種別ごとに使用上の
留意事項などを述べることにします。

(ア)　**保護帽**

　物の落下, 飛来などのおそれのある作業や, 荷積み, 荷卸しの作業, はい
付け・はいくずしの作業のように墜落, 転落, 転倒などのおそれのある作業
では, 保護帽を着用させることが必要です。

　保護帽には,

① 　飛来, 落下物に対するもの

② 　墜落時, 転倒時などに頭部を保護するもの

```
┌─────────────────────────────────┐
│        労（令和○年○月）検        │
│  型式検定合格番号　　R○○○      │
│  製　造　者　名　　○○○○      │
│  製　造　年　月　　○年○月      │
│  用　　　　　途　　飛来・落下物用 │
└─────────────────────────────────┘
```

保護帽の型式検定合格標章（例）

　③　電気用のように特定の危険に対するもの

などがありますから，どのような災害の危険がある作業かを十分検討し，それに応じた性能を有するものを選ぶことが必要です。また，保護帽には厚生労働大臣の定めた規格があり，かつ，メーカー段階で登録型式検定機関が行う型式検定に合格したものでなければ譲渡し，貸与しまたは使用してはならないことになっていますので，合格したしるしである型式検定合格標章が付いていることを必ず確認してから使用しなければなりません。また，保護帽の効果を的確にするためには，保護帽のハンモックの正しい調整やあごひもの締付けを確実に行うことなど正しい着用方法について作業者を指導することが大切です。

(イ)　**安全靴**

　取扱い中の重量物を落としたり，置いてある荷や原材料が倒れたりする事故は，全産業にわたって数多く発生しています。この種の事故を災害にしないためには，作業方法の改善，職場の整理整頓などが第一に必要ですが，安全靴の使用によって安全を確保することができます。

　安全靴は，足のつま先の保護，耐踏抜き性，耐滑り性などを重要な性能とし，職場の状態によっては，静電気帯電防止性能，耐油性，耐薬品性などを加味したものが使用されています。

　安全靴には，革製，ゴム製，布製などいろいろな材質のものがあり，また，重作業用，中作業用，軽作業用など作業内容別に各種のものがあります。したがって，安全靴の選定にあたっては，これらの安全靴の中で最もその職場に合ったものを選ぶのはもちろん，静電気帯電防止性能，耐油性や耐薬品性を必要とする職場であれば，それらの条件も加味したものを使用させる必要があります。安全靴には，JIS が制定されていますので，JIS に適合

した規格品を選べば安心して使用できます。

㈼　墜落制止用器具

墜落による災害は，建設業をはじめ，全産業で数多く発生しています。これを防止するためには，足場の設置，柵，手すりなどの設備の設置，作業方法の改善などを図ることが必要ですが，臨時的作業，短時間の作業などでこれらの措置が講じられない場合には，墜落制止用器具を使用する必要があります。

墜落制止用器具は，高所作業時に墜落・転落した場合などに落下を阻止するものです。墜落制止用器具は，フルハーネス型を使用することが原則となります。フルハーネス型は，墜落阻止時に加わる大きな衝撃を腿ベルト・肩ベルト等に分散させるので，局部的な身体のダメージを軽減できる効果があります。フルハーネス型墜落制止用器具を使用させる場合，特別教育を行い，正しく装着・使用させることはもちろん，適切な墜落制止用器具取付け設備があることも重要です。一般的には，墜落制止用器具のフックはD環より高い位置にかけられないと意味がありません。作業場所に応じて，親綱などの設置を工夫し，墜落制止用器具の有効な使用を図らなければなりません。

なお，墜落制止用器具は厚生労働大臣の定めた規格で，使用する材質や強度についての要件が規定されており，これらの要件を満たしているものでなければ使用できません。

㈽　保護めがね

保護めがねには，スペクタクル形，ゴグル形，フロント形（フェイスシールド）の3種類があります。眼はからだの中で極めて重要な部位であり，また，眼のけがはその時は大したことがないようにみえても，後で失明など大きな後遺症を残すことがあります。保護めがねは，使用目的に適した使いやすいものを選ぶのは当然ですが，JISマークがついている保護めがねを選んでください。また，粉じんや薬液の飛来条件によって前面のみでなく側面も保護する形のものとすることなどが必要です。このほか，保護めがねは，使用中に粉じんなどで傷がつきやすいので，常に点検し，不良品はすぐ交換するなど管理面での配慮も忘れてはなりません。

第1章

第2章

第3章

第4章

第5章

第6章

（5）交通労働災害の防止

　労働災害による死亡者のうち，交通事故などの交通労働災害による死亡者は約2割を占めています（第三次産業では約3割）。業種別にみても，自動車の運行を中心業務とする陸上貨物運送事業のみならず，非常に幅広い業種で交通労働災害が発生しています。

　交通労働災害の多くが事業場の外の道路上で発生することもあり，一般の労働災害と比較し，事業場において積極的な対策が十分に講じられているとはいえません。しかし，交通労働災害は業務の遂行と密接な関係の中で発生するものであり，事業者はその防止のため，自動車等の運転を行う労働者に単に交通法規の遵守を求めるだけでなく，一般の労働災害防止対策と同様に総合的かつ組織的に取り組むことが必要です。

　これらのことを踏まえ，厚生労働省から「交通労働災害防止のためのガイドライン」（平成20年4月3日付け基発第0403001号，最終改正：平成30年6月1日付け基発0601第2号）が公表されています。また，管理者や運転業務従事者に対する安全衛生教育について，次の実施要領が示されています。

- ・「交通労働災害防止担当管理者教育実施要領」（平成13年3月30日付け基発第236号）
- ・「自動車運転の業務に従事する労働者に対する安全衛生教育実施要領」（平成9年8月25日付け基発第595号）

4　労働災害の原因調査と再発防止対策

> ● **チェックポイント**
>
> ☑　災害は，人が危険または有害な物に接触またはばく露することにより発生します。また，人と物の接触またはばく露において，人側の要因を不安全な行動，物側の要因を不安全な状態と呼びます。
>
> ☑　災害調査は，災害発生状況をできるだけ詳細に把握し，物の側に，人の側に，また作業のルールなど管理面にどのような災害発生要因があったかを明らかにすることが重要です。
>
> ☑　人と物の接触またはばく露を避けるように隔離することで，災害の発生を避けることができます。また，物側の要因，人側の要因，管理面の要因をつぶすことで災害を防止することができます。

（1）災害の発生のしくみ

　労働災害はいったいどのようにして起こるのかを考えてみましょう。いままでの長い経験と数多くの災害の例から，一般的には災害は，「物」と「人」とが接触した現象とか，人が有害な環境のもとにばく露された現象として説明されています。

　いま，この「物」と「人」との接触の仕方を簡単に図解してみますと次ページの図のようになります。

　この場合の「物」は，機械設備や工具などのような物体だけではなく，可燃物とか爆発物とか，ガス，蒸気，電気，光線とか，人に危害を与えるもの全てをいい，「人」は職場で働く人を示します。そして，この「物」と「人」とが接触して起こる最悪の現象を「災害」というわけです。

　さらに，この図においては，「物」の側の要因を「不安全な状態」として示しています。「不安全な状態」というのは，事故を起こしそうな状態とか，事故の要因をつくり出しているような状態のことです。

　たとえば，通路に材料が放置されているとか，作業場所が酸欠状態となっているというように，物とか環境の側に危険性がある状態をいいます。

　普通は，この物の「不安全な状態」を物的欠陥として災害要因のひとつに挙げています。

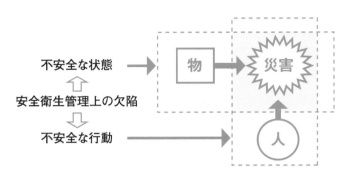

図　労働災害の発生のしくみ

　人についての要因は，「不安全な行動」として示しています。ここで「不安全な行動」というのは，被災者本人によるものだけでなく，第三者によるものの場合もあります。定められたルールを守らないで，安全装置を取り外したとか，不安全な場所に乗ったりするような人の行動は，いずれもこれにあてはまります。こういった人の「不安全な行動」は人的欠陥として災害要因のひとつとなります。

　そして，事業場における管理が不十分で，物の「不安全な状態」と人の「不安全な行動」が生じて災害が発生するようになった場合の管理の欠陥を「安全衛生管理上の欠陥」として示しています。

　この図の災害のところを，もう少し詳しく調べるためには，災害と事故との関係をはっきりさせておく必要があります。

　たとえば，旋盤で旋削作業中に材料の一部が飛び出した場合を取り上げると，

①　飛び出した破片や切りくずがからだにあたって災害となった場合

②　飛び出した破片などがからだにあたらず，隣接の機械にあたってその部分が破損した場合

③　破片などが飛び出しても，からだにも周囲の機械設備にも何ら損傷を与えなかった場合

が考えられます。これらの場合，材料の一部が飛び出したことを事故としてとらえれば，事故によって人が危害を加えられる災害は，①の場合に限られることとなります。それでは災害防止を図るには①の場合だけを考えればよいかというと，それでは十分ではありません。それは，②と③をみても，人が破片の飛んでくる方向にたまたまいなかったためにけがをまぬがれたとも考えられるからです。

　このようなことから，上記の①，②，③の結果にだけ気をうばわれることのないように，その前の段階の事故を起こさないようにすることが大切です。

（2）不安全な状態と不安全な行動

災害防止を図るためには，物の「不安全な状態」と人の「不安全な行動」の状況を究明する必要があります。

厚生労働省が行った休業4日以上の労働災害から抽出した27,813件の分析調査（「労働災害原因要素の分析（平成25年　製造業)」）によれば，「不安全な状態」が認められたものが全体の91.2％，「不安全な行動」が認められたものが89.2％，この両方が認められたものが85.6％という結果がでています[※]。

「不安全な状態」と「不安全な行動」のいずれもが認められないのに災害が発生したのは5.2％とごく少数となっています。

この調査では「不安全な状態」と「不安全な行動」のいずれが主なる災害原因かは不明ですが，「不安全な状態」と「不安全な行動」が災害発生に大きくかかわっていることがわかります。

この「不安全な状態」と「不安全な行動」との関係は下の図に示されています。

災害防止のためにはさらに一歩進めて，なぜ「不安全な状態」があったのか，なぜ「不安全な行動」をしたのかという，その奥深く潜んでいる要因を解き明かすことが極めて大切です。

次に，「不安全な状態」や「不安全な行動」にはどのようなものがあるか，その主なものを挙げてみます。

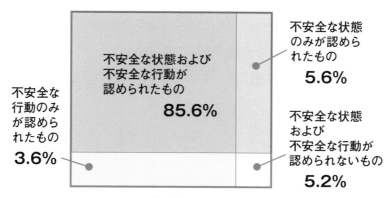

※「不安全な状態」または「不安全な行動」が認められたものの中には，「分類不能」のものは含まれていない。

出典：厚生労働省「労働災害原因要素の分析（平成25年　製造業)」

図　不安全な状態と不安全な行動が認められた労働災害の割合

ア　不安全な状態

(ア)　物自体の欠陥

①　設計，材料，加工等が悪く，安全にできていない。

②　老朽化，故障の未修理および点検不良など。

(イ)　防護措置等の欠陥

①　防護措置（安全装置の設置等）がとられていないか，または，不十分である。

②　遮蔽，接地（アース）等ができていない。

(ウ)　物の置き方，作業場所の欠陥

①　通路が確保されていない。

②　機械，装置等の配置がよくない。

③　物の置き方，積み方等がよくない。

(エ)　保護具，服装等の欠陥

①　はき物，服装等を指定していない。

②　保護具を指定していない。

③　（巻き込まれるおそれのある箇所での）手袋の使用禁止をしていない。

(オ)　作業環境の欠陥

有害ガス，粉じん，騒音，採光，照明，換気等作業環境が好ましくない。

(カ)　部外的，自然的な不安全状態

①　部外の物自体，防護措置，物の置き方・作業場所および作業環境の欠陥

②　交通の危険

③　自然の危険

(キ)　作業方法の欠陥

使用する機械・装置や工具・用具および作業手順の誤り，など。

イ 不安全な行動

㋐ 防護・安全装置を無効にする

① 安全装置をはずす，無効にする。

② 安全装置の調整を誤る。

㋑ 安全措置の不履行

① 不意の危険に対する措置が履行されていない。

② 機械・装置を不意に動かす，または放す。

③ 合図・確認なしに車を動かす。

㋒ 不安全な放置

① 機械・装置等を運転したまま離れる。

② 機械・装置を不安全な状態にして放置する。

③ 工具・用具・材料くず等を不安全な場所に置く。

㋓ 危険な状態を作る

① 荷等を積み過ぎる。

② 組み合わせると危険な化学物質等を混ぜる。

㋔ 機械・装置等の指定外の使用

① カバーを外したまま機械・装置等を用いる。

② 機械・装置等の選択を誤る，または指定外の方法で使う。

㋕ 運転中の機械・装置等の掃除，注油，修理，点検等

運転中の機械・装置や通電中の電気装置等の掃除，注油，修理，点検，調整等を行う。

㋖ 保護具，服装の欠陥

① 保護具を使わない，または選択，使用方法を誤る。

② 不安全な服装をする。

⑺　**その他の危険場所への接近**

①　動いている機械・装置等に接近するか，または触れる。

②　つり荷に触れ，下に入るか，または近づく。

③　危険有害な場所に入る。

⑼　**その他の不安全な行為**

①　道具の代わりに手などを用いる。

②　荷の中抜き，下抜きをする。

③　確認しないで次の動作をする。

④　飛び下りたり，飛び乗る。

㈡　**運転の失敗（乗物）**

スピードを出し過ぎる。

㈾　**誤った動作**

荷などの持ち過ぎ，物の押し方，引き方の誤りなど。

「安全衛生管理上の欠陥」については，たとえば次のような事項があります。

①　管理責任者が決められていない，また，その責任と権限が明確になっていない。

②　作業の指示，作業中の点検，監督指導等が適切に行われていない。

③　作業手順書や各種のマニュアルが整備されていない，機械設備や作業方法の変更等に合わせて見直しがされていない，また，それらの中で安全が考慮されていない。

④　機械設備の点検方法や時期，異常時の処置方法が定められていない。

⑤　安全衛生教育の実施計画が定められていない。

⑥　安全衛生教育が実施されていない，作業手順について変更時も含め周知徹底されていない，異常時の対処方法等についての教育訓練がなされていない。

⑦　適正配置がなされていない，日々の健康状況が確認されていない。

（3）災害調査

　労働災害は本来あってはならないものですが，不幸にして発生した場合には，二度と災害を発生させてはならないとの強い意志で，すみやかに災害調査を行い，災害原因を究明し再発防止対策を講じる必要があります。また，これら一連の対応については，調査委員会を設置するなどできるだけ透明性を高め，第三者の専門家に調査に参加してもらうなど，労働者をはじめ関係者の信頼を得るように努めることが大切です。

　災害調査は二度と同様の災害を発生させないために行うものです。したがって，被災の状況と災害発生に結びつくあらゆる問題点を洗い出すことが前提となります。そのためには，被災者の被災状況と被災時の作業の状況を被災者や管理監督者をはじめ関係者から聴き，また，実際に災害現場を調査などして，まずは全ての事実を明らかにする必要があります。そのうえで，作業手順，異常時の対処方法などの定められたルールとのくい違いがなかったか，機械設備に異常はなかったか，当日の作業や機械設備の管理の状況に問題がなかったかを検討することとなります。定められたルールは守られていたとしても，そのルールに問題がなかったかも検討する必要があります。全ての事実が把握され，問題点が洗い出

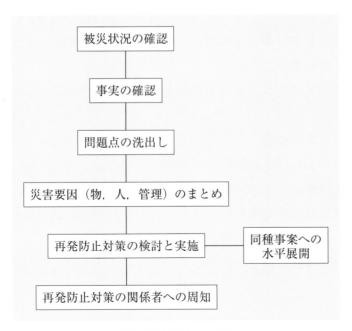

図　災害調査の手順

されると，問題点を「物」「人」「管理」の要因に整理してまとめ，再発防止対策を検討していくことになります。

　また，災害調査において大切なことは，調査の実施主体，調査結果の評価，再発防止対策の検討とその実施，教育を含めた再発防止対策の周知徹底，同種の作業や機械設備への水平展開などについて，事業場として組織的に対応していくことです。事業者のもと，安全衛生推進者などのスタッフ，現場部門など，それぞれの役割と機能を十分活用して組織的に対応していくことが大切です。災害調査の手順はおおむね前ページの図のようにまとめることができます。

　災害調査を行ううえでの留意点は，以下のとおりです。

① 　被災者の年齢，職種，当該作業の経験年数，安全衛生関係の各種の資格および教育の受講歴のほか，持病および最近の疲労・睡眠も含め健康状況，超過勤務の状況，悩み・ストレスの状況，過去の災害歴なども把握しておくとよい。

② 　当日の作業が定常作業か非定常作業か。

③ 　非定常作業であれば，初めての作業かどうか，過去の作業歴，また，当該作業の作業手順などルールを定めていたか，あるいは的確な作業指示をしていたかどうか。

④ 　定常作業の場合であっても，作業中に，機械設備のトラブル等によって点検や調整の作業が発生するなど作業の変更があったかどうか。また，作業の変更が管理監督者に報告されたか，報告が制度化されていたか。適切な作業の指示がなされていたか。

⑤ 　共同作業の場合には，合図など相互のコミュニケーションがよくとられていたか。

⑥ 　機械設備に異常な音，振動等の変調や予兆はなかったか。導入して間もない機械設備であればその取扱いに習熟していたか，また，どの程度，教育訓練されていたか。

⑦ 　管理監督者は適宜必要な指示をしていたか。指示は明確に被災者に伝わっていたか，誤解されやすい指示の内容ではなかったか。

⑧ 　管理監督者は適宜作業を監視していたか。

（4）再発防止対策

　再発防止対策を考える場合には，災害調査で明らかとなった「物」「人」「管理」の要因それぞれに対応する対策を検討することはもちろんですが，二度と再び同じような災害を起こしてはならないことから，根本的な対策すなわち本質安全化となる対策を最優先に検討すべきです。とくに，機械設備の災害を検討する場合，人に災害をもたらした危険源（ハザード）は何か，どのように人と接触して災害が起こったかを明らかにしたうえで，危険源を除去・低減する方策，人と危険源を隔離する方策，人と危険源が接触できる状態になったときに危険源の駆動を止める方策を優先して検討・実施することが大切です。

　まずは「物」の要因について，リスクアセスメントとリスク低減措置の手法と考え方を用いて対策を講じていくことになります（詳細は，第2章の2で説明します）。

　「人」の要因については，適正配置への気配りがまず必要であり，次いでなんといっても繰り返し教育訓練を行うことが基本ですが，とくに雇い入れて間もない新人や配置転換して間もない者，派遣労働者については，OJTも含めて教育訓練の徹底が必要となります。

　また，日々の健康状況のチェックも大切です。場合によっては就業を認めないことや早退等も考慮する必要があります。

　さらに，「管理」の要因に対応する対策としては，たとえば，次のような対策が考えられます。

① 　トップダウン・ボトムアップを励行しやすいよう組織の風通しをよくする。

② 　責任と権限を明確にした安全衛生管理体制に見直す。

③ 　安全衛生管理の担当者は専任の者とする，または複数の者を置く。

④ 　職場ごとに安全衛生のための委員会を設置し，定期に会合を持つ。

⑤ 　職長等の教育の機会を増やし，内容を充実させる。

⑥ 　各種規程，作業手順を見直したうえで整備し，教育訓練等を通じ周知徹底を図る。

⑦ 　作業計画，作業指示等を言葉だけでなくわかりやすく文書化し，ツールボックス・ミーティングで具体的に指示・説明することを制度化する。

　最後に，不幸なことも時が経過するうちに忘れ去られていきます。労働災害も時とともに忘れられ，いつの日かまた発生することになります。こうしたことが繰り返されてきたことも忘れてはなりません。労働災害は正確に記録し，いつでも，だれでも，見ることができるように保存し伝えていくことが必要です。

危険性または有害性等の調査およびその結果に基づき講ずる措置等

1 リスクアセスメントとリスク低減措置

第1章
第2章
第3章
第4章
第5章
第6章

● チェックポイント

☑ リスクアセスメントは，事業場に存在する危険性または有害性を特定し，それらに起因するリスクの大きさを見積もり，その結果をもとに優先度を設定し，リスク低減措置を図って労働者の負傷または疾病を防止するための手法です。

☑ リスクアセスメントは，事業場において定められた「リスクアセスメント実施要領書」等に基づき実施します。リスク低減措置の検討には管理者も加わり，措置を決定後実施します。

☑ 作業に係るリスクアセスメントの基本的な考え方や実施事項について，「危険性又は有害性等の調査に関する指針」（平成 18 年 3 月 10 日付け指針公示第 1 号）が公表されています。さらに，機械および化学物質に係る指針もそれぞれこれとは別に公表されています。

(1) リスクアセスメントの実施

　事業場において設備，原材料，作業行動等に起因する危険性または有害性等を特定し，そのリスクを見積もり，その結果に基づきリスク低減措置の内容を検討すること（リスクアセスメント）および低減措置を実施することは，労働災害の防止に効果的です。

　リスクアセスメントおよびその結果に基づく措置の実施は，労働安全衛生法により事業者の努力義務とされています（同法第 28 条の 2）。このリスクアセスメントの基本的考え方や実施事項について，「危険性又は有害性等の調査等に関する指針」（平成 18 年 3 月 10 日付け指針公示第 1 号。以下「リスクアセスメント指針」という。）が示されています。これに加え機械設備については，「機械の包括的な安全基準に関する指針」（平成 19 年 7 月 31 日付け基発第 0731001 号），化

学物質については「化学物質等による危険性又は有害性等の調査等に関する指針」（令和 5 年 4 月 27 日付け指針公示第 4 号）が示されています。それらの詳細については，それぞれの項を参考にしてください。

　なお，安全データシート（SDS，76 ページ参照）の交付義務の対象である化学物質については，リスクアセスメント実施が義務付けられています。

　以下に作業に係るリスクアセスメントの概要を紹介します。

ア　実施体制・実施時期等

　リスクアセスメントおよびその結果に基づく措置は，事業場のトップをはじめ，安全・衛生管理者，または安全衛生推進者，職長等がそれぞれの役割に従い，また，安全衛生委員会等の場での審議などを通じ，全社的な実施体制のもとで推進しなければなりません。

　リスクアセスメントを実施する時期は，「建設物を設置し，移転し，変更し，または解体するとき」「設備や原材料を新規に採用し，または変更するとき」「作業方法または作業手順を新規に採用し，または変更するとき」などリスクに変化が生じ，または生じるおそれがあるときです。なお，労働災害が発生した場合には，再度調査することが必要です。さらに時がたてば機械設備等の経年劣化，労働者の入れ替わり，新たな安全衛生に係る知見の集積があり，定期的な見直しの必要があります。その前提として，既存の設備，作業等について，一度はリスクアセスメントを網羅的に実施する必要があります。

イ　対象の選定と情報の入手

　リスクアセスメントは極力全ての作業を対象として実施すべきものですが，「過去に労働災害が発生した作業」「ヒヤリ・ハット事例があった作業」「労働者が日常不安を感じている作業」など，負傷や疾病の発生が合理的に予見可能であるものを優先して実施する必要があります。ただし，明らかに軽微な負傷または疾病しかもたらさないものは，除外しても差し支えありません。

　また，リスクアセスメントを実施する場合，作業標準，作業手順書だけでなく，機械設備メーカー等から提供される機械設備の取扱説明書や残留リスク等の「使用上の情報」，取り扱う化学物質の危険有害性情報が書かれている SDS 等を事前に入手する必要があります。

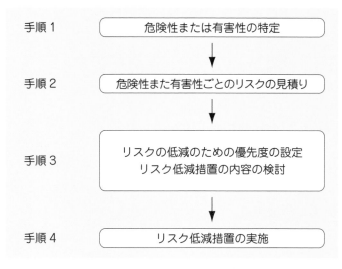

手順1	危険性または有害性の特定
手順2	危険性また有害性ごとのリスクの見積り
手順3	リスクの低減のための優先度の設定 リスク低減措置の内容の検討
手順4	リスク低減措置の実施

図　リスクアセスメントの基本的な手順

ウ　危険性または有害性の特定

　原材料，設備または作業行動など職場に潜む危険性や有害性の特定は，作業標準・手順書等に基づいて行います。特定の方法は，大きく次の2つのステップを行います。

　①　危なそうな状態，行動等に目を向け，危険性または有害性（ハザード）を明らかにする。

　②　負傷または疾病に至るプロセスを明らかにする。

　その際には，実際の作業をよく観察することも大切です。また特定には，リスクアセスメント指針などに示されている「危険性または有害性の分類例」等を参考にします。もちろん，事業場独自で工夫して分類表を作成する例もあります。

エ　リスクの見積り

　リスクの見積りについては，リスクアセスメント指針で危険性または有害性によって生じるおそれのある「負傷または疾病の重篤度」と「発生する可能性の度合」を考慮して見積もることが求められています。「負傷または疾病の重篤度」は休業日数等を尺度として，次のような区分例が示されています。

致命的：死亡災害や身体の一部に永久損傷を伴うもの
重　大：1カ月以上の休業災害や一度に多数の被災者を伴うもの
中程度：1カ月未満の休業災害や一度に複数の被災者を伴うもの
軽　度：不休災害やかすり傷程度のもの

なお，中央労働災害防止協会（中災防）の研修では，次の基準例を紹介しています。

> 致命傷：死亡や永久的労働不能につながるけが
> 重　傷：休業災害（完治可能なけが）
> 軽　傷：不休災害
> 微　傷：手当後直ちに元の作業に戻れる微小なけが

また，「発生する可能性の度合」を「危険状態が生じる頻度」と「危険状態が生じた時に災害に至る可能性」に分け，重篤度（重大性）とあわせて3要素で見積もることもできます。

マトリクスを用いた方法

重篤度「重大」，可能性の度合「比較的高い」の場合の見積り例

		負傷又は疾病の重篤度			
		致命的	重大	中程度	軽度
負傷又は疾病の発生可能性の度合	極めて高い	5	5	4	3
	比較的高い	5	4	3	2
	可能性あり	4	3	2	1
	ほとんどない	4	3	1	1

リスク		優先度
5〜4	高	直ちにリスク低減措置を講ずる必要がある 措置を講ずるまで作業停止する必要がある 十分な経営資源を投入する必要がある
3〜2	中	すみやかにリスク低減措置を講ずる必要がある 措置を講ずるまで使用しないことが望ましい 優先的に経営資源を投入する必要がある
1	低	必要に応じてリスク低減措置を実施する

数値化による方法

重篤度「重大」，可能性の度合「比較的高い」の場合の見積り例

a　負傷又は疾病の重篤度

致命的	重大	中程度	軽度
30点	20点	7点	2点

b　負傷又は疾病の発生可能性の度合

極めて高い	比較的高い	可能性あり	ほとんどない
20点	15点	7点	2点

20点（重篤度「重大」）＋15点（可能性の度合「比較的高い」）＝35点（リスク）

リスク（a＋b）		優先度
30点以上	高	直ちにリスク低減措置を講ずる必要がある 措置を講じるまで作業停止する必要がある 十分な経営資源を投入する必要がある
10〜29点	中	すみやかにリスク低減措置を講ずる必要がある 措置を講ずるまで使用しないことが望ましい 優先的に経営資源を投入する必要がある
10点未満	低	必要に応じてリスク低減措置を実施する

リスク見積りの例

第1章

第2章

第3章

第4章

第5章

第6章

見積りにあたっては，

①　負傷または疾病の対象者および内容を明確に予測すること

②　過去に実際に発生した負傷または疾病の重篤度ではなく，最悪の状況を想定した最も重篤な負傷または疾病の重篤度を見積もること

などに留意しなければなりません。ただし，②の重篤度の見積りにあたっては，極端なケースまで想定すると，全ての災害が死亡災害となってしまうことが考えられます。常識的な範囲で想定するとよいでしょう。

　なお，前ページの見積りの例に示す表中の数字等は，あくまでも一例であり，各事業場の実態に合わせて決定するようにしてください。

（2）リスク低減措置の検討と実施

　リスクの見積りにより優先度が設定されたものについて，リスク低減措置を検討することになります。リスク低減措置の検討にあたっては，リスク低減に要する負担がリスク低減による労働災害防止効果と比較して大幅に大きく，両者に著しい不均衡が発生する場合であって，措置を講じることを求めることが著しく合理性を欠くと考えられるときを除き，可能な限り高い優先順位のリスク低減措置（次ページの図参照）を実施しなければなりません。なお，法令で定められた事項がある場合は，それを必ず実施しなければなりません。

　死亡，後遺障害または重篤な疾病をもたらすおそれのあるリスクに対し，適切なリスク低減を実施するまでに時間を要する場合は，それを放置することなく，可能な暫定的な措置を直ちに講じなければなりません。

　また，低減措置を講じてもなお残るリスク（残留リスク）は，教育等を通じ労働者に周知するとともに，リスク管理台帳の作成や掲示，表示（見える化）の実

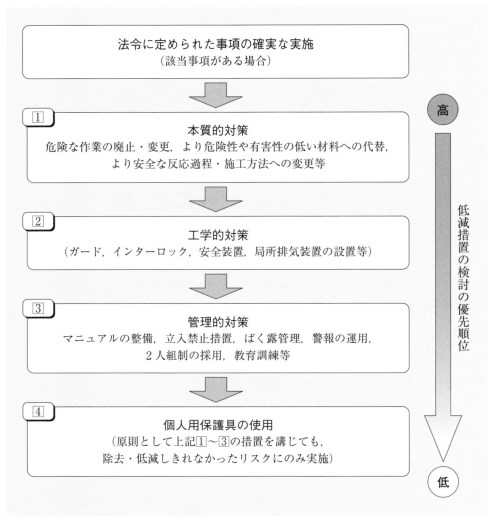

図　リスク低減措置

施などの管理が求められています。

　リスクアセスメントを実施した場合,「洗い出した作業」「特定した危険性または有害性」「見積もったリスク」「設定したリスク低減の優先度」「実施したリスク低減措置の内容」などを記録し,保管しなければなりません。

　記録し,保管するのは,次回以降のリスクアセスメント実施の際の参考とするためです。また,暫定的な低減措置を実施した場合,時期をみて適切な措置を実施する必要があるからです。そのためにもどのような優先度のものに対し,どのような措置を実施したか確実に記録し,保管することが大切です。

（3）リスクアセスメントの効果

リスクアセスメントを導入することにより，次のような効果が期待できます。

① リスクに対する認識を全員で共有できる

リスクアセスメントは現場の労働者の参加を得て，管理・監督者とともに進めるので，職場全体で安全衛生のリスクに対する共通の認識を持つことができるようになる。

② リスクに対する感受性が高まる

リスクアセスメントを実施することによって，リスクをリスクと感じる感受性が高まり，従前は見過ごしがちであったリスクにも十分対応できるようになる。

③ 本質安全化を主眼とした技術的対策への取組みができる

リスクアセスメントではリスクレベルに対応した安全対策を選択することが必要となるため，本質安全化を主眼とした技術的対策への取組みを進めることになる。とくに，リスクレベルの大きい場合は本質安全化に向けた対策に取り組むことになる。

④ 安全衛生対策の合理的な優先度が決定できる

リスクアセスメントでは全てのリスクを許容可能なリスク以下にするよう低減対策を実施するが，リスクの見積り結果等によりその優先度を決定することができる。

⑤ 費用対効果の観点から合理的な対策が実施できる

リスク低減対策ごとに緊急性と人材や資金など，必要な経営資源が具体的に検討され，費用対効果の観点から合理的な対策を実施することができる。

⑥ 残留リスクに対して「守るべき決めごと」の理由が明確になる

技術的，時間的，経済的にすぐにリスク低減ができない場合，必要な管理的な措置を講じたうえで，対応を労働者の注意に委ねることになる。この場合，リスクアセスメントに労働者が参加していると，なぜ，注意して作業しなければならないかの理由が理解されているので，守るべき決めごとが守られるようになる。

第1章

第2章

第3章

第4章

第5章

第6章

2　機械設備の安全化とリスクアセスメント

●チェックポイント

☑　機械を使用する事業者（ユーザー）は，機械設備の導入にあたり，機械を製造する事業者（メーカー）に残留リスク情報（機械危険情報）等の提供を依頼しましょう。

☑　機械設備の設置前に，ユーザーは残留リスク情報等をもとにリスクアセスメントを実施し，必要なリスク低減措置を実施しましょう。

☑　既設の機械設備についても，計画的にリスクアセスメントを実施し，リスク低減措置を実施しましょう。

（1）機械設備の安全化

　機械災害をいっそう減少させることを目的として，平成13年に「機械の包括的な安全基準に関する指針」（以下「機械包括安全指針」という。）が制定され，機械を製造する事業者（メーカー）等は，設計・製造段階にリスクアセスメントを実施し，その結果に基づいて必要な保護方策を実施して，機械を使用する事業者（ユーザー）に対し，機械を提供することとされました。

　平成18年の労働安全衛生法第28条の2の改正にあわせて，機械包括安全指針も改正され，ユーザーはメーカーから提供された情報をもとにリスクアセスメントを実施し，機械の安全化を図り使用することとされました。

　さらに平成24年には，労働安全衛生規則が改正され，ユーザーがリスクアセスメントを適切に実施できるよう，メーカーからユーザーに対して機械の残留リスクを機械の危険情報として通知することが定められました。

　なお，メーカー，ユーザー各々，「機械安全の十分な知識を有する人材」を育成するため，平成26年4月に厚生労働省通達「設計技術者，生産技術管理者に対する機械安全に係る教育について」において，必要な教育カリキュラムと受講対象者が示され，平成31年3月に機能安全が追加され「設計技術者，生産技術管理者に対する機械安全・機能安全に係る教育実施要領」に改正されています。

ア　機械包括安全指針の概要

　機械包括安全指針に示されている機械の安全化の流れを，次ページの図に示します。

　機械メーカーがリスクアセスメントを実施し，その結果に基づいて保護方策（リスク低減方策）を実施し，ユーザーに使用上の情報を提供します。この使用上の情報には，労働安全衛生規則第24条の13に規定される「機械の危険情報」が含まれます。ユーザーはこの情報をもとにリスクアセスメントを実施し，その結果に基づいて保護方策（リスク低減方策）を実施した後に機械を使用します。

　機械包括安全指針に示されているリスクアセスメントの手順は，ISO12100（JIS B 9700）に準拠したものであり，「制限仕様の指定／機械の使用状況の調査」⇒「危険源（危険性又は有害性）の同定」⇒「リスクの見積り等」⇒「保護方策の検討及び実施」を行うものです。

　保護方策（リスク低減方策）については，下記の優先順で実施します。

　なお，この指針では，別表に具体的で詳細な保護方策が提示されていますので参考にしてください。

① 「本質的安全設計方策」　機械の危険源を排除するなどの安全設計を行う。これには，機械可動部のすきまを身体の一部が入らない程度に狭くする，逆に，はさまれないくらい広くする，はさまれたりぶつけられたりしてもけがをしない程度に機械の駆動力を小さくする，保守点検作業を機械の作動範囲外から行えるような機器配置にする，などがある。設計段階に実施する方策なので主にメーカーが実施するものとなる。

② 「安全防護」　固定式ガード，インターロック付きの可動式ガードや光線式安全装置などの保護装置を設ける。

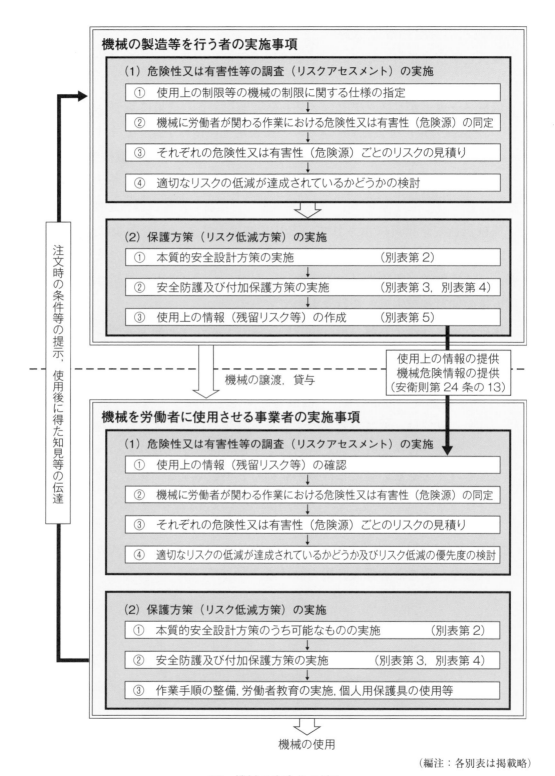

図　機械の安全化の流れ
（「機械の包括的な安全基準に関する指針」をもとに一部改変）

③　「付加保護方策」　非常停止装置の設置，動力源の遮断・残留圧力の除去，高所等への到達手段，被害者の救済・脱出手段等を設ける。

　安全防護および付加保護方策も設計段階に実施することが基本であるが，使用段階においても実施可能なものはある。

④　「使用上の情報（残留リスク）の作成，提供」　メーカーは保護方策を実施した後に残るリスク（残留リスク）については，警告表示を行うなどのほか，機械ユーザー側がどのように対処すべきかを含めた「使用上の情報」を作成してユーザーに提供する。これには労働安全衛生規則第24条の13の「機械危険情報」が含まれる。ユーザーは，自ら行うリスクアセスメントおよびリスク低減の結果，なお残るリスクについては，労働者にその残留リスク情報を提供し，作業手順の整備，労働者の教育訓練の実施，個人用保護具の使用等を行う。

イ　機械設備の安全化の原則

機械の安全化を進めるうえで，3つの大前提があります。

①　人間はミスをする。

②　機械は故障する。

③　絶対安全は存在しない。

ミス（ヒューマンエラー）をするのが人間の特徴で，ミスをした人の責任を追及しても事故はなくなりません。ミスをしても事故・災害につながらない仕組みや工夫をすることはできます。つまり「人に頼る安全」から「機械に任せる安全」に発想を転換し，機械そのものを安全化することです。

機械がミスをする（故障する）確率は人がミスをする確率より2桁も3桁も低いですが，「故障しない機械はない」ことを認めて，故障が発生したとしても，安全側に故障する，または故障しても機能を失わないように設計することが大切です。

「安全」の定義は，「許容不可能なリスクがないこと」です。つまり許容可能なリスクは存在し（残留リスク），リスクゼロはありえないとされています。だから，真摯にリスクアセスメントを実施し，リスクを許容できるところまで低減することが求められているのです。

ウ　機械のリスク低減 3 原則

① 本質安全の原則

　　危険源（危害の潜在的根源）がなくなれば，危害は発生するおそれがなくなります。本質安全は前述の本質的安全設計方策の一部で，労働災害防止に一番効果が高く，最優先で採用すべき保護方策です。たとえ危険源が除去できなくても，危害を与えない形状にしたり，人に危害を加えない程度までに力・エネルギーを小さくできれば危害の発生のおそれがなくなります。

② 隔離の原則

　　危険源が存在する区域（機械の作動範囲）に人が接近・接触できないように空間的に隔離する，つまり囲い，覆い，柵等（ガード）を設けることです。また，危険源から放出される物質の閉じ込めも含まれます。

③ 停止の原則

　　機械は一般的に停止していれば，危険でないとされますので，人が進入する場合は機械を停止する，または，停止していないと進入できないようにすることです。一般的にはインターロックや保護装置を設けることです。鋭利な端部等，停止しても危険な場合や，停止するまで時間がかかるものもありますので注意が必要です。

（2）安全衛生推進者が推進する機械安全

ア　計画・設計段階からの安全の確保

㋐　安全に配慮した工場レイアウト（機械設備の配置）

　　工場レイアウト（機械設備の配置）が人と設備の関わり（機械への介入，動線）や物流（原材料や仕掛り品，完成品などの搬送）を考慮した適切なものになっていれば，労働環境が整い労働災害も発生しにくくなります。逆に，レイアウトが悪いと不要な機械設備への介入や運搬作業が多くなり，加えて作業エリアや通路が物流の仮置き場になるなど，整理整頓も徹底できず，労働災害の要因になることが想定できます。

　　安全衛生推進者は，工場の人の動きや物の動きを一番把握している立場にありますので，上位者に常に工場レイアウトの労働安全面での重要性を訴える努力を惜しまないようにしてください。

(イ) リスクアセスメントが適切に実施された機械の導入

　機械設備の新規導入や更新・改造などで，個々の機械設備の配置変更を計画する際には，安全衛生推進者が参画する場面も出てくると思います。

　機械包括安全指針に示される機械の安全化の流れにあるように，機械メーカーに対して「注文時の条件等の提示（仕様の指定）」を十分にすることが大切です。機械の設置場所，使用条件，加工材料等の情報をできるだけ詳細にメーカーに伝えることが，設計者のリスクアセスメントの助けになります。できれば自社における「許容できるリスクのレベル」や，その機械を操作する人の特性なども伝えてください。ユーザーの使用条件が全て反映されたリスクアセスメントが実施されれば，導入後のリスクアセスメントは簡単になります。設計・製造段階でリスクアセスメントを実施し，リスクが適切に低減された機械は，設置された後に安全対策を実施するより，はるかに安価でその有効性が持続します。

　労働安全衛生規則第24条の13により，メーカーがリスクアセスメントを実施しリスク低減後の機械の危険情報を通知することが努力義務化されましたが，発注時にそれが提供されることを確認してください。

(ウ) 新技術，新工法導入時における安全性の検討

　機械設備のなかには大型化，高速・高出力化され，使うエネルギーも極めて大きいものがあります。このような機械は災害の規模も大きくなり，重大な災害発生のおそれもあります。

　また，新しい生産方法や新原材料の導入が，新たな災害の発生要因となることも忘れないようにしましょう。

　このため，新しく工場設備を設けたり，新しい技術を導入したりする際には，十分にリスクアセスメントを実施し危険性を把握することが必要になります。

　今日の生産現場では，単独の機械設備が互いに無関係に使用されることは少なく，いくつかの異なった種類の機械を組み合わせて協調動作をする生産ラインとして構成するのが一般的です。

　このような生産ラインを統合生産システムと呼び，個々の機械が相互に依存関係を保ちながら共通の目的を達成するように作動します。したがって，その運用にあたっては，個々の機械がそれぞれの特性を十分に発揮し，さら

にライン全体がシステムとして機能し，かつ安全なものとなるように設計・製作時のリスクアセスメントが重要です。

イ　機械導入時，および既設機械の安全化

㊀　機械設置時のリスクアセスメントとリスク低減

　機械包括安全指針に示されるように，メーカーから提供される使用上の情報および機械危険情報をもとに，設置環境を踏まえてリスクアセスメントを実施し，必要であればリスク低減を実施して機械を使用することが事業者の努力義務となっています。注文時にユーザーの使用条件が全てメーカーのリスクアセスメントに反映されていれば，ユーザーとしてのリスクアセスメントは簡単です。納入された機械が注文どおりのものか確認し，メーカーの情報に基づく措置を講じることで使用できます。

㊁　機械の安全化のために

　既設の機械についても，計画的にリスクアセスメントを実施することが大切です。既設の機械は，一般に隔離が不十分なものや，停止インターロックが不適切なものが散見されます。リスクアセスメントを実施し，必要なリスク低減を図ってください。本質的安全設計方策は困難でも，隔離，停止といった安全防護，非常停止装置等の付加保護方策は既設設備でも可能です。たとえばユーザーでもできる本質的安全設計方策としては，「その作業をやめる（別の方法で行う）」ことが挙げられます。その作業の目的を今一度見直し，安全な方法でできないか検討してください。

　災害が発生した機械，ヒヤリ・ハットの報告があった機械は，優先して機械包括安全指針に基づくリスクアセスメントを実施しましょう。

3　化学物質のリスクアセスメント

●チェックポイント

☑　化学物質は，多くの事業場で取り扱われていますが，法による規制対象外の物質でも危険有害性のあるものが多く存在します。

☑　事業者および労働者は，現場で取り扱う化学物質の危険有害性について容器等のラベル表示やSDS（安全データシート）から知る必要があります。

☑　化学物質によって生じる労働災害を未然に防止するためには，「化学物質のリスクアセスメント」を実施して，リスクに応じた適切な化学物質管理を行うことが効果的です。

（1）化学物質に関する表示および文書交付制度

　事業場ではさまざまな種類の化学物質を使用していますが，化学物質の危険有害性を外見から判断することは非常に困難です。事業者および化学物質を取り扱っている労働者に対して個々の化学物質の危険有害性等に関する情報がより明確に提供される必要があります。

　化学物質の危険有害性に関する情報提供については，国際的には，米国，EU

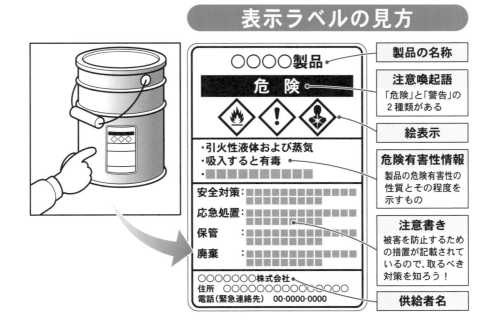

表示ラベルの見方

		製品の名称
○○○○製品	→	
危　険	→	注意喚起語 「危険」と「警告」の2種類がある
◇◇◇	→	絵表示
・引火性液体および蒸気 ・吸入すると有毒 ・■■■■■■■■	→	危険有害性情報 製品の危険有害性の性質とその程度を示すもの
安全対策： 応急処置： 保管　： 廃棄　：	→	注意書き 被害を防止するための措置が記載されているので、取るべき対策を知ろう！
○○○○○○○株式会社 住所　○○○○○○○○○○○○ 電話（緊急連絡先）　00-0000-0000	→	供給者名

第1章
第2章
第3章
第4章
第5章
第6章

諸国等で SDS（Safety Data Sheet：安全データシート）の制度が定着しており，「化学品の分類および表示に関する世界調和システム」（GHS）に関する国連勧告により，個々の化学物質について，危険有害性の分類項目ごとに，危険有害性の程度を区分し，その区分に応じた絵表示（次ページの図），注意喚起語，危険有害性情報等を表すこととされています。

わが国では，この GHS 国連勧告を踏まえ，674 の化学物質（令和 5 年 7 月 1 日現在）およびそれを含有する混合物について，危険有害な化学物質を譲渡提供する際に，容器等へのラベル表示や文書（SDS）の交付が義務付けられており，名称，取扱い上の注意，危険有害性等の情報を伝達することとされています（労働安全衛生法第 57 条，第 57 条の 2）。

表示義務または SDS 交付義務の対象物質は，国による GHS 分類で危険性・有害性が確認された全ての物質（約 2,900 物質）に順次追加されます。先ず，令和 4 年 2 月 24 日にアクリル酸 2-（ジメチルアミノ）エチルなどの 234 物質の追加が告示で示され，令和 6 年 4 月 1 日から施行されます。これは，化学物質管理を従来の「個別規制型の管理」から「自律的な管理」に移行させていくために，化学物質の危険性・有害性情報伝達の充実を図るものです。

また，表示義務または SDS 交付義務の対象物質以外の危険有害性を有する全ての化学物質およびそれを含有する混合物について，容器等へのラベル表示と SDS の交付が努力義務とされています。

（2）化学物質のリスクアセスメントの概要

現在，規制の対象となっていない物質についても多くの健康障害が発生しています。これらの多くは化学物質の危険有害性が認識されていないことや不適切な取扱いが行われることによって発生しています。取り扱う化学物質によって生じる労働災害を未然に防止するためには，「化学物質のリスクアセスメント（危険性又は有害性等の調査）」を実施して，リスクに応じた適切な化学物質管理を行うことが効果的です。

SDS の交付義務の対象である化学物質（通知対象物）については，事業場におけるリスクアセスメントが義務付けられています。事業場で扱っている化学物質に対象物質が含まれているかどうか確認しましょう※。

※リスクアセスメントの実施義務の対象物質は，以下のサイトで公開されています。
　https://anzeninfo.mhlw.go.jp/anzen_pg/GHS_MSD_FND.aspx

（爆弾の爆発)

爆発物（不安定爆発物，等級 1.1〜1.4）
自己反応性化学品（タイプ A，B）
有機過酸化物（タイプ A，B）

（炎)

可燃性ガス（区分 1），自然発火性ガス
エアゾール（区分 1，区分 2)
引火性液体（区分 1〜3)
可燃性固体
自己反応性化学品（タイプ B〜F)
自然発火性液体，自然発火性固体
自己発熱性化学品，水反応可燃性化学品
有機過酸化物（タイプ B〜F)
鈍性化爆発物

（円上の炎)

酸化性ガス
酸化性液体
酸化性固体

（ガスボンベ)

高圧ガス

（腐食性)

金属腐食性化学品
皮膚腐食性
眼に対する重篤な損傷性

（どくろ)

急性毒性（区分 1〜3)

（感嘆符)

急性毒性（区分 4)
皮膚刺激性（区分 2)
眼刺激性（区分 2A)
皮膚感作性
特定標的臓器毒性（単回ばく露）（区分 3)
オゾン層への有害性

（健康有害性)

呼吸器感作性
生殖細胞変異原性
発がん性
生殖毒性（区分 1，区分 2)
特定標的臓器毒性（単回ばく露）（区分 1，区分 2)
特定標的臓器毒性（反復ばく露）（区分 1，区分 2)
誤えん有害性

（環境)

水生環境有害性
［短期（急性）　区分 1，
長期（慢性）　区分 1，
長期（慢性）　区分 2]

（JIS Z 7253：2019 より抜粋)

図　GHS の絵表示

第1章
第2章
第3章
第4章
第5章
第6章

　なお，前述した「リスクアセスメント指針」では，製造業等の特定された業種を対象としていますが，「化学物質リスクアセスメント指針」では，業種・事業場規模にかかわらず，対象となる化学物質の製造・取扱いを行う全ての事業場が対象となりますので，この点に留意する必要があります。

ア　実施体制・実施時期等

　リスクアセスメントは，全社的な実施体制のもとで推進しなければなりませんが，技術的な事項については，適切な能力を有する化学物質管理者等により実施します。

　リスクアセスメントは，「化学物質等を原材料等として，新規に採用し，または変更するとき」「化学物質等を製造し，または取り扱う業務に係る作業の方法または手順を新規に作成し，または変更するとき」「化学物質等による危険性または有害性等について変化が生じ，または生じるおそれがあるとき」に実施する必要があります。

図　化学物質のリスクアセスメントの手順

　なお，令和 6 年 4 月 1 日からは，化学物質管理者を選任してリスクアセスメントの技術的な事項の管理を実施させることが必要となります。

　また，化学物質等に係る労働災害の発生した場合で過去のリスクアセスメントに問題のある場合や，一定期間経過後に新たな知見が得られたとき，過去にリスクアセスメントを実施したことのないときにも，実施することが望まれます。

イ　対象の選定と情報の入手

　事業場において，化学物質等を製造し，または取り扱う業務ごとに行います。リスクアセスメントを実施する場合には，事前に SDS，作業標準・作業手順書等，作業環境測定結果，特殊健康診断結果などを入手する必要があります。

ウ　危険性または有害性の特定

　化学物質等による危険性または有害性を特定するために必要な単位で作業を洗い出したうえで，GHS 分類などに則して，危険性または有害性を特定します。

エ　リスクの見積り

　リスクを見積もる方法としては，「対象物が労働者に危険を及ぼし，または健康障害を生ずるおそれの程度（発生可能性）と，危険または健康障害の程度（重篤度）を考慮する方法」「労働者が対象物にさらされる程度（ばく露濃度など）とこの対象物の有害性の程度を考慮する方法」などがあります。

※リスクの見積り方法の例については，「化学物質等による危険性又は有害性等の調査等に関する指針」（令和 5 年 4 月 27 日付け 危険性又は有害性等の調査等に関する指針公示第 4 号）に示されています。
https://www.mhlw.go.jp/content/11300000/001091557.pdf

オ　リスク低減措置の検討および実施

　リスクの見積りによりリスク低減の優先度が決定すると，その優先度に従ってリスク低減措置の検討を行います。

　法令に定められた事項がある場合にはそれを必ず実施するとともに，次ページの図に掲げる優先順位でリスク対象物に労働者がばく露する程度を最小限度にすることを含めたリスク低減措置の内容を検討のうえ，実施します。

　また，リスクアセスメント対象物のうち，濃度基準値[※1] が設定された化学物質[※2] については，令和 6 年 4 月 1 日以降は，屋内作業場における労働者がこれらの化学物質にばく露される程度を，濃度基準値以下としなければなりません。

　なお，リスク低減措置として保護具を使用させるときには，令和 6 年 4 月 1 日からは，保護具着用管理者を選任して，その者に有効な保護具の選択，保護具の保守管理等を実施させなければなりません。

※1：労働安全衛生規則第 577 条の 2 第 2 項の規定に基づき労働者の健康障害を防止するために厚生労働大臣が定めた濃度の基準
※2：アクリル酸エチル等 67 物質が令和 6 年 4 月 1 日施行される物質として定められた。以降も追加されることが予定されている

カ　リスクアセスメント結果等の労働者への周知等

　事業者は，対象の化学物質等の名称，業務の内容，リスクアセスメントの結

図　化学物質リスクアセスメントにおけるリスク低減措置の検討

果，実施するリスク低減措置の内容等を労働者に周知するとともに，記録を作成し，次のリスクアセスメント実施までの期間（最低3年間）保存します。また，実施した低減措置の内容と労働者のばく露の状況について，労働者の意見を聴く機会を設け，記録を作成し，3年間（がん原性物質は30年間）保存します。

（3）簡易なリスクアセスメント手法

　化学物質のリスクアセスメントにおいて，ばく露濃度が測定できない場合などに用いる簡易なリスクアセスメント手法として，英国HSE（安全衛生庁）やILO（国際労働機関）がコントロール・バンディングを開発し，公表しています。

　日本では，このILOコントロール・バンディング手法を取り入れ，対策シートを日本向きに翻訳修正した厚生労働省方式のコントロール・バンディングが，ホームページ「職場のあんぜんサイト」にリスクアセスメント支援ツールのひとつとして公開されています。

https://anzeninfo.mhlw.go.jp/user/anzen/kag/ankgc07.htm

　このリスクアセスメント支援ツールは，リスクアセスメントを実施する場所の条件を選択し，取扱い物質の使用状況や物性，GHS分類・区分などの必要な情報を入力すると，リスクレベルとそれに応じた必要な管理対策の区分（バンド）が示され，参考となる対策管理シートが提供されるものです。

　また，吸入ばく露と経皮ばく露による健康リスクと危険性リスクの両方を見積もることが可能なCREATE-SIMPLE（クリエイト・シンプル）というツールも「職場のあんぜんサイト」のリスクアセスメントツールのひとつとして公開されています。

　いずれも，中小規模の事業場でも簡易に化学物質リスクアセスメントによる化学物質管理ができる内容となっています。ぜひ，活用を検討しましょう。

第1章

第2章

第3章

第4章

第5章

第6章

4　労働安全衛生マネジメントシステムの導入

☑　労働安全衛生マネジメントシステム（OSHMS）は，事業者が労働者の協力のもとに，一連の過程を定めて継続的に行う自主的な安全衛生活動を促進することにより，事業場における安全衛生の水準の向上を図ることを目的としたものです。

☑　OSHMS の内容を示した指針には，体制の整備等の基盤のもと①安全衛生に関する方針の表明，目標の設定，計画の作成，実施，②リスクアセスメント，③システム監査等の項目が含まれます。

（1）労働安全衛生マネジメントシステムの目的

　労働安全衛生マネジメントシステム（OSHMS）は安全衛生活動を組織的かつ体系的に運用管理するための仕組みで，事業者が労働者の協力のもとに，「計画（Plan）→実施（Do）→評価（Check）→改善（Act）」という一連の過程（PDCAサイクル）を定めて継続的に行う自主的な安全衛生活動を促進するためのものです。マネジメントシステムは，労働災害の防止を図るとともに，労働者の健康の増進および快適な職場環境の形成の促進を図り，事業場における安全衛生水準の向上に資することを目的としています。

（2）労働安全衛生マネジメントシステムの概要

　労働安全衛生マネジメントシステムにおいては，安全衛生管理が継続的に実施されるよう，主要な内容は手順を定めるとともに，文書にして管理するほか，労働者の参加，協力が不可欠であり，労働者の意見を聴取し，反映することとされています。

　平成 11 年に「労働安全衛生マネジメントシステムに関する指針」（平成 11 年4 月 30 日付け労働省告示第 53 号）が公表され，平成 18 年 3 月 10 日に改正されました。さらに，同指針は ISO（JIS Q）45001 および JIS Q 45100 などの新たな労働安全衛生マネジメントシステム規格の制定や健康確保への関心の高まりといった国内外の安全衛生に関する状況の変化に対応するための見直しが行われ，令和元年 7 月に一部追加改正されました。

このマネジメントシステム指針の構成とその概要は次のとおりです。

ア　安全衛生方針を表明する（第5条）。

イ　建設物，設備，原材料，作業方法等の危険性又は有害性を調査し，その結果を踏まえ，労働者の危険または健康障害を防止するため必要な措置を決定する。あわせて，労働安全衛生関係法令等に基づき実施事項を決定する（第10条）。

ウ　安全衛生方針に基づき，安全衛生目標を設定する（第11条）。

エ　イの実施事項とウの安全衛生目標等に基づき，安全衛生計画を作成する（第12条）。

オ　安全衛生計画を適切かつ継続的に実施する（第13条）。

カ　安全衛生計画の実施状況等の日常的な点検および改善を行う（第15条）。

キ　定期的に労働安全衛生マネジメントシステムについて監査を行い，評価および改善を行う（第17条）。

ク　定期的に労働安全衛生マネジメントシステムの見直しを行う（第18条）。

ケ　ア〜クを繰り返して，継続的（PDCAサイクル）に実施する。

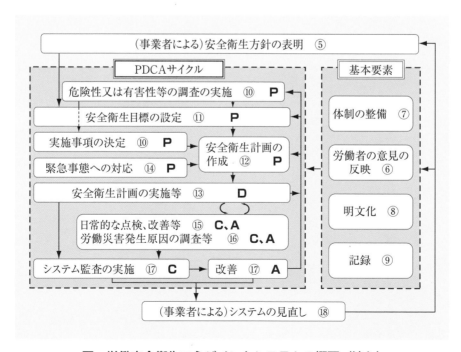

図　労働安全衛生マネジメントシステムの概要（流れ）

※　○数字：指針の条を示す

　また，PDCA という一連の過程を定めて，体系的かつ継続的に実施するために，

①　労働安全衛生マネジメントシステムに必要な要件を手順化，明文化，記録する（第 8 条，第 9 条）。

②　システム各級管理者の指名等の体制の整備を行う（第 7 条）。

③　労働者の意見を反映させる（第 6 条）。

こととなっています。なお，第 1 条から第 4 条までは，指針の目的と定義を定めています。

作業環境管理と作業管理

1　衛生点検の実施

第1章
第2章
第3章
第4章
第5章
第6章

●チェックポイント

☑　衛生点検によって職場の衛生上の問題点の有無を把握することができます。点検の対象は，作業環境，環境条件，施設，作業方法（作業行動），保護具，安全衛生活動など広範囲に行うことが望まれます。

☑　衛生点検は，いつ，だれが，どのように行うのかを決めておくことが重要です。点検にもれがないようあらかじめ点検表（チェックリスト）を作成し，それに沿って実施します。

☑　安全で健康な職場を形成するため，点検で見つかった問題点は改善します。また，好事例は他部署にも展開します。これら点検の記録は保存しておきましょう。

（1）衛生点検の方法

ア　点検は労働衛生に十分な知識を有する者が行うこと

点検は安全衛生推進者等労働衛生に十分な知識を有する者等が，定期的，計画的に行い，その結果を記録することが大切です。

なお，もれなく職場や作業を点検するには職長その他の現場監督者のみならず，作業者一人ひとりが毎日の習慣として点検を実施することが必要です。

また，技術的な観点からの点検も，可能な限り推進すること。ときには，幹部職員またはいろいろな分野の専門家による点検を実施することで，日頃の点検では見落としがちなことが発見できることもあります。

イ　点検は計画的に行うこと

　設備の保全状況，有害物の種類，取扱量，労働者の従事状況などにより，まず点検の優先度，重要度を決めます。その優先度，重要度に基づいて点検箇所，項目，回数，時期，間隔を定め，かつ，定期的に点検を行うよう計画しなければなりません。

ウ　作業工程の順序に従って点検すること

　点検者は作業場の建物の構造，設備の種類とその配置，使用原材料，作業工程などについて熟知していなければなりません。点検は作業工程の順序に従って行うことにより，問題点の発見および解決を容易にするばかりでなく，問題の急所をはずさずに実施することができます。なお，当日の作業の状況によっては作業工程にこだわらず点検を行うことが必要です。

エ　各職場から点検者を出し合って，相互に点検を行うこと

　これも，新たな視点から問題点が発見できる有効な方法です。好事例を他の職場に展開することも期待できます。ときには，点検項目を事前に関係職場に周知して，自主的な衛生点検を促進することも効果があり，一人ひとりの，点検の重要性についての認識が高まることになります。

(2)　衛生点検の着眼点

　点検を行うにあたっては，次のことに注意することが必要です。
　①　作業環境は，法令に定められたとおりであるか，事業場で定める施設基準

有害要因

等を満足しているか。

② 作業条件，作業環境条件が，年間，月間，週間，1日にどのように変化するか。作業量が多いなど最悪の条件での衛生状態がどうなっているか。

③ 施設，作業方法などに改善すべき点はないか。有害要因排除のための防止対策は適切か。

④ 作業標準等で決められたとおり作業が行われているか。

作業場を巡視して作業環境を点検することも大切です。この場合の点検の主な着眼点の例を以下にあげておきます。なお，事務所についても事務所衛生基準規則により，気積，換気，温度，浮遊粉じん量，照度，騒音などの衛生基準が設定されているので，事務所においても職場点検は大切なことです。

① 温度，湿度は適切か，また，騒音，有害光線，ガス，蒸気，粉じんなどの衛生上有害な要因が職場にないか，施設，装置，作業に改善の余地がないか。

② 採光，照明の具合はどうか。

③ 換気状態はどうか。

④ 作業場の整理，整頓，清掃，清潔状態はどうか。

⑤ 廃棄物の処理状態はどうか。

⑥ 排水状態はどうか。

⑦ 休憩施設，休養室，仮眠施設の衛生状態はどうか。

⑧ 洗面所，うがい設備，風呂場，洗浄室の衛生状態はどうか。

⑨ 有害物の集積は，どこにしているか。また，その表示があるか。有害物が発散する作業場に部外者の立入禁止の掲示があるか。

⑩ 保護具の使用方法や保管状態は適切か。

⑪ 救急用具等の保管状況は適切か。

⑫ 掲示物は適正に管理されているか。

こうした着眼点をもとに，それぞれの事務所や職場で点検表を作成しておくことが大切です。

点検表は，点検者，点検の項目，点検の目的などによりいろいろなつくり方がありますが，使いやすい様式を作成することが重要です。点検の項目は，工場別，作業別，作業環境条件別，施設別など，点検の目的に応じてさらに細分化することが必要です。月別にテーマを決めて点検表を使い分けることもできます。

（3）点検後の事後措置

　点検は衛生上の状況を把握するために行うものであり，点検後の事後措置を確実に実施することによって，はじめて作業環境改善，作業改善の成果を得ることができます。また，好事例を他の部署に水平展開することで，組織的に安全衛生水準の向上を図ることができます。

　事後措置は，次のような順序に従って行うことが大切です。

①　点検結果は責任者を定めて記録を作成し保管しておくこと。

②　点検結果については，必ず上司に報告して指示を受けること。

③　点検の結果，発見した問題点については，関係職場に通報するとともに，その改善是正対策の促進に努めること。

④　重要な問題については，職場会議または衛生委員会の場で関係者全員の意見を聴き，改善是正対策を決定すること。

⑤　決定した対策は直ちに実行に移すこと。実施にあたっては，実施者，時期，方法，予算などについて具体的に決めておく。

⑥　改善後は，衛生上有害な要因が確実に排除されたのか，作業に支障がないかを確かめること。

　衛生点検の結果が，作業環境改善，作業改善の向上に結びつけば，次にあげるような効果も期待できるでしょう。

①　仕事がはかどる。

②　品質が向上する。

③　機械設備，施設の故障が少なくなる。

④　原材料の無駄が省ける。

⑤　毎日の仕事が楽になり，疲労が少なくなる。

⑥　高齢者や障害のある人等も働きやすい職場となる。

⑦　仕事に対する意欲がわいてくる。

⑧　明るい職場ができる。

2 作業環境測定

（1）作業環境測定の目的

　有害化学物質や有害エネルギーなどに労働者ができるだけさらされないようにするためには, 作業環境測定によって作業環境の状態を正確に把握し, 作業環境に改善すべき問題があるかどうかを判断することが重要です。

　労働衛生の分野における作業環境測定としては, ①作業環境の有害性の程度を監視するための定期的な測定, ②新規に設備・原料を導入したり, 生産方式・作業方法等を変更した際, 作業環境の状態が適切であるかどうかを確認するために随時行う測定, ③立入禁止などの措置を決めるための測定, ④健康診断の結果などから, 作業環境の実態あるいは特定の労働者のばく露量を再検討する必要が生じた場合に行う測定, ⑤局所排気装置等の性能を点検するために行う測定などがあります。

　有害物質を取り扱う作業場など一定の作業場については, 労働安全衛生法第65条に基づいて, 一定の方法により定期的に測定を行い, その結果を記録保存しておくことが義務付けられています（作業環境測定を行うべき作業場は, 256ページ参照）。また, これらの作業場のうち, 粉じん, 特定化学物質, 石綿, 鉛または有機溶剤に係る作業場および放射性物質取扱作業室等（指定作業場）の測定は, 厚生労働大臣の登録を受けた作業環境測定士が行わなければなりません。内部にいない場合には, 作業環境測定機関に委託します。

（2）作業環境測定のデザイン

　有害物質に係る作業環境測定では，測定対象事業場の作業環境の実態を明らかにするために，測定範囲および測定点を決めます。このことをデザインといい，①測定対象物質，②測定の対象となる範囲（単位作業場所といいます。），③測定点，④サンプリング（測定）時間，⑤測定の実施方法，⑥測定日，測定時間帯，⑦サンプリングおよび分析方法などを決定します。

　適正なデザインを行うためには，安全衛生推進者，作業主任者，職長その他の現場監督者など現場をよく知っている者が作業環境測定士に十分な情報を提供するなどの協力が必要であり，とくに作業環境測定機関に測定を委託する場合には，これが重要です。

　有害物質に係る作業環境測定には，定点で測定を行う「A 測定」と「B 測定」，個人サンプラーで測定を行う「C 測定」と「D 測定」（個人サンプリング法）があります。A 測定と C 測定は，気中有害物質の平均的な状態を把握するための測定で，A 測定では原則 5 以上の測定点で，C 測定では原則 5 名以上の作業者の体に個人サンプラーを装着して，測定を行います。また，B 測定と D 測定は，A 測定または C 測定のみでは見逃すおそれのある作業者への高濃度ばく露を把握するための測定で，B 測定では最も濃度が高くなると思われる時間と場所において，D 測定では最も濃度が高くなると思われる時間において行う測定です。

　A・B 測定を選択するか，C・D 測定を選択するかは，事業者が決定することができますが，労働者等の意見を踏まえた上で決定することが望ましいとされています。

　なお，個人サンプリング法が選択可能な対象となるのは，①特定化学物質のうち管理濃度の値が低い 13 物質（低管理濃度特定化学物質）ならびに鉛およびその化合物と②有機溶剤または特別有機溶剤の作業環境測定のうち，塗装作業等の発散源の場所が一定しない作業の作業環境測定です。令和 5 年 10 月 1 日からは，個人サンプリング法が選択可能な対象として，粉じんおよび特定化学物質のうちのアクリロニトリル等 15 物質が追加され，有機溶剤および特別有機溶剤は作業環境測定が必要な全ての作業に拡大されます。

　測定は，単位作業場所における気中有害物質の濃度の日々の変動を考慮して，2 日間の測定を行うことが望ましいとされています。

（3）作業環境の評価

　測定結果をもとに有害物質に係る作業環境の状態を評価するための指標として，厚生労働省では管理濃度を定めています。

　評価の方法は，具体的には，作業環境測定のうちA測定またはC測定の結果を統計的に処理して得られた数値およびB測定またはD測定を行った場合のB測定値またはD測定と管理濃度を比較し，3つの管理区分に区分することになっています。

　このようにして決められた管理区分はそれぞれ下の表のような状態をいい，それぞれの管理区分に応じて事業者が講ずべき措置が定められています。

（4）作業環境測定結果の記録等

　作業環境測定を行った場合には，その結果を記録し保存しておかなければなりません。併せて評価結果に基づいて講じた改善措置の概要を記録しておかなければなりません（記録の保存年数は測定対象ごとに定められています）。こうした結果の記録等は，作業環境測定を測定だけに終わらせず，環境改善，さらに進んでより快適な作業環境を形成するために役立てることも大切です。

　作業環境測定の結果およびその結果の評価に基づく改善措置については，衛生委員会等に付議し，検討しなければならないこととされています（労働安全衛生

表　管理区分と，管理区分に応じて講ずべき措置

管理区分	作業場の状態	講ずべき措置
第1管理区分	作業環境管理が適切であると判断される状態	現在の管理の継続的維持に努める。
第2管理区分	作業環境になお改善の余地があると判断される状態	施設，設備，作業工程または作業方法の点検を行い，その結果に基づき，作業環境を改善するため必要な措置を講じるよう努める。
第3管理区分	作業環境管理が適切でないと判断される状態	○施設，設備，作業工程または作業方法の点検を行い，その結果に基づき，作業環境を改善するため必要な措置を講じる。 ○有効な呼吸用保護具を使用する。 ○健康診断の実施その他労働者の健康の保持を図るため必要な措置を講じる。

規則第 22 条）。また，作業環境測定の結果，第 2 管理区分，第 3 管理区分になった場合は，労働者に評価の結果や講じる措置について周知することが必要です。

　なお，妊娠や出産，授乳機能に影響のある 26 の化学物質（258 ページの表参照）について，第 3 管理区分に区分された作業場における業務には，女性労働者の就業が禁止されます。

　第 1 管理区分の状態が過去 3 年間維持しているなど化学物質管理の水準が一定以上であると所轄都道府県労働局長が認定した事業場は，特定化学物質障害予防規則などの個別規制の適用が除外（健康診断，保護具清掃などに関する規定は除く）され，自律的な管理に移行することができます。

　令和 6 年 4 月 1 日からは，第 3 管理区分と評価され，事業場が実施した改善で第 1 管理区分や第 2 管理区分とすることができなかった場合，外部の作業環境管理専門家に改善の可否について意見を聴き，改善可能と判断された場合は必要な改善を行い，その効果を確認するために作業環境測定を行い，測定結果を評価しなければなりません。その評価結果が第 3 管理区分となり改善できなかった場合や作業環境管理専門家が改善困難と判断した場合には，個人サンプリング測定等を行い，その測定結果に応じて労働者に有効な呼吸用保護具を使用させなければなりません。またこの場合，1 年以内ごとに 1 回，定期に，呼吸用保護具が適切に装着されているかを確認する 106 ページに記したフィットテストを実施しなければなりません（下図参照）。

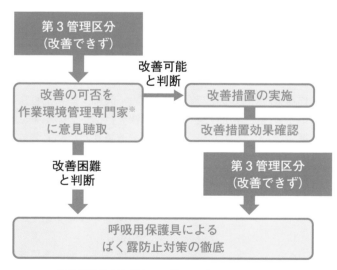

※作業環境管理専門家の要件は通達で示されています。

図　第 3 管理区分の事業場の対策

　最近では，局所排気装置，プッシュプル型換気装置，全体換気装置などの設備の性能が著しく進歩した結果，一般に作業環境は以前に比べてよくなったといえます。しかし，作業環境の状態は常に変動するもので，少しでも管理を怠れば，いつの間にか悪い状態になる可能性があります。常に「安全で健康的な作業環境」を確保していくために，継続的な作業環境管理が必要です。

第1章

第2章

第3章

第4章

第5章

第6章

3　作業環境改善

☑　作業環境改善の目的は，作業環境に存在する有害物質や有害エネルギーを除去または低減し，安全で健康に働くことができる職場を形成することです。

☑　有害物質や有害エネルギーはもちろん，温度，湿度，照度等も作業に適した状態にして管理する必要があります。

☑　作業環境改善を適切に実施するには，現状を正しく把握し，改善方法をよく検討した後に改善を行います。また，改善後は改善の効果を確認し，記録を作成保存しておきます。

（1）作業環境改善の進め方

新しい生産技術が導入されると，作業工程や作業方法，作業環境が大きく変わりますが，生産効率が優先され，作業方法や作業環境等についての配慮が欠けると，さまざまな健康上の問題が生じるおそれがあります。すなわち，有害な作業や環境により労働者が疲労を感じたり，ひどいときには有害物等が原因となり，職業性疾病が発生することも考えられます。作業環境がよくないと，結果的に作業能率も低下させることになります。作業環境をよくして安全で健康的な職場をつくることは，だれもが心から望んでいるところです。

労働衛生上有害な作業としては，有害な原材料等を取り扱う作業，有害なガス，蒸気，粉じん等を発散する場所での作業，酸素欠乏危険作業，暑熱，寒冷，多湿な場所での作業，有害な光線，放射線，超音波，騒音にさらされる場所での作業，著しい振動を受ける作業などがあります。これらの業務に従事する労働者の健康を守るためには，作業環境や作業方法について，労働衛生面から十分な対策を講じることが必要になります。

このような作業環境の改善を進めるにあたっては，次の点についての検討が必要です。

①　事業場で用いる原材料や製造工程で生じる物質等についてその有害性の有無を SDS（安全データシート）などで事前に調べ，有害性がある場合はより有害性の低いものに変更すること。

②　有害性の低い代替物に変更できないときは，設備を密閉化するとか，有害物の発散源に局所排気装置を取り付けるとか，防御壁を設け遠隔操作にするなど，できるだけ労働者が有害物のばく露を受けないようにすること。

③　作業の性質上，②のような対策ができないときは，たとえば粉体の有害物については水をかけ湿潤化するなど有害物質の発散を抑制すること。

④　チェーンソー等の振動工具など人体に著しい振動を与える機械工具については，低振動工具の使用など振動そのものを低減させる措置を講じること。

⑤　これらの対策が十分行えないときは，適切な労働衛生保護具の使用等の対策を実施すること。

⑥　作業場所，機械設備，工具などの形や配置等は，労働者が安全に使用でき，疲労しにくいようなものとすること。

⑦　化学物質を取り扱う際には作業手順書を作成し，正しい取扱い方法について教育を行うとともに，SDS（安全データシート）を職場に備えつけたり，小分け容器などにもラベル表示を行い危険有害性について周知すること。

　働くことによって健康を損なうことがないよう，作業環境の改善を進めることが必要ですが，さらに進んで生活の多くの時間を過ごす職場が快適な環境であるように，常日頃から心がけていくことが大切です。

ア　作業環境の効果的な改善方法

　作業環境改善は，次の順序に従って進めることが効果的です。

①　作業環境の実態を調査する（作業環境測定結果も活用する）。

②　環境改善のプランをつくる。

③　環境改善を行う。

④　環境改善の効果を確かめる。

　化学物質の場合は，①の作業環境の実態調査は，78ページの図に示した「化学物質のリスクアセスメントの手順」のステップ1，2に該当し，②の環境改善のプラン作成は，ステップ3に該当します。

　有害な原材料，ガス，蒸気，粉じんなどの実態の調査については，次のことを考慮して実施します。このことは，次のステップである環境改善のときに大いに役立つからです。

①　どのような有害性があるか（質の問題）。

②　どれだけ存在するか，どんなときに多く発散するか（量の問題）。

③　どこから体内に入るか—呼吸器，消化器，皮膚—（侵入経路の問題）。

イ　問題点の処理

調査の結果発見された問題点は，それが設備によるものか，あるいは労働者の作業方法が適切でないためかなどを明らかにして，その対策を講じることが必要です。検討は次のように進めていきます。

①　調査結果を分析する。

②　関係職場にその分析結果などを示し，意見を聴く。

③　できるだけ多くの対策を考える。

④　最も効果的な対策をもとに改善計画を具体的に立案する。

ウ　環境改善の効果

改善措置を行った後に，有害物の発散が防止されているか，作業に支障がないかどうかなどの効果を確かめます。そして，その状態が継続して維持されているかどうかをみるために，定期的に作業環境の測定と設備の点検を行う必要があります。

環境改善は，安全で健康的な職場づくり以外にも，次のような効果も期待できます。

①　作業能率が上がる。

②　品質のよい製品が得られる。

③　仕事が楽になり，疲労が少なくなる。

④　機械の損耗が少なくなり，故障も減る。

（2）局所排気装置等

有害なガス，蒸気，粉じんを発散する作業に対しては，労働者の呼吸する位置にまで有害物が拡散しないようにするか，または，労働者へのばく露をできるだけ少なくするための措置を行うことが必要です。このため，発散源付近の高濃度の汚染空気が，労働者の呼吸する位置にまで拡散しないうちに，これを捕集排気する措置，すなわち，局所排気が実用的なものとして広く行われています。

この局所排気は，次ページの図に示すような構造の装置によって行われます。この装置は，①ファンを運転し，吸込ダクトに吸込気流を起こさせ，②発散源をできるだけ囲むようにするか，それができないときは，発散源にできる

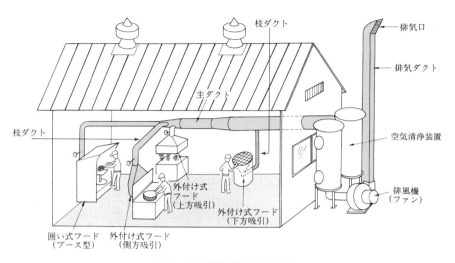

図　局所排気装置の構造

（出典：沼野雄志『新　やさしい局排設計教室』中災防，2019 年）

だけ近づけた開口部（フード）に発散源から発生した有害ガス，蒸気，粉じん
を吸い込ませ，③それをダクトで搬送し，④空気清浄装置（排気処理装置：粉
じんのときは除じん装置）で空気中の有害物を除去し，⑤清浄な空気として大
気中に放出する仕組みになっています。したがって，この装置が有害物の飛散
を防止できるか否かは，発散源から発生する有害物がフードに効率よく吸い込
まれるか否かにかかっています。局所排気装置が有効に機能するためのポイン
トは次の 2 点です。

①　発散源の状態（作業の態様）に適した型式のフードであること。

②　発散源から飛散する有害物を強制的にフードに吸い込ませるため，囲い
　　式フードであればフード開口面，外付け式フードであればフードから最も
　　離れた作業位置における吸込風速（制御風速）を確保すること。

この性能は労働安全衛生関係法令では，有機溶剤などについては一定の制御
風速を出しうること，また，特定化学物質などについてはフード周辺での有害
物濃度が一定値以下であることなどが定められています。

また，局所排気装置と同等の設備としてプッシュプル型換気装置があります。
プッシュプル型換気装置とは，有害物質の発散源に対して，一方から送気（プッ
シュ）して，反対側から吸気（プル）することによって，一定の気流をつくり，
有害物質を効率的に捕捉して排出する装置です。構造要件と性能要件が定めら
れており，それらを満足しないとプッシュプル型換気装置として認められませ
ん。局所排気装置もプッシュプル型換気装置も設置するときには，着工の 30

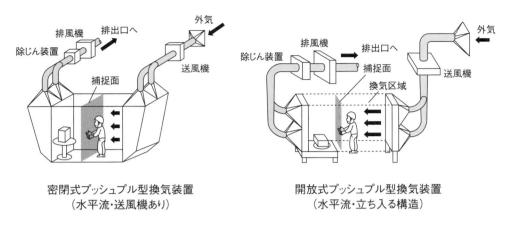

密閉式プッシュプル型換気装置　　　　　開放式プッシュプル型換気装置
（水平流・送風機あり）　　　　　　　　（水平流・立ち入る構造）

図　プッシュプル型換気装置の例

日前までに所轄の労働基準監督署長に設置届を提出しなければなりません。

（3）一般環境の改善の進め方

ア　換気

㈠　換気の必要性

　　事務室や作業場の汚染された空気を新鮮な空気と入れかえることを「換気」といいます。前述した有害物除去のための換気に限らず，次にあげるような場合にも，不快感をなくし，感染症の蔓延を防ぎ働きやすい環境をつくるため，換気が重要になります。

　　①　狭い作業場に多くの作業者がいることによる体熱の放散や，日差し，外気温の影響等により，温度，湿度の上昇があり，不快な場合

　　②　季節性インフルエンザウイルス，新型コロナウイルス，ノロウイルスなどによる感染症が流行している場合

　　③　生産工程で発生する熱などで，温度，湿度が高くなり，気流が少なくて暑苦しくなる場合

㈡　換気の方法

　　換気には，「自然換気」と「人工換気」の2種類があります。自然換気は，作業場内外の温度差や風の自然力により換気が行われるものです。

　　自然換気をよくするためには，給気口，排気口がとくに設けられます。屋上換気扇（自然換気型），越屋根，換気筒などはこの例です。

　　人工換気は，換気扇などのファンにより強制的に換気を行うものです。

イ　気積

　　作業場の空気の容積を「気積」といいます。労働安全衛生規則では，床上4m 以上の空間と設備の占める容積を除いて，労働者1人につき，10m^3 以上必要とされています。

ウ　照明

(ア)　照度

　　照明とは，電灯などから発する人工光線を用いて必要な明るさを得ることをいいます。人工光線は，その種類，大きさおよび方向を適当にかえて配置すれば，作業のしやすい理想的な明るさを得ることができます。

　　作業面における明るさ（照度）が不適切なとき，または光源の位置が不適切でまぶしいときは，不快となり，また，眼が疲れやすくなり仕事の誤りも増え，ひどいときは眼を悪くします。そのほか災害を起こす原因になることもあります。労働安全衛生規則では作業の区分に応じて照度が定められていますが，作業に合った明るさを得ることが必要です。

　　適当な照明を行うためには，作業面に対する局部照明だけでは不十分です。当然作業面の周囲を明るくするための全体照明を併用することが必要です。この場合，全体照明は，局部照明による照度の10分の1以上になるようにすることが大切です。また，天井，壁の明るさ，光源に反射カサがあるかないかによって，室内の照度に大きな違いができます。局部照明の取付位置の例については，次ページに示すとおりです。

(イ)　照明の点検と掃除

　　作業場の照明については，次の点について点検することが必要です。

① 作業の種類に応じて，適切な明るさがあるか。
② 通常の作業状態で，まぶしさがないか。
③ 作業面と作業面以外の場所の明るさにあまり差がないか。
④ 作業面や床面に，強い影ができていないか。
⑤ 作業の性質から考えて，光の色などが適切であるか。

第1章
第2章
第3章
第4章
第5章
第6章

Ⓐ　光源のまぶしさが除かれて目盛
　　り，マークがよく見える。
Ⓑ　光沢のない金属面上のケガキ，
　　その凹凸などの判別がしやすい。
Ⓒ　表面のカキ傷，凹凸などが強調
　　されてよく見える。

㈬　照明設備の手入れ

　　照明設備は，蛍光管にしろ，LED にしろ使用しているうちに光源が減光し
ます。また，照明器具や部屋の壁面がよごれて，作業面の照度が落ちたりし
ます。したがって，照明設備は定期的に掃除や交換をすることが必要です。

エ　その他

　　次のような措置により，疲労やストレスを感じることが少ない快適な職場環
境の実現を目指すことが，安全衛生上の観点からも欠かせません。

①　労働者が不快に感じないように，温度，湿度のほか，空気の汚れ，臭
　　気，騒音などの作業環境を適切に維持管理すること。

②　疲労やストレスを効果的に癒やすことのできる休憩室等を設置すること。

③　洗面所，トイレ等労働者が職場での生活で必要となる施設等は清潔で使
　　いやすい状態を保つこと。

　　なお，事務所については，事務作業に従事する者にとって適正な衛生水準を
確保するため，事務所衛生基準規則が定められています。事務所とは，「建築
物又はその一部で，事務作業に従事する労働者が主として使用するもの」とさ
れ，事務所に付属する食堂および炊事場を除くこととされています（同規則第
1 条）。同規則においては，事務室の環境基準のほか，飲料水等の給水基準や
排水設備，トイレ等の設置基準，休養設備等の基準，救急用具の設置等につい
て，定められています。

4　作業管理

第1章　第2章　第3章　第4章　第5章　第6章

> ●**チェックポイント**
>
> ☑　作業管理の目的は，有害物質へのばく露や作業負荷を低減するような作業方法を定め，それを守ることで労働者が健康に働くことができるようにすることです。
>
> ☑　具体的には作業時間，作業量，作業頻度，作業姿勢等を適切に管理し，また，必要に応じて労働衛生保護具を着用することで健康障害を防ぎます。
>
> ☑　だれがやっても安全で健康的な作業ができるよう，作業標準等を作成しておくことが重要です。

（1）作業方法の改善

作業管理で重要なことは，作業によって発生する有害要因を排除したり，作業負荷を軽減したり，作業環境を汚染させないような作業方法に改善していくことです。作業方法を改善していく手順としては，まず，労働者の作業態様を調べ，基本となる作業ごとに，作業負荷，作業手順，作業姿勢などを検討することが必要です。

作業における労働者の疲労の程度を調べることも，作業方法を改善するためのポイントのひとつです。疲労の因子としては，作業強度，作業の困難度，作業時間や時間帯（夜間勤務や残業など），栄養・睡眠・休養のとり方，通勤の方法・時間など多くのことが関与しています。

また，機械化，自動化により，単純・単調作業や監視作業などが増え，精神的な疲労がより大きな問題となっています。また，からだの一部，たとえば手指を著しく使う作業による局所的な疲労も問題となっています。

作業方法の改善の具体例としては，次のようなものがあります。

① 　有害業務や労働者に負荷のかかる作業に従事する時間を適切に管理すること。

② 　有害物質，有害エネルギー等へのばく露から労働者を保護するために，労働衛生保護具を使用すること。

③ 　作業環境を汚染させない，有害物質，有害エネルギー等へのばく露を抑える，作業負荷を軽減する等のために，具体的な作業標準等を定め，それによ

り作業を行うこと。

④　重量物の取扱いによる腰痛を防止するため，人力で取り扱う重量物の重量に制限を設けること。

⑤　使用する機械器具をたとえば低振動工具にするなど，有害エネルギー等へのばく露の抑制，作業負荷の軽減化を行うこと。

　以上のことを踏まえ，作業手順や作業のポイントを盛り込んだ，わかりやすい作業標準等を作成することも必要です。また，作業標準等を守るよう労働者に教育するとともに，内容も定期的に見直しましょう。

（2）労働衛生保護具

ア　保護具を使う目的と効果

　作業場に有害なガス，蒸気や粉じんあるいは騒音，振動等が存在する場合には，機械設備の改善，作業方法の変更などの改善を行い，それらの有害要因を排除することが基本で，保護具はやむを得ないときに補助的または臨時的に使うものです。しかし，たとえば，はつり作業では，90 デシベルを超えるような強烈な騒音にさらされますが，現在のところ騒音を大きく低減させるような有効な方法はありません。このような作業では耳せん等を使用することにより，難聴などの障害を防ぐことが必要です。

　また，アーク溶接作業を裸眼で行えば，まぶしいことは言うまでもなく，紫外線のために数分間で眼の充血と痛み（電光性眼炎）が起こって，とても仕事は続けられないでしょう。しゃ光保護具を使うことによって，初めて目の障害を受けることなくアーク溶接作業を行うことが可能となります。

　このように，労働衛生保護具は目的に即したものを，正しく用いることにより効果が期待できるものです。保護具を労働者が正しく用いるためには，その必要性について十分に理解させることが必要です。また，常に性能の保持について配慮し，労働者に無用の負担をかけないよう注意をはらう必要があります。

イ　保護具の種類と選択の留意点

　保護具は目的に合わせて種々のものが開発されていますが，その主なものは次のとおりです。

①　呼吸用保護具（人体への有害な物質の吸入を防止する）

　　防じんマスク，防毒マスク，電動ファン付き呼吸用保護具，送気マスク

化学防護服

耳おおい

溶接用保護面

保護めがね

防じんマスク

防毒マスク

（ホースマスク，エアラインマスク），空気呼吸器等

※　防じんマスクには，取替え式防じんマスクと使い捨て式防じんマスクがあり，さらに取替え式防じんマスクには吸気補助具付き防じんマスクと吸気補助具なし防じんマスクがあります。

※　電動ファン付き呼吸用保護具には，防じん機能を有するもの（P-PAPR）と防毒機能を有するもの（G-PAPR）があります。

※　酸素欠乏（酸素濃度18%未満）の場所またはそのおそれのある場所では，指定防護係数が1,000以上の全面形面体を有する給気式呼吸用保護具を使用しなければなりません。

②　保護めがね等（粉じん，薬液飛まつなどから眼を保護するものや，有害光線による眼の障害を防止するものなど）

　　保護めがね（スペクタクル形，ゴグル形），しゃ光めがね，溶接用保護面等

③　労働衛生保護衣類等（皮膚に障害を与え，または吸収される物質，高温，低温条件等による影響を防止する）

　　化学防護服，化学防護手袋，化学防護長靴，労働衛生保護前掛，防熱面，防熱衣，冷凍庫用防寒服等

④　聴覚保護具（騒音による難聴などを防止する）

　　耳せん，耳おおい（イヤーマフ）等

表　防毒マスク吸収缶の表示区分

吸収缶の区分	色	吸収缶の区分	色
★ハロゲンガス用	灰／黒	硫化水素用	黄
酸性ガス用	灰	臭化メチル用	茶
★有機ガス用	黒	水銀用	オリーブ
★一酸化炭素用	赤	ホルムアルデヒド用	オリーブ
一酸化炭素・有機ガス用	赤／黒	リン化水素用	オリーブ
★アンモニア用	緑	エチレンオキシド用	オリーブ
★亜硫酸ガス用	黄赤	メタノール用	オリーブ
シアン化水素用（青酸用）	青	★印は国家検定実施品	

　保護具は，作業の内容，作業環境の状況等に応じた適切なものを正しく用いなければ十分な効果が期待できません。選択上の主な留意点は次のとおりです。
①　使用目的に適したものであること
　　労働安全衛生規則，特定化学物質障害予防規則などに具体的に定められている場合は，これによって選択することになりますが，使用上，細かい注意が必要です。
　　防じんマスクの性能は，使い捨て式と取替え式それぞれに，試験粒子が固体と液体の2種類，粒子の捕集効率により3段階，合計12種類に区分されており，作業場で発生する粒子の有害性や性質，濃度などから適切なものを選ぶ必要があります。
　　防毒マスクの吸収缶は，対象となる有害物によって，上の表に示すような表示により区分されています。防じんマスクや防毒マスク，電動ファン付き呼吸用保護具の選択方法や使用にあたっての留意事項は「防じんマスク，防毒マスク及び電動ファン付き呼吸用保護具の選択，使用等について」（令和5年5月25日付け基発0525第3号）を参考にするとよいでしょう。
　　化学防護服や化学防護手袋等は，取り扱う化学物質に対して不浸透性の適切な素材でできたものを選ぶ必要があります。化学防護手袋の選択方法や使用にあたっての留意事項は，「化学防護手袋の選択，使用等について」（平成29年1月12日付け基発第0112第6号，最終改正：平成30年4月26日付け基発0426第5号）を参考にするとよいでしょう。
②　使用する者の顔の形や大きさ，体格等によく合ったものであること
　　防毒マスク，防じんマスクなどにあっては，着用したときにマスクの面体

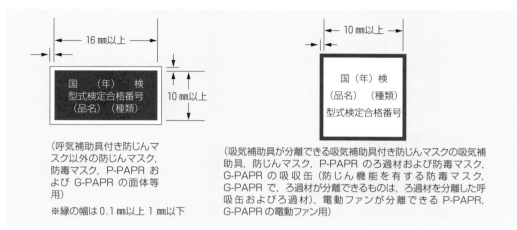

図　型式検定合格標章

と顔面との間に隙間があると，そこから粉じんやガスなどが漏れ込み，直接吸入することになりかねません。マスクの面体は，顔面に合ったものを選択するとともに，防毒マスクおよび取替え式防じんマスクについては，次のような方法（シールチェック）で，密着性の良否を確認してから使用することが大切です。シールチェックの主な方法には陰圧法と陽圧法があり，陰圧法は次のとおりです。

　i　作業時と同じようにマスクを着用する。

　ii　マスクの面体を顔面に押しつけないように注意して，吸入口をふさぐ。

　iii　息を吸って，面体が顔面と接触する箇所から空気が面体内に流入しないことを確認する。息苦しくなれば密着性良好。

　また，使い捨て式防じんマスクにあっては，取扱説明書に記載されている方法に従い，着用することが大切です。

③　使いやすく手入れが容易であること

　保護具がなかなか用いられない理由のひとつに，手入れがめんどうだ，わずらわしいという理由もあります。もちろん，ある程度わずらわしいことが機能上避けられない場合もありますが，できるだけ使いやすく，手入れしやすいものを選ぶことが必要です。

　なお，防じんマスク，防毒マスクおよび電動ファン付き呼吸用保護具には型式検定制度があり，これに合格したもの以外の使用は認められません。

　型式検定合格品には，上の図に示すような標章がついています。

ウ　使用上の留意点

　使用にあたっては，正しく定められた方法で用いることが基本です。保護具を不適切に使用することは，本来の効果が発揮されないばかりか，結果的にはむしろ有害な場合すらあります。

エ　点検と管理の仕方

　保護具は，いつでも最良の状態で使えるようにしておかなければなりません。このためには日常の管理が大切です。この要点は次のとおりです。

①　保護具着用管理責任者を定めて適正な保護具の選択，着用および適正な装着方法等の教育・訓練を行うこと。

　なお，金属アーク溶接等作業を継続して行う屋内作業場で面体を有する呼吸用保護具を労働者に使用させる場合やリスクアセスメントの結果，呼吸用保護具を使用してばく露を低減させる措置を採用する場合などで，面体を有する呼吸用保護具を選択した場合には，呼吸用保護具が適切に装着されていることを確認するために，1 年以内ごとに 1 回，定期に，フィットテストを行うことが必要です。フィットテストは，JIS T 8150 に定める方法により行います。測定器を使用して面体の内側と外側の濃度測定結果から面体と顔面との密着の程度を示す係数（フィットファクター）を求める定量的フィットテストと，呼吸用保護具を着用した状態で甘味または苦みのある溶液を噴霧して，甘みまたは苦みを感じるかどうかを確認する定性的フィットテストがあります。全面形面体を有する呼吸用保護具の場合は，定性的フィットテストでは実施することができません。

②　少なくとも月 1 回は保護具着用管理責任者が管理の状況等について点検し，使用する者は，随時点検をすること。とくに呼吸用保護具は，使用前，使用後に能力のチェックを行う必要がある。性能の低下したものや破損したもの等は，廃棄，補修等の措置を講じ，不良品が用いられることのないようにすること。どのようなときに廃棄するかの基準を定めておくことも大切である。

③　防毒マスクの吸収缶や防じんマスクのろ過材（フィルタ）は，交換時期を超えて使用すると効果が得られないので，取扱説明書等により交換時期を確認し，必ず守ること。

④　保護具の数は，同時に必要とする人の数以上備え付けること。とくに防

　　じんマスク，防毒マスク，耳せん等は各人専用のものとすること。

⑤　清掃，消毒等により清潔の保持に努めること。

⑥　保管は十分乾燥した後，湿気や有害ガス等の影響を受けない一定の場所に保管すること。

（3）腰痛の予防

ア　腰痛とは

　腰痛とは病気の名前ではなく，腰部を主とした痛みや張りなどの病状の総称です。また，急に起こる急性腰痛（災害性腰痛）と徐々に痛くなる慢性腰痛（非災害性腰痛）があります。災害性腰痛は仕事中，瞬間的に大きな負担が腰部にかかることで急に発生します。非災害性腰痛は重量物の運搬や不良な姿勢での作業など，腰部に負担のかかる仕事を数カ月から数年以上にわたって行うことで発生します。職場では災害性腰痛も非災害性腰痛も発生しますが，ぎっくり腰のような急性腰痛（災害性腰痛）のほうが多く見られます。

イ　職場における腰痛の発生要因とその対策

　腰痛の予防対策は，個別の発生要因を排除または低減することが基本です。対策の一例を示すと次のとおりです。

㋐　作業に関係した要因と対策

①　重量物の取扱い

　機械化や自動化，重量物の小分けなどにより力仕事を減らす。

②　人力による人の抱上げ作業

　介護，看護作業においては，福祉用具などを利用し，原則として人力による人（患者，被介護者）の抱え上げは行わない。

③　長時間同じ姿勢を保つ

　作業空間を確保したり，作業の組み合わせで，同じ姿勢を続けない。

④　不自然な姿勢

　前屈，中腰，ひねり，後屈ねん転等の不自然な姿勢をとらないよう，膝をついたり正面を向いて作業を行う。

⑤　急激または不用意な動作

　腰部の不意なひねり等の急激な動作を避ける。

⑥　1人での作業

腰に負担のかかる作業は1人で行わず，複数人で作業する。

⑦　勤務条件等

作業密度，作業強度，作業量等が個々の労働者ごとに過大にならないようにする。また休憩時間を設け，ストレッチなどの腰痛予防体操を行うこと。

⑧　作業標準等の未作成

腰痛の発生要因を排除または低減できるよう，作業動作，作業姿勢，作業手順等について作業標準等を作成し，それを守ること。

(イ)　**作業環境に関係した要因と対策**

①　振動

フォークリフトやトラック等の運転の際は座面・背もたれの角度の改善，振動を減衰する構造を持つ座席への改造等を行い，小休止や休息をとる。

②　低温

作業場内の温度を適度に保つ。屋外では保温のための衣服の着用や暖房設備を設置する。

③　床面の状態

転倒や，つまずき，滑りなどを防止するため，床面はできるだけ凹凸がなく，防滑性，弾力性，耐衝撃性および耐へこみ性に優れたものとする。

④　照明

足元や周囲の安全が確認できるように適度な照度を保つ。

⑤　作業空間・設備の配置

作業姿勢，動作が不自然にならないよう，十分な作業空間を確保するとともに，機器・設備，荷の配置や，作業台や椅子の高さ等を適正にする。

ウ　労働者個人の要因と対策

その他に労働者個人の主な要因としては，年齢，性別，体格，筋力，バランス能力，既往症および基礎疾患，仕事への熟練度などがあります。また，睡眠，禁煙，運動習慣，バランスのとれた食事，休日の過ごし方などに対する配慮といった，個人の日常生活における健康の保持増進は欠かせません。

エ　心理・社会的要因

過度な長時間労働，過重な疲労，心理的負担や，人間関係，職場環境などの

社会生活上の要因等，社会・心理的要因も腰痛の原因となります。労働者がストレスを蓄積しないよう，上司や同僚の支援や相談窓口をつくる等，組織的な対策が必要です。

オ　健康診断

重量物の取扱い等重激な業務については，特定業務従事者の健康診断を受診しなければなりません（労働安全衛生規則第45条）。また，重量物取扱い作業，介護・看護作業等腰部に著しい負担のかかる作業に常時従事する労働者に対して，「職場における腰痛予防対策指針」（平成25年6月18日付け基発0618第1号）で，当該作業に配置する際およびその後6カ月以内ごとに1回，定期に，腰痛の健康診断を実施するよう示しています。

（4）転倒防止

全産業および第三次産業における労働災害発生状況は第1章のはじめで触れたとおりですが，死傷災害（休業4日以上）の事故の型として，「転倒」は大きな割合を占めています（全産業で約4分の1，第三次産業で約3分の1）。転倒というと，大したことはないと思うかもしれませんが，骨折などの大きな災害につながることもあり，とくに高齢者が転倒すると重傷化したり休業が長期化する傾向があります。転倒防止対策は事業場の安全衛生を確保する上で，非常に重要なものです。転倒防止のための職場環境改善として，次のようなことがあげられます。

①　4Sの徹底

通路に不用意に置かれたものや，床面の水・油・ホコリといった，つまずきや滑りの原因となるものをなくす。

②　床面や通路などの状態の改善

段差プレート等の使用により床面の段差や凹凸などつまずきの原因をなくす。階段には手すりを設置し，滑り止めを行う。また，滑りやすい床面には滑り止め用塗料やマットなどを使用する。転倒危険箇所に色別表示（トラマーク）や路面ステッカー等で，足元注意の喚起を行う。

③　適切な明るさの確保

足元が見えやすいよう，暗がりになっている場所に補助照明を設置する。明るさの差が大きいと目が慣れるのに時間がかかるため，暗い場所でも明る

い場所の 5 分の 1 以上の照度を確保する。

④　適切な靴の使用

作業内容や床面に適した靴で，自分のサイズに合ったものを着用する。靴底がすり減ったものは使用しない。

⑤　転倒予防体操の励行

転倒防止に効果があるストレッチ，平衡機能や下肢能力のトレーニングを行う。とくに高齢者は運動機能低下の予防にもなる。

⑥　冬季の対策

冬季は積雪や路面凍結により転倒が多く発生する。除雪や融雪剤の使用により転倒防止を図るとともに，安全な歩き方についても教育する。

（5）熱中症の予防

ア　熱中症とは

高温多湿な環境下において，体内の水分と塩分（ナトリウムなど）のバランスが崩れたり，体内の調整機能が破綻したりするなどして，発症する障害の総称です。

熱中症になると，めまい・失神，筋肉痛・筋肉の硬直，大量の発汗，頭痛・気分の不快・吐き気・嘔吐・けん怠感・虚脱感，意識障害・けいれん・手足の運動障害，高体温などの症状が現れます。

令和 4 年の職場での熱中症による死傷者（死亡・休業 4 日以上）は 827 人（前年比 266 人・47％増）で，業種別では，建設業 179 人，製造業 145 人となっており，全体の約 4 割が建設業と製造業で発生しています。

また，熱中症による死亡者数は 30 人（前年比 10 人・50％増）で，建設業（14 人）や警備業（6 人）で多く発生しています。その多くの事例で暑さ指数（WBGT）を把握せず，熱中症予防のための労働衛生教育を行っていませんでした。また，「休ませて様子を見ていたところ容態が急変した」，「倒れているところを発見された」，「帰宅後体調が悪化して病院へ搬送された」など，熱中症発症時・緊急時の措置が適切になされていませんでした。

イ　暑さ指数（WBGT）

暑さ指数（WBGT（Wet-Bulb Globe Temperature：湿球黒球温度（単位：℃））は，気温に加え，湿度，風速，輻射（放射）熱を考慮した暑熱環境

における熱ストレスのレベルの評価を行う暑さの指数です。WBGTの値は次の式で算出されます。

| 日射がある場合 |

WBGT 値 = 0.7 ×自然湿球温度 + 0.2 ×黒球温度 + 0.1 ×気温（乾球温度）

| 日射がない場合 |

WBGT 値 = 0.7 ×自然湿球温度 + 0.3 ×黒球温度

表　身体作業強度等に応じた WBGT 基準値

区分	身体作業強度（代謝率レベル）の例	WBGT 基準値	
		暑熱順化者の WBGT 基準値 ℃	暑熱非順化者の WBGT 基準値 ℃
0 安静	安静，楽な座位	33	32
1 低代謝率	軽い手作業（書く，タイピング，描く，縫う，簿記）；手及び腕の作業（小さいベンチツール，点検，組立て又は軽い材料の区分け）；腕及び脚の作業（通常の状態での乗り物の運転，フットスイッチ及びペダルの作業）。 立位でドリル作業（小さい部品）；フライス盤（小さい部品）；コイル巻き；小さい電機子巻き；小さい力で駆動する機械；2.5 km/h 以下での平たん（坦）な場所での歩き。	30	29
2 中程度代謝率	継続的な手及び腕の作業［くぎ（釘）打ち，盛土］；腕及び脚の作業（トラックのオフロード運転，トラクター及び建設車両）；腕と胴体の作業（空気圧ハンマーでの作業，トラクター組立て，しっくい塗り，中くらいの重さの材料を断続的に持つ作業，草むしり，除草，果物及び野菜の収穫）；軽量な荷車及び手押し車を押したり引いたりする；2.5 km/h ～ 5.5 km/h での平たんな場所での歩き；鍛造	28	26
3 高代謝率	強度の腕及び胴体の作業；重量物の運搬；ショベル作業；ハンマー作業；のこぎり作業；硬い木へのかんな掛け又はのみ作業；草刈り；掘る；5.5 km/h ～ 7 km/h での平たんな場所での歩き。重量物の荷車及び手押し車を押したり引いたりする；鋳物を削る；コンクリートブロックを積む。	26	23
4 極高代謝率	最大速度の速さでのとても激しい活動；おの（斧）を振るう；激しくシャベルを使ったり掘ったりする；階段を昇る；平たんな場所で走る；7 km/h 以上で平たんな場所を歩く。	25	20

注1　日本産業規格 JIS Z 8504（熱環境の人間工学― WBGT（湿球黒球温度）指数に基づく作業者の熱ストレスの評価―暑熱環境）附属書 A「WBGT 熱ストレス指数の基準値」を基に，同表に示す代謝率レベルを具体的な例に置き換えて作成したもの。

注2　暑熱順化者とは，「評価期間の少なくとも１週間以前から同様の全労働期間，高温作業条件（または類似もしくはそれ以上の極端な条件）にばく露された人」をいう。

　　作業場所に，WBGT 指数計を配備する等により，WBGT 値を求めることが
必要です。

ウ　熱中症予防対策

　　熱中症を予防するには，まず，作業場所の暑さ指数（WBGT）を把握して，
その値に応じた熱中症予防を適切に実施することが大切です。

　　予防対策としては，測定した暑さ指数に応じて，次のような対策の徹底が必
要です。

　　①作業環境管理　暑さ指数（WBGT）の低減，休憩場所の整備等
　　②作業管理　作業時間の短縮，暑熱順化への対応，水分および塩分の摂取，
　　　服装，作業中の巡視等
　　③健康管理　健康診断結果に基づく対応，日常の健康管理，作業中の労働者
　　　の健康状態の確認等

　　また，熱中症の症状および予防方法，緊急時の救急処置，熱中症の事例につ
いての労働衛生教育を，作業を管理する者と労働者に対してあらかじめ行うこ
とも大切です。

表　熱中症の症状と分類

分類	症状	重症度
Ⅰ度	めまい・生あくび・失神 　（「立ちくらみ」という状態で，脳への血流が瞬間的に不十分になったことを 　示し，"熱失神" と呼ぶこともある。） 筋肉痛・筋肉の硬直 　（筋肉の「こむら返り」のことで，その部分の痛みを伴う。発汗に伴う塩分（ナ 　トリウム等）の欠乏により生じる。これを "熱痙攣" と呼ぶこともある。） 大量の汗	小
Ⅱ度	頭痛・気分の不快・吐き気・嘔吐・倦怠感・虚脱感 　（体がぐったりする，力が入らないなどがあり，従来から "熱疲労" といわれ 　ていた状態である。） 集中力や判断力の低下	↓
Ⅲ度	意識障害・痙攣・手足の運動障害 　（呼びかけや刺激への反応がおかしい，体がガクガクと引きつけがある，真直 　ぐに走れない・歩けないなど。） 高体温 　（体に触ると熱いという感触がある。従来から "熱射病" や "重度の日射病" 　と言われていたものがこれに相当する。）	大

（令和 3 年 4 月 20 日付け基発 0420 第 3 号，最終改正：令和 3 年 7 月 26 日より）

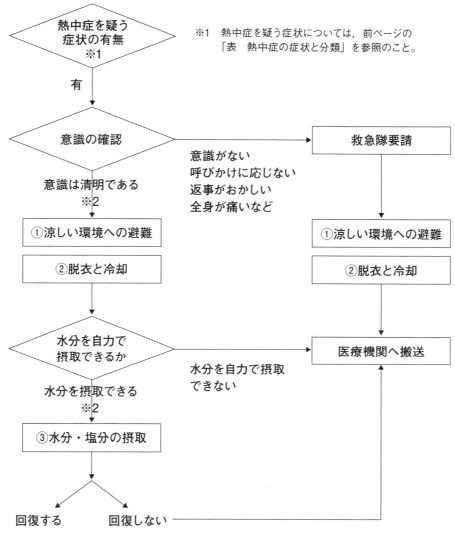

※1 熱中症を疑う症状については，前ページの
「表 熱中症の症状と分類」を参照のこと。

※2 意識が清明であるまたは水分を摂取できる状態であっても，Ⅱ度熱中症が疑われる場合は，
医療機関への搬送を検討すること。
* 上記以外にも体調が悪化するなどの場合には，必要に応じて，救急隊を要請するなどにより，
医療機関へ搬送することが必要であること。

図 熱中症の救急処置（現場での応急処置）
（令和3年4月20日付け基発0420第3号，最終改正：令和3年7月26日より）

エ 救急処置

　本人や周りが少しでも異変を感じた際には，必ず，いったん，作業を離れ，病院に搬送するなどの措置をとるとともに，症状に応じて救急隊を要請しましょう。

　なお，本人に自覚症状がない，または大丈夫との本人からの申出があったとしても，周囲の判断で病院への搬送や救急隊の要請を行ってください。病院に

搬送するまでの間や救急隊が到着するまでの間は，必要に応じて水分・塩分の摂取を行ったり，衣服を脱がせ水をかけて全身を急速冷却すること等により効果的な体温の低減措置に努めます。その際には，一人きりにせずにだれかが様子を観察するようにしましょう。

（6）高年齢労働者に対する配慮

わが国は，急速に高齢社会に移行しつつあり，労働力人口に占める高年齢労働者の割合も急速に増加しています。高齢社会においては，高年齢労働者が活力を失わずにその能力を十分に発揮することが必要であり，そのような職場をつくっていくことが，本人のためにはもちろんのこと，企業や社会全体の活力を維持するために非常に大切です。

高年齢労働者は，一般に，豊富な知識と経験をもっていること，業務全体を把握したうえでの判断力と統率力を備えていることが多いですが，一方では加齢に伴い心身機能が低下し，それが労働災害発生の要因のひとつとなっています。高年齢労働者においては，災害発生率が 20 ～ 49 歳の労働者に比べて高く，被災した場合の休業日数も長く，負傷などの程度も重くなる傾向があります。

令和 2 年 3 月には，「高年齢労働者の安全と健康確保のためのガイドライン」（エイジフレンドリーガイドライン）が公表され，事業者は高年齢労働者の就労状況や業務の内容等の実情に応じて，国や関係団体等による支援も活用して，実施可能な労働災害防止対策に積極的に取り組むよう努めることが求められています。

高年齢労働者に適した安全対策は，全ての労働者に対しても有効であるとの認識のもと，心身機能の低下，新しい技術への対応，若年労働者とのコミュニケーションのあり方などを考慮して，機械設備や作業環境，作業方法の改善などに取り組んでいく必要があります。

高年齢労働者に配慮した職場改善については，中央労働災害防止協会が「生涯現役社会の実現につながる高年齢労働者の安全と健康確保のための職場改善ツール（エイジアクション 100[1]）」を作成するとともに，「高年齢労働者の活躍促進のための安全衛生対策―先進企業の取組事例集―[2]」を公表しています。

なお，高年齢労働者の特性に配慮した作業環境や作業方法等の具体的な改善例については，「高年齢労働者に配慮した職場改善事例（製造業）[3]」（厚生労働省）を参照することができます。

　※ 1：https://www.jisha.or.jp/age-friendly/ageaction100.html

※2：https://www.jisha.or.jp/research/report/201703_01.html
※3：https://www.mhlw.go.jp/new-info/kobetu/roudou/gyousei/anzen/1003-2.html

（7）情報機器作業における労働衛生管理

ア　情報機器作業とは

　パソコンやタブレット端末等の情報機器を使用して，データの入力・検索・照合等，文書・画像等の作成・編集・修正等，プログラミング，監視等を行う作業を情報機器作業と呼んでいます。現在は，多くの労働者が，何らかの形で情報機器作業に従事しています。情報機器作業による労働者の心身の負担を軽減するためには，事業者が作業環境や作業時間などを適正に管理していくことが重要です。

　なお，現在の情報機器作業における状況を踏まえ，厚生労働省より，「情報機器作業における労働衛生管理のためのガイドライン」（令和元年7月12日付け基発0712第3号，最終改正：令和3年12月1日付け基発1201第7号）が公表されています。同ガイドラインでは，作業時間または作業内容に「相当程度拘束性があると考えられるもの」とそれ以外の作業区分に応じた労働衛生管理を進めることとされています（次ページ参照）。

第1章
第2章
第3章
第4章
第5章
第6章

情報機器作業の作業区分に応じた労働衛生管理の進め方

作業区分および作業の例等	労働衛生管理の進め方
作業時間または作業内容に相当程度拘束性があると考えられるもの （定義） 1 日に 4 時間以上情報機器作業を行う者であって，次のいずれかに該当するもの ・作業中は常時ディスプレイを注視する，または入力装置を操作する必要がある ・作業中，労働者の裁量で適宜休憩を取ることや作業姿勢を変更することが困難である （作業の例） ・コールセンターで相談対応（その対応録をパソコンに入力） ・モニターによる監視・点検・保守 ・パソコンを用いた校正・編集・デザイン ・プログラミング ・CAD 作業 ・伝票処理 ・テープ起こし（音声の文書化作業） ・データ入力	ア　作業環境管理（「ガイドライン」4，6 参照） ①照明および採光：ディスプレイを用いる場合の書類上およびキーボード上における照度は 300 ルクス以上とし，作業しやすい照度とすること。また，ディスプレイ画面の明るさ，書類およびキーボード面における明るさと周辺の明るさの差はなるべく小さくすること　等 　情報機器等：健康影響を考慮し，作業に最も適した機器を選択し導入　等 　騒音の低減措置：情報機器等から不快な騒音が発生する場合には低減措置を講じる 　その他：換気，温度および湿度の調整等，事務所衛生基準規則に定める措置等を講じる ②日常の点検，定期点検，清掃を行う イ　作業管理（同 5，9（1）イ参照） ①作業時間等：一連続作業時間 1 時間未満，次の連続作業までの間に 10 〜 15 分の作業休止，かつ一連続作業時間内に 1 〜 2 回程度の小休止　等 　調整：作業者に椅子の座面の高さ，ディスプレイの位置等を調整させる　等 ②他の作業を組み込む，他の作業とのローテーションを実施する等により一日の連続情報機器作業時間が短くなるように配慮すること ウ　健康管理（同 7，9（1）ロ参照） ①健康診断：配置前健康診断，定期健康診断，健康診断結果に基づく事後措置 　健康相談：健康相談の機会を設けるように努める 　職場体操等：行うことが望ましい ②配置前健康診断，定期健康診断は全ての対象者に実施すること エ　労働衛生教育（同 8 参照） ・作業者に対する教育および管理者（作業者を直接管理する者）に対する教育を実施
上記以外のもの （定義） 上記以外の情報機器作業対象者 （作業の例） ・上記の作業で 4 時間未満のもの ・上記の作業で 4 時間以上ではあるが労働者の裁量による休憩をとることができるもの ・文書作成作業 ・経営等の企画・立案を行う業務（4 時間以上のものも含む。） ・主な作業として会議や講演の資料作成を行う業務（4 時間以上のものも含む。） ・経理業務（4 時間以上のものも含む。） ・庶務業務（4 時間以上のものも含む。） ・情報機器を使用した研究（4 時間以上のものも含む。）	ア　作業環境管理（同 4，6 参照） ・上欄アに同じ。 イ　作業管理（同 5 参照） ・上欄イの①に同じ。 ウ　健康管理（同 7，9（2）イ参照） ①上欄ウの①に同じ。 ②配置前健康診断，定期健康診断は自覚症状を訴える者を対象に実施すること エ　労働衛生教育（同 8 参照） ・上欄エに同じ。

注：「作業の例」に掲げる例はあくまで例示であり，実際に行われている（または行う予定の）作業内容を踏まえ，「作業区分の定義」に基づき判断すること。

イ 作業環境，作業時間等のチェックリスト

① 室内の明るさは適当か。明るすぎてまぶしかったり，暗すぎる所はないか。

② 室内の換気，温度，湿度，気流は適切か（空気が乾燥しすぎたり，空調機からの風が当たっていると眼が乾きやすく，ドライアイや眼の疲れにつながることがある）。

③ 画面や書類，キーボード面の明るさは適当か。

④ 画面に，光や照明が映りこんでいないか。

⑤ 情報機器や周辺機器から，不快な騒音が発生していないか。

⑥ 椅子や机の高さを，自分の体格に合うように調整しているか。

⑦ 机上のスペースは，情報機器や書類等を置いたり作業をするために十分な広さがあるか。また，机下も脚を入れることができる十分な広さがあるか。

⑧ 他の作業を組み込んだり，他の作業とのローテーションを実施することなどにより，1日の作業時間が短くなるように配慮しているか。

⑨ 個々の労働者の特性を十分に配慮した無理のない適度な業務量となるよう配慮しているか。

⑩ 一連続作業時間が，1時間を超えていないか（1時間作業したら，10〜15分の作業休止時間をとる）。

⑪ 連続作業時間の途中で，1〜2回の小休止をとっているか。

⑫ 情報機器は，作業の内容，作業量等に応じて最も適した機器を選択しているか。

（8）労働と疲労

ア 疲労のあらまし

私たちは毎日職場で働いたり，家庭で家事をしたりしていますが，その結果として，いろいろな生理上の変化がからだに起こってきます。この変化の程度が通常の範囲を超えたとき，私たちは，それを疲れ（疲労）と感じるのです。

一般に疲労とは，

① 疲れの自覚があること

② からだの状態，とくに機能に不調を来してくること

③ 仕事の能率が低下すること

の3つを伴うものとされています。労働衛生において問題となる疲労は，作業環境，作業方法，労働時間などが労働者の心身の働きにひずみを起こし，作業

能力が減退した状態です。

　ところで，疲労はどうして起こるのでしょうか。第一は，時間の配分の極端なアンバランスです。1 日 24 時間の適切な配分は，労働時間 8，自由時間 8，睡眠時間 8 という割合だといわれています。ところが，残業時間が長すぎたり，通勤時間が長かったり，夜ふかしなどをすると，必然的に睡眠時間が短くなり，疲れが回復しなくなります。

　第二は，仕事の密度が高いということです。すなわち，単位時間内の労働の量と質が大きすぎることです。きつい作業，楽な作業という言い方をよくしますが，仕事を行う際の苦しさは，仕事内容によって異なります。この苦しさの程度は，仕事に際して，からだにかかる生理的負担の重さに関係します。これがその労働者の身体条件に対して過重である場合に，疲労が起こります。

　第三は，休養の問題です。疲労の現われ方は，仕事中に休憩をとったかどうかということに関係します。どんな労働であっても，8 時間休みなく働き続けることはできないでしょう。各種の作業について，それが能率よく継続できる一連続作業時間の限界というものはある程度決まってくるものです。それを超えると能率は低下し，疲労が起こります。作業時間が長くなれば，休憩時間もまた長くする必要がありますが，一連続作業時間を延長したときの疲労を回復させるのに必要な作業休止時間は，作業時間の増加に比べて大きく増加していくものです。したがって，一連続作業時間は，一定時間以下にすることが望ましいのです。

　第四は，睡眠によって疲労が十分回復したかどうかが問題になります。疲労の回復は，十分な睡眠によって得られます。労働力の再生産には，睡眠が最も重要です。睡眠が不足すると，疲労が十分回復しないので，翌日へ持ちこされ，次々に積み重なっていきます。

イ　疲労の予防

　疲労の予防には，次のような対策が考えられます。

① 　個人の作業能力や身体条件に適合するように，作業量を決めること。すなわち，労働負担（作業強度）をかけすぎないこと。

② 　同一姿勢を長く保持するような静的作業は，局部の疲労をまねきやすいので，できるだけ動的作業を入れるよう作業方法を工夫すること。

③ 　無用の作業動作を少なくして，エネルギーの消耗を防ぐこと。

④　労働時間を適正なものとし，長時間労働を避けること。

⑤　作業の途中に適当な間隔をおいて，作業休止時間を入れること。一連続作業時間と作業休止時間の長さおよびその配分を工夫すること。

⑥　食事時間は，食物の消化に必要な時間であり，十分に時間をかけることが望ましいこと。

⑦　交替制勤務の場合は，適正な勤務体制を決めること。

⑧　夜間労働（夜勤）は，昼間労働とは生理的に異なる状態下で行われることを頭におき，仮眠室の整備等十分な対策を講じること。

⑨　作業環境を良好に維持すること。

⑩　スポーツやレクリエーションをとり入れ，とくに労働時間中に適当なところで簡単な体操を実施すること。

⑪　十分な休養や睡眠をとること。すなわち，1日の生活時間の配分を適正にし，睡眠時間を犠牲にしないこと。

　以下の事項（疲労の回復，睡眠，栄養）は，労働者の生活習慣とも関係の深い事柄ですが，作業面でも健康面でも知っておくとよいことなので，必要に応じて労働者に情報提供できるとよいでしょう。

ウ　疲労の回復

　疲労の回復には，十分な休養や睡眠が基本ですが，さらに次のような方法も考えられます。

①　労働に必要な栄養を量的にも質的にも十分にとる。

②　軽い運動や入浴，マッサージによって血行をよくすることで，筋肉に蓄積した老廃物を排出することになり，疲労回復に役立つ。

③　朝，起床したときに部屋のカーテンを開けて日光を浴び，朝食をとることによって，1日の生活リズムを整える。

エ　睡眠

　睡眠は，疲労を回復させるための重要な要素で，労働力の再生産に欠くことのできないものです。必要な睡眠時間は，一人ひとり違いがありますが，1日6〜8時間ぐらいが適当とされています。

　十分な睡眠をとるためには，次のような注意が必要です。

①　外からくる刺激，すなわち，騒音，照明，気流，低温，高温などを避け

ること。

②　からだに合った寝具を選ぶこと。

③　ふとんに入ったらからだを伸ばし，次に普通の状態にもどすなど筋肉を緩めること。

④　就寝の 3 〜 4 時間前から，カフェインを含むお茶，コーヒーなどを飲まないこと。

⑤　就寝前には，テレビ・パソコン・スマートフォンなどの液晶画面を見すぎないこと。

⑥　空腹感のないようにすること。

⑦　足がだるかったり，重かったりする場合には，足部を高くすること。

⑧　自然に眠くなってから寝床に就くこと。

⑨　起床時刻を平素から一定にしておくこと。

⑩　寝酒はしないこと。

⑪　専門家（医師，保健師など）に相談することも大切。薬剤は医師の指示に従うこと。

オ　栄養

㋐　人と食物

　人が生きていくうえで必要な食物の中に含まれている成分を「栄養素」といいます。

　説明をわかりやすくするために，人間を機械にたとえてみましょう。自動車は，ガソリンが燃焼し，エンジンを動かすことによって走ります。つまり，ガソリンが燃焼によって熱エネルギーに変わり，さらに，エンジンを動かすことによって運動エネルギーとなり，自動車は走るのです。このガソリンと同じ働きをするもの，つまり，人のからだのなかで燃焼して，熱や力になる成分を「熱量素」といいます。食物中に含まれる炭水化物，タンパク質，脂質がこれです。

　機械が円滑に動くためには，擦れ合う箇所に潤滑油が必要です。食物の中に含まれるミネラルやビタミンは，人のからだにとって潤滑油の働きをします。さらに，機械が動いていれば，長い間には摩滅や破損が生じます。そこで，こうした破損箇所を補修するための材料を常に備えておくことも必要でしょう。また，これは機械にはないことですが，人は成長します。そしてそ

のためには，いろいろな材料が必要です。そうした材料，つまり，筋肉をつくったり，血液をつくったり，骨を強くするためには，タンパク質，ミネラル，とくにカルシウムや鉄が必要となります。

　これらのいろいろな成分，すなわち，炭水化物，タンパク質，脂質，ミネラル，ビタミンは，みな多かれ少なかれ食物の中に含まれていますが，食物の種類によって，それぞれ含まれる量は異なっていますので，摂取する食物の種類が偏っている場合には，私たちのからだに必要な栄養素が不足して，からだが故障してしまいます。ガソリンが切れればエンジンは止まってしまうでしょうし，潤滑油が切れれば機械は焼き付いてしまうでしょう。補修材料が間に合わないまま無理な運転をしていれば，やがて手の付けようがない故障も起こってしまいます。健康を保っていくためには，食物（栄養）のとり方を工夫することが非常に大切です。

（イ）　からだをつくる栄養素

　私たちのからだを形作る筋肉や臓器，皮膚，毛髪，爪，骨，血液などの細胞には寿命があり，常に新しい細胞と置きかえられています。そのために必要な栄養は食物として常に補っていかなければなりません。また，発育期には，それに加えて成長のために必要な栄養もとらなければなりません。この働きをするものが，タンパク質とミネラルだということはすでに述べたとおりです。

　①　タンパク質

　　　人体を構成する筋肉をはじめ，皮膚，毛髪，爪，臓器などからだのあらゆる部分をつくる素材として必要なものです。肉類，魚介類，卵類，大豆製品，乳製品などから摂取することができます。

　②　ミネラル

　　a　カルシウム：骨，歯などをつくるのに重要です。牛乳，チーズ，卵黄，大豆，小魚の骨などに多く含まれています。カルシウムは不足しやすい栄養素ですので積極的にとるようにしましょう。

　　b　鉄：レバーや赤肉，赤身の魚，小松菜などの野菜，大豆製品，卵黄などに多く含まれています。鉄は，赤血球に含まれるヘモグロビンをつくるのに必要で，不足すれば貧血の原因となります。

　　c　カリウム：コンブ，ヒジキなどの海藻類，野菜，果物に多く含まれ

第1章

第2章

第3章

第4章

第5章

第6章

ています。体液の浸透圧を調整し，ナトリウムの尿中排せつを促します。

d　ナトリウム（食塩）：種々の生理機能を円滑に保つ働きをします。高温作業では発汗のため多量の塩分が失われ，それが原因となって熱中症が起こることもあるので水分とともに塩分も補給する必要があります。一方，とりすぎると，高血圧をもたらすといわれており，摂取過剰にならないよう，気をつけることも必要です。

疲れを残さない生活習慣を心がけよう！

睡　眠　　　　　軽い運動　　　　　栄養のある食事

健康の保持増進

1 健康診断

第1章

第2章

第3章

第4章

第5章

第6章

● チェックポイント

☑ 健康診断は，労働者の健康状態を継続して把握し，何か異常が生じる場合には，早期にその兆候等を発見し，健康障害を最小限度にくいとめていくうえで重要です。

☑ 健康診断には，労働者全員を対象とした一般健康診断と，法令で定められた有害な物質を取り扱う労働者のみを対象とした特殊健康診断があります。

☑ 事業者は，1年以内に1回，ストレスチェックを実施しなければなりません（労働者数50人未満の事業場については，当分の間，努力義務）。また，面接指導が必要とされた高ストレス者から面接指導の申し出があった場合，事業者は医師による面接指導を実施しなければなりません。

（1）一般健康診断

一般健康診断には，雇入時の健康診断，定期健康診断，特定業務従事者の健康診断および海外派遣労働者に対する健康診断等があり，定期健康診断は，原則的には1年以内ごとに1回，定期に，次の項目を検査することとされています。

① 既往歴および業務歴の調査

いままでにかかった病気やどんな業務に就いてきたかが，労働者の健康状態を判断するよりどころとなることがあります。

② 自覚症状および他覚症状の有無の検査

頭痛，不眠，けん怠感，食欲不振などの自覚症状や，医師が専門的立場からみた異常の有無を調べる大変大事な検査です。

③ 身長，体重，腹囲，視力および聴力の検査

体重は，健康状態を示す指標のひとつと考えられます。健康診断結果個人票

にBMIの記載が求められています。BMI（Body Mass Index）は肥満度を判定するための簡便な指数で，体重（kg）÷（身長（m)）^{2}で算出されます。肥満の予防や改善に有用な指数です。肥満のリスク指標として腹囲の検査が含まれています。視力や聴力は，安全な作業と関係することが少なくありません。

④　胸部エックス線検査および喀痰検査

肺結核は近年でも，労働者にとって十分に気をつける必要のある病気です。

⑤　血圧の測定

加齢に伴い高血圧症などの疾病にかかる人が増えてきます。また，血圧が高いと脳血管障害等，いろいろな病気の引き金にもなります。血圧測定をして血圧の異常が見られないかを調べます。

⑥　貧血検査

食事の偏り等による鉄欠乏性貧血や，消化管出血，痔出血などによる二次性貧血を発見するために行うもので，末梢血中の赤血球数と血色素量（ヘモグロビン）を測ります。

⑦　肝機能検査

肝障害を早期に把握するために行うもので，GOT（AST），GPT（ALT），γ-GTPと呼ばれる3種類の酵素の血清中での活性を測定します。肝臓の細胞が一度にたくさん破壊されると血清中のGOT，GPT，γ-GTPの活性が上昇します。長期間にわたるアルコール摂取が続くとγ-GTPの活性が高くなることが知られており，γ-GTPは，飲酒に伴う肝障害の発現を知るための指標です。

⑧　血中脂質検査

動脈硬化の要因である脂質代謝異常を発見するために行うもので，LDLコレステロール，HDLコレステロールと血清トリグリセライドの量を測定します。動脈硬化は，虚血性心疾患（狭心症・心筋梗塞），脳血管障害（脳出血・脳梗塞など）等の発症因子として重要です。

⑨　血糖検査

高血糖も動脈硬化の危険因子として知られています。血糖の異常を調べる検査です。

⑩　尿中の糖および蛋白の有無の検査

高血糖や腎疾患を調べる検査です。

⑪　心電図検査

　不整脈，虚血性心疾患，高血圧に伴う心臓の異常等を発見するために行います。

（2）特殊健康診断・リスクアセスメント対象物健康診断

　有害物質には，その有害性によりどのような健康障害が発生するのかわかっているものが少なくありません。このような場合には，健康障害が発生する危険性の高い部分に焦点を合わせた検査をすることが有用です。また，病気の発見のみならず，その予防を図り，個々の労働者がその業務に就いてよいか，またその業務に引き続き従事してよいかを判断することが大切です。このために行われるものが特殊健康診断です。

　たとえば，鉛業務に従事している労働者には，血液中の鉛の量などを検査し，医師が必要と認める場合には，貧血検査として赤血球数とヘモグロビンの量の検査を行うことになっています。有機溶剤の1つであるノルマルヘキサンの場合には末梢神経の障害が現れることがあるので，問診により，自・他覚症状を詳細に調べることが必要です。また，医師が必要と認める場合には，手足の感覚や筋力の検査をします。一方，粉じん作業に従事している労働者は，粉じんを長期にわたって吸入することによってじん肺にかかるおそれがあり，胸部のエックス線写真と肺機能の検査を健康診断で行います。ただし，最近では有害物質により特異な症状を示すような事例は減ってきており，特殊健康診断ではどの程度有害物質にばく露しているかについて検査を行うようになってきています。たとえば，ノルマルヘキサンでは尿中の2・5-ヘキサンジオンの検査を行ったり，鉛では血中鉛や尿中のデルタアミノレブリン酸の検査を行います。

　特殊健康診断は，雇入れの際，当該業務への配置換えの際および当該業務に就いた後，原則として6カ月以内ごとに1回，定期に行わなければなりません。

　なお，令和6年4月1日からは，①化学物質のリスクアセスメントの結果に基づき，関係労働者の意見を聴き，必要があると認めるとき，②濃度基準値を超えてばく露したおそれがあるときは，医師または歯科医師による健康診断（リスクアセスメント対象物健康診断）を行うことが必要となります。とくに②の場合は，すみやかに健康診断を行うこととされています。

(3) 健康診断結果に基づく措置

　健康診断は，「実施後の措置」を適切に行って初めてその意義があるもので，実施後の措置を行わない，いわゆる「やりっぱなし健診」は問題です。

　健康診断を受診した者全員に対して本人の健康診断結果を通知する必要があります。さらに，健康診断の結果，とくに健康の保持に努める必要があると認める労働者に対しては，医師等による保健指導を行うよう努めなければなりません。また，健康診断結果に異常の所見が認められた労働者について，医師または歯科医師の意見を聴いたうえで，必要があれば就業場所の変更，作業の転換，労働時間の短縮などの就業上の措置をとらなければなりません。このとき，個人のプライバシーの保護にはとくに注意を払う必要があり，就業上の措置の実施にあたって関係者へ提供する情報の範囲は必要最小限とする必要があります。場合によっては，就業上の措置として，職場の環境や作業方法を改善しなければならないこともあります。

(4) ストレスチェック制度

　平成26年6月に公布された改正労働安全衛生法により，事業者にストレスチェック（心理的な負担の程度を把握するための検査）と面接指導の実施等を義務付ける制度が創設されました（平成27年12月1日施行）。

　このストレスチェック制度の目的は，労働者本人のストレスへの気づき，対処の支援および職場環境の改善により，労働者のメンタルヘルス不調を未然に防ぐこと（一次予防）です（メンタルヘルスケアについては133～138ページを参照）。

ア ストレスチェックとは

　事業者は，常時使用する労働者に対し，1年以内に1回，定期に，規定された実施者（医師，保健師または一定の研修を修了した歯科医師，看護師，精神保健福祉士，公認心理師）によるストレスチェックを実施しなければなりません。なお，労働者数50人未満の事業場については，当分の間，努力義務とされています。ストレスチェックの実施にあたっては，事業者はまず基本方針を表明し，実施体制，実施方法等については事前に衛生委員会等で調査審議のうえ，規程として定め，労働者に周知する必要があります。事業者はこうした実施にあたっての実務を担当するストレスチェック制度担当者を指名することができますが，調査票の回収，データ入力等の個人情報を扱う作業を行わせることはできません。このような作業は，実施者を補助する実施事務従事者に行わせることができます。なお，人事権者は実施事務従事者にはなれません。

　使用する調査票は，

① 職場における当該労働者の心理的な負担の原因に関する項目

② 心理的な負担による心身の自覚症状に関する項目

③ 職場における他の労働者による当該労働者への支援に関する項目

の3領域が含まれていることが必要で，衛生委員会等で調査審議の上，事業者が決定することになっています。厚生労働省は「職業性ストレス簡易調査票」（57項目）の使用を推奨しており，あわせて同調査票の簡略版（23項目）も公表されています。

　労働者にはストレスチェックを受ける義務は課せられていませんが，受けることが望ましいとされています。ストレスチェックの実施を健康診断と同じように外部機関に委託することもできます。

イ 医師による面接指導

　ストレスチェックの結果，高ストレス者として選定され，面接指導を受ける必要があると実施者が認めた労働者が，面接指導を申し出た場合，事業者は医師による面接指導を実施しなければなりません。なお，ストレスチェックの未受検や面接指導の申出等を理由とする労働者への不利益な取扱いは禁止されています。

　高ストレス者の選定方法については，調査票と同じで衛生委員会等で審議し，事業者が決定しますが，厚生労働省からは，「職業性ストレス簡易調査票」

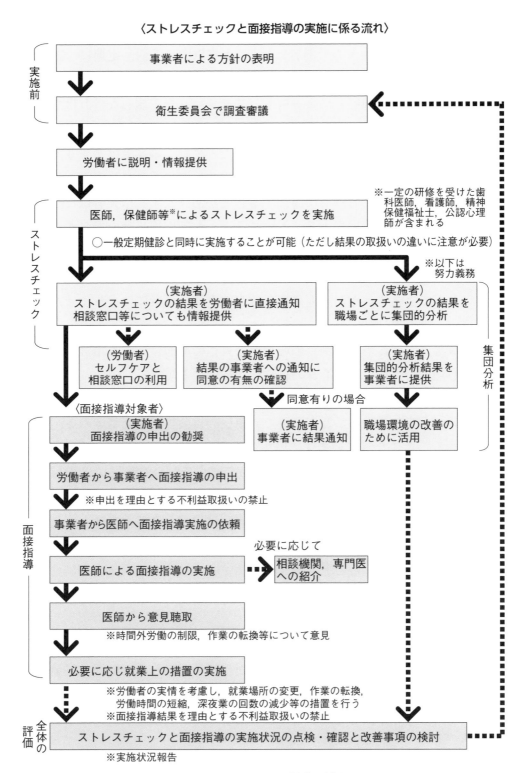

図　ストレスチェック制度の流れ図

を用いた場合，

① 「心理的な負担による心身の自覚症状」の評価点数の合計が高い者

② 「心理的な負担による心身の自覚症状」の評価点数の合計が一定以上の者であって，かつ「心理的な負担の原因」および「他の労働者による支援」の評価点数の合計が著しく高い者

の要件を満たす者を，高ストレス者に選定する方法が紹介されています。

ウ　就業上の措置

　事業者は，面接指導を実施した医師の意見を聴き，必要に応じ，当該労働者の実情を考慮して，就業場所の変更，作業の転換等の措置等を講じなければなりません。

エ　職場環境改善

　ストレスチェックの結果については，事業場や職場単位で集団集計・分析を行い，職場環境改善に活用するように努めることとされています。

※　ストレスチェック制度に関しては，厚生労働省から関連指針，ストレスチェック実施マニュアル等が公表されています。詳細については厚生労働省 HP をご参照下さい。
https://www.mhlw.go.jp/bunya/roudoukijun/anzeneisei12/

2　健康の保持増進

● チェックポイント

☑　健康保持増進対策は，事業場の課題に応じて取り組むことが重要です。事業者による取組み方針の表明をはじめ，課題の把握や目標の設定，計画に基づく対策の実施等，PDCA サイクルで取り組む必要があります。

☑　メンタルヘルスケアは，心の健康づくり計画を策定し，セルフケア，ラインによるケア，事業場内産業保健スタッフ等によるケア，事業場外資源によるケアの 4 つのケアを効果的に推進する必要があります。

☑　過労死等の防止のため，事業者は，労働者の時間外・休日労働時間等に応じ，医師による面接指導等を実施することとされています。また，その結果労働者の心身の不調が把握された場合には，面接指導を行った医師等の助言を得ながら必要な措置を講じることとされています。

（1）健康保持増進措置

　近年，高年齢労働者の増加，急速な技術革新の進展，社会経済情勢の変化，労働者の就業意識や働き方の変化，業務の質的変化等に伴い，働く人たちを取り巻く環境は大きく変化しています。このような状況の中，定期健康診断の有所見率は増加傾向にあり，中でも血中脂質検査，血圧，肝機能検査などの項目で有所見率が高い傾向にあります。このほか，仕事に関して強い不安やストレスを感じている労働者の割合が高い水準で推移しています。

このような労働者の心身の健康問題に対処するためには，全ての労働者を対象として，早い段階から心身両面について健康教育等の予防対策に職場として取り組み，全ての労働者を対象として心身両面の総合的な健康の保持増進を図ることが必要です。また，労働者は自分の健康は自分で守るという考え方も大切になってきます。こうした健康の保持増進活動は，労働生産性向上にも貢献するものです。

厚生労働省では，事業場において，労働者の健康の保持増進のための措置が適切かつ有効に実施されるようにするため，その原則的な実施方法を定めた「事業場における労働者の健康保持増進のための指針」（THP＊指針）（昭和 63 年 9 月 1 日付け指針公示第 1 号，最終改正：令和 5 年 3 月 31 日付け指針公示第 11 号）を公表しています。事業場においては，この指針に基づき，各事業場の実態に応じた健康保持増進措置を講じることが求められています。

＊　THP：Total Health promotion Plan の略称

（2）健康保持増進対策の推進にあたっての基本事項

事業者は，次の項目に沿って健康保持増進対策を継続的かつ計画的に行う必要があります。また，対策の推進にあたっては，労働者等の意見を聴きつつ事業場の実態に即した取組みを行うことが必要です。

ア　健康保持増進方針の表明

健康保持増進方針は，事業場における労働者の健康の保持増進を図るための基本的な考え方であり，事業者が表明します。

イ　推進体制の確立

健康保持増進対策を推進するため，事業場の実情に応じて，産業医，衛生管理者，保健師等の産業保健スタッフや人事労務管理スタッフを活用し，各担当の役割を定めて事業場内における体制を確立します。

なお，産業医などの配置がない場合や事業場内だけで必要な体制構築が難しい場合は，健康保持増進対策の内容に応じて，専門的な知識を有する事業場外の機関，地域資源，専門家などの事業場外資源を積極的に活用するとよいでしょう。

ウ　課題の把握

　　健康保持増進対策を効果的に推進するためには事業場における労働者の健康保持増進に関する課題を把握し，これに応じた対応を行うことが重要です。健康保持増進対策を推進するスタッフ等の専門的な知見も踏まえ，労働者の健康状態等が把握できる客観的な数値等を活用しつつ課題を把握し，健康保持増進措置を検討します。

エ　健康保持増進目標の設定

　　健康保持増進方針に基づき，把握した課題や過去の目標の達成状況を踏まえ健康保持増進目標を設定し，一定期間に達成すべき到達点を明らかにします。

オ　健康保持増進措置の決定

　　健康保持増進方針や事業場における課題および目標を踏まえ，事業場の実情も踏まえつつ，健康保持増進措置を決定します。

カ　健康保持増進計画の作成

　　健康保持増進目標を達成するため，健康保持増進計画を作成します。計画には，具体的な実施事項，日程など次の事項を含めます。健康保持増進計画は事

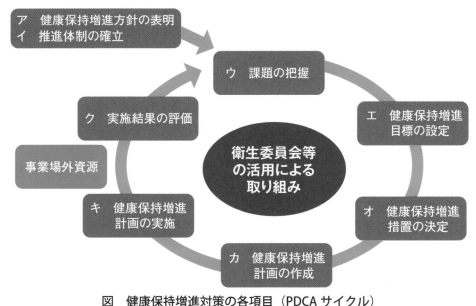

図　健康保持増進対策の各項目（PDCA サイクル）
(厚生労働省「職場における心とからだの健康づくりのための手引き」より抜粋)

業場における労働安全衛生に関する計画の中に位置付けることが望ましいとされています。

- ・健康保持増進措置の内容および実施時期に関する事項
- ・健康保持増進計画の期間に関する事項
- ・健康保持増進計画の実施状況の評価および計画の見直しに関する事項

キ　健康保持増進計画の実施

健康保持増進計画に従って，健康保持増進対策を適切かつ継続的に実施します。

ク　実施結果の評価

健康保持増進対策の実施結果等を評価し，新たな目標や措置等に反映させることで，今後の取組みを見直していきます。

（3）メンタルヘルスケア

職業生活等に関して強い不安やストレスを感じる労働者が5割を超え，さらに，業務による心理的負荷を原因として精神障害を発症し，あるいは当該精神障害により自殺に至る事案が相当程度発生するなど，メンタルヘルス対策に関する取組みが重要な課題となっています。令和4年に厚生労働省が行った「労働安全衛生調査（実態調査）」によれば，メンタルヘルス対策に取り組む事業場は全体で63.4％でした。規模別でみると，50人以上の事業場では90％以上ですが，30～49人で73.1％，10～29人で55.7％となっており，小規模事業場での取組みが進んでいない状況です。

メンタルヘルス対策については，「労働者の心の健康の保持増進のための指針」（平成18年3月31日付け指針公示第3号，最終改正：平成27年11月30日付け指針公示第6号）が公表され，これに沿って事業場で取り組むことが求められています。指針の概要は，以下のとおりです。

ア　メンタルヘルスケアの基本的考え方

事業者は，事業場におけるメンタルヘルスケアを積極的に推進するため，衛生委員会等（23ページ参照）において十分調査審議を行い，「心の健康づくり計画」を策定するとともに，その実施にあたり，関係者に対する教育研修・情

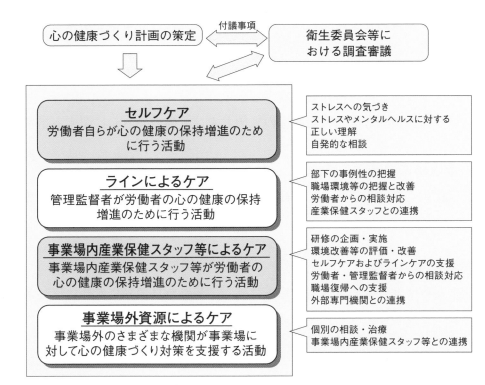

図　4つのケア

報提供を行い，「4つのケア」（①セルフケア，②ラインによるケア，③産業
医・保健師等などの事業場内産業保健スタッフ等によるケア，④専門医や相談
機関など，事業場外資源によるケア）を継続的かつ計画的に推進し，職場環境
等の改善，メンタルヘルス不調への気づきと対応，職場復帰のための支援が円
滑に行われるようにする必要があるとされています（上の図参照）。

　また，事業者は，心の健康問題の特性，個人の健康情報の保護への配慮，人
事労務管理との関係，家庭・個人生活等の職場以外の問題等との関係に留意す
る必要があるとされています。

イ　衛生委員会等における調査審議

　メンタルヘルスケアの推進にあたっては，事業者が労働者等の意見を聴きつ
つ事業場の実態に即した取組みを行うことが必要です。「心の健康づくり計画」
の策定はもとより，その実施体制の整備等の具体的な実施方策や個人情報の保
護に関する規程等の策定等にあたっては，衛生委員会等において十分調査審議
を行うことが必要です。なお，ストレスチェック制度においても実施方法等に

ついて調査審議することが求められているため，メンタルヘルスケアに関する調査審議と関連づけて行うことが望ましいとされています。

ウ 心の健康づくり計画

「心の健康づくり計画」で定めるべき事項は，以下のとおりです。

① 事業者がメンタルヘルスケアを積極的に推進する旨の表明
② 事業場における心の健康づくりの体制の整備
③ 事業場における問題点の把握およびメンタルヘルスケアの実施
④ メンタルヘルスケアを行うために必要な人材の確保および事業場外資源の活用
⑤ 労働者の健康情報の保護
⑥ 心の健康づくり計画の実施状況の評価および計画の見直し
⑦ その他労働者の心の健康づくりに必要な措置

エ メンタルヘルスケアの推進体制

メンタルヘルスケアは，健康管理スタッフ，職場の管理監督者，人事労務担当者などが連携して，組織的に継続的かつ計画的に行われることが重要です。事業者は，メンタルヘルスケア推進の実務を担当する者として，人事権者以外から事業場内メンタルヘルス推進担当者を選任するように努める必要があります。

オ メンタルヘルスケアの具体的進め方

(ア) メンタルヘルスケアを推進するための教育研修・情報提供

事業者は，4つのケアが適切に実施されるよう，それぞれの職務に応じ，メンタルヘルスケアの推進に関する教育研修・情報提供を行う必要があります。なお，労働者や管理監督者等に対する教育研修を円滑に実施するため，事業者が事業場内に教育研修担当者を計画的に育成することも有効です。

(イ) 職場環境等の把握と改善

事業者は，職場環境等の改善に積極的に取り組むとともに，管理監督者等や事業場内産業保健スタッフ等に対し，職場環境等の把握と改善の活動を行いやすい環境を整備するなどの支援を行う必要があります。

第1章

第2章

第3章

第4章

第5章

第6章

表　職場復帰支援の流れ

支援の段階別	支援の概要のポイント
第1ステップ	病気休業開始および休業中のケア ・病気休業診断書の提出 ・管理監督者，産業保健スタッフ等によるケア ・休業期間中の労働者の安心感の醸成のための対応
第2ステップ	主治医による職場復帰可能の判断 ・本人の復職の意思表示と主治医の復職可能の判断の診断書 ・産業医等による精査 ・主治医への情報提供
第3ステップ	職場復帰の可否の判断および職場復帰支援プランの作成 ・本人・主治医・産業医・人事・上司からの情報の収集と評価 ・復帰日，管理監督者による就業上の配慮，人事労務管理上の対応等，復帰支援プランの作成
第4ステップ	最終的な職場復帰の決定 ・労働者の状態の最終確認 ・就業上の配慮等に関する意見書の作成 ・事業者による最終的な職場復帰の決定
第5ステップ	職場復帰後のフォローアップ ・復帰プログラム，プランに沿った公平な対応（他の労働者の理解） ・疾患の再燃・再発，新たな問題の発生の有無の確認 ・プラン（就業上の配慮等）の評価と見直し

㈼　メンタルヘルス不調への気づきと対応

　　事業者は，個人の健康情報の保護に十分留意しつつ，労働者，管理監督者等，家族等からの相談に適切に対応できる体制を整備する必要があります。さらに，相談により把握した情報をもとに，労働者に対して必要な配慮を行うこと，必要に応じて産業医や事業場外の医療機関につないでいくことができるネットワークを整備するよう努める必要があります。

㈽　職場復帰における支援

　　メンタルヘルス不調により休業した労働者が円滑に職場復帰し，就業を継続できるようにするため，上の表の職場復帰支援の流れを参考にしながら，事業者は，職場復帰プログラム（社内規定）を整備するなどしてその労働者

に対する支援を適切に行うことが求められます。

カ　メンタルヘルスに関する個人情報の保護への配慮

　事業者は，健康情報を含む労働者の個人情報の保護に関し，個人情報の保護に関する法律および関連する指針等を遵守し，労働者の健康情報の適正な取扱いを図る必要があります。

キ　小規模事業場におけるメンタルヘルスケアの取組みの留意事項

　小規模事業場においては，事業者は，セルフケア，ラインによるケアを中心として，実施可能なことから着実に取組みを進めましょう。産業医などの産業保健スタッフの人材確保が難しい場合は，外部機関の支援を受けながら進めることもできます。各都道府県の産業保健総合支援センターや，地域産業保健センター（地域窓口）等の事業場外資源の提供する支援等を活用することもできます。

ク　職場のいじめ・嫌がらせによるメンタルヘルス不調の防止

　職場におけるいじめ・嫌がらせは，近年，社会問題として顕在化しています。これは，相手の尊厳や人格を傷つける許されない行為であり，職場内の人間関係を悪化させて職場の秩序を乱し，労働者の労働意欲を阻害し，組織の生産性を低下させます。こうした職場環境の悪化はメンタルヘルス不調の原因ともなっています。

　この状況を受けて厚生労働省では，労働施策総合推進法（労働施策の総合的な推進並びに労働者の雇用の安定及び職業生活の充実等に関する法律）（令和2年6月1日施行）を公布して，職場のハラスメントに関する規定を新たに定めました。同法に基づく指針の中で，職場におけるパワーハラスメントとは，以下の3つの要素を全て満たすものとして示されており，その行為は次ページの表のように類型化されています（「事業主が職場における優越的な関係を背景とした言動に起因する問題に関して雇用管理上講ずべき措置等についての指針」より）。

　ア　職場において行われる優越的な関係を背景とした言動であって，

　イ　業務上必要かつ相当な範囲を超えたものにより，

　ウ　労働者の就業環境が害されること

　同法により，職場におけるパワーハラスメントについて事業主は，以下の措置を必ず講じなければいけません。

第1章

第2章

第3章

第4章

第5章

第6章

表　職場のパワーハラスメントの行為類型

① 身体的な攻撃（暴行・傷害）

② 精神的な攻撃（脅迫・名誉棄損・侮辱・ひどい暴言）

③ 人間関係からの切り離し（隔離・仲間外し・無視）

④ 過大な要求（業務上明らかに不要なことや遂行不可能なことの強制・仕事の妨害）

⑤ 過小な要求（業務上の合理性なく能力や経験とかけ離れた程度の低い仕事を命じることや仕事を与えないこと）

⑥ 個の侵害（私的なことに過度に立ち入ること）

① 事業主の職場におけるパワーハラスメントの内容・パワーハラスメントを行ってはならない旨の方針の明確化および労働者への周知・啓発

② 相談に応じ，適切に対応するために必要な体制の整備

③ 職場におけるパワーハラスメントに係る事後の迅速かつ適切な対応

そのほかに併せて講ずべき措置としては，相談者・行為者等のプライバシーを保護することや，相談したこと等を理由とする解雇その他不利益な取扱いをしないことです。

一方，職場におけるセクシュアルハラスメント，妊娠・出産・育児休業等に関するハラスメントについては，男女雇用機会均等法，育児・介護休業法により，雇用管理上の措置を講じることがすでに義務付けられていますが，令和2年の法改正により，以下のとおり，防止対策が強化されました。

① 事業主および労働者の責務

② 事業主に相談等をした労働者に対する不利益取扱いの禁止

③ 自社の労働者が他社の労働者にセクシュアルハラスメントを行った場合の協力対応

【参考】　メンタルヘルス対策に活用できるポータルサイト（厚生労働省）

○ 働く人のメンタルヘルス・ポータルサイト「こころの耳」
https://kokoro.mhlw.go.jp/

○ ハラスメント対策の総合情報サイト「あかるい職場応援団」
https://www.no-harassment.mhlw.go.jp/

（4）過重労働による健康障害の防止

働き方の多様化が進むなか，長時間労働に伴う健康障害の増加や過労死事案の

発生など労働者の生命や生活にかかわる問題が深刻化しています。このため，平成 26 年 6 月に「過労死等防止対策推進法」（平成 26 年法律第 100 号）が公布されました。この法律は，過労死等の防止対策を推進することで過労死等がなく，仕事と生活を調和させ，健康で充実して働き続けることのできる社会の実現に寄与することを目的としたものです。また，過労死等防止対策推進法に基づき，平成 27 年 7 月には過労死等の防止のための対策等を取りまとめた「過労死等の防止のための対策に関する大綱」（平成 27 年 7 月 24 日閣議決定，最終改正：令和 3 年 7 月 30 日）が策定されました。

　加えて，「過重労働による健康障害防止のための総合対策」（平成 18 年 3 月 17 日付け基発第 0317008 号，最終改正：令和 2 年 4 月 1 日付け基発 0401 第 11 号，雇均発 0401 第 4 号）で，過重労働による健康障害を防止するために事業者に対して必要な措置等を講じるよう求めています。

　過重労働による健康障害防止対策を充実強化していくためには，次のようなことが必要です。

ア　健康管理体制の整備

　常時 50 人以上の労働者を使用する事業場については，衛生に係る事項を調査審議する衛生委員会等の設置が必要であり，衛生委員会等の調査審議事項として，「長時間にわたる労働による労働者の健康障害の防止を図るための対策の樹立に関すること」が含まれています（労働安全衛生規則第 22 条第 9 号）。

　常時 50 人未満の労働者を使用する事業場については，この衛生委員会等の設置の規定は適用されませんが，安全または衛生に関する事項については，「関係労働者の意見を聴くための機会を設けるようにしなければならない」と規定されていることから（同規則第 23 条の 2），この機会を利用して，長時間労働による健康障害防止対策について労働者の意見を聴取するように努め，その意見を踏まえつつ対策を樹立することが必要です。

イ　健康診断等の実施

　事業者は，労働安全衛生法に基づき，健康診断（労働安全衛生法第 66 条），健康診断結果についての医師等からの意見聴取（同法第 66 条の 4），健康診断実施後の措置（同法第 66 条の 5），保健指導等（同法第 66 条の 7）を確実に実施しなければなりません。とくに，深夜業を含む業務に常時従事する労働者に

対しては，6 カ月以内ごとに 1 回，定期に，健康診断を実施しなければならないこと（労働安全衛生規則第 45 条）には留意が必要です。

ウ　長時間にわたる時間外・休日労働を行った労働者に対する面接指導等

　労働安全衛生法では，脳血管疾患および虚血性心疾患等（脳・心臓疾患）の発症が長時間労働と関連性が強いとする医学的知見を踏まえ，これら疾病の発症を予防するため，長時間にわたる労働により疲労の蓄積した労働者に対して，事業者は次のとおり医師による面接指導等を実施することとされています（同法第 66 条の 8）。この規定は，常時 50 人未満の労働者を使用する事業場にも適用されます。

　下記に該当する労働者については，地域産業保健センターを活用するなどして面接指導を実施するとともに，その結果に基づく措置を講じることが必要です。

㋐　対象者の選定等

　事業場では，労働者ごとに労働時間を正しく把握する必要があるとともに，時間外・休日労働時間（休憩時間を除き 1 週間当たり 40 時間を超えて労働させた場合におけるその超えた分の時間をいう。以下同じ。）が 80 時間を超えた労働者に対し，すみやかに超えた時間に関する情報を通知しなければなりません。

①　一般労働者・管理監督者・裁量労働制労働者
　(a)　1 月の時間外・休日労働時間が 80 時間を超え，かつ，疲労の蓄積が認められる労働者であって，申出を行った者に対しては，医師による面接指導を確実に実施しなければならない（義務）。
　(b)　1 月の時間外・休日労働時間が 80 時間を超える者に対しては，本人の申出がない場合でも，医師による面接指導を実施するよう努める。
　(c)　1 月の時間外・休日労働時間が 45 時間を超える労働者で，健康への配慮が必要と認めた者については，医師による面接指導等の措置を講ずることが望ましい。
②　研究開発業務従事者
　(a)　1 月の時間外・休日労働時間が 100 時間を超える者に対しては，本人の申出の有無にかかわらず，医師による面接指導を確実に実施しなけれ

ばならない（罰則付き義務）。

　　(b)　①(a)，(b)，(c)と同じ。

　③　高度プロフェッショナル制度の該当者

　　(a)　対象労働者が事業所内において作業した時間と事業場外において作業した時間の合計を「健康管理時間」といい，1週間当たりの健康管理時間が，40時間を超えた場合におけるその超えた時間について1月当たり100時間を超える者に対しては，本人の申出の有無にかかわらず，医師による面接指導を確実に実施しなければならない（罰則付き義務）。

　　(b)　高度プロフェッショナル制度の該当者（(a)に該当する者を除く。）であって，申出を行った者に対しては医師による面接指導を確実に実施するよう努める。

㈣　医師からの意見聴取・面接指導の結果の記録

　①　事業者は，面接指導を実施した労働者の健康を保持するために必要な措置について，遅滞なく医師の意見を聴かなければなりません。医師からの意見聴取は，面接指導を実施した医師から面接指導の結果の報告にあわせて行うことが適当です。

　②　事業者は，面接指導等の記録を作成し，5年間保存しなければなりません。なお，面接指導の結果の記録は面接指導を実施した医師からの報告をそのまま保存することで足ります。

㈤　事後措置の実施の際に留意すべき事項

　①　事業者は医師の意見を勘案して，必要と認める場合は，労働時間の短縮，深夜業の回数の減少等の適切な措置を実施しなければなりません。

　②　面接指導により労働者のメンタルヘルス不調が把握された場合は，必要に応じて精神科医等と連携をしつつ対応を図りましょう。

　③　とくにメンタルヘルス不調に関して，面接指導の結果，労働者に対し不利益な取扱いをしてはならないことに留意しましょう。

エ　事業場トップによる方針表明と各部門の連携

　過重労働による健康障害防止対策を実効あるものとして実現するためには，事業場トップによる方針の表明が重要です。

　また，健康管理体制の整備，医師による面接指導等のほか，時間外・休日労働時間の削減，年次有給休暇の取得促進等については，人事労務部門，産業保健担当部門が連携しながら対応する必要があることから，それぞれの責任権限や役割を明確化することが重要です。

（5）健康教育

　生活習慣病などの予防のためには，労働者自身が，適切な生活習慣を身につけることが必要不可欠です。このため，労働者自身も正しい知識を持ち，自らが努力しなくては，その効果が期待できません。そこで，健康教育により，労働者に健康の保持増進に関して，知識と方法を十分に理解してもらうことが重要になり，また，このことが，労働者への動機づけにもなります。

　ところで，健康に関する情報は，マスメディア，インターネット等を通じて氾濫していますが，科学的な根拠をもった情報提供に配慮する必要があります。

　なお，健康保持増進活動は継続的な取組みが必要であることから，事業場の実情に応じて，あらゆる機会を活用して計画的かつ継続的に実施し，さらに，その結果を踏まえ，改善することが重要です。

　また，健康教育の対象者は，健康状況や生活習慣などに問題がある者だけを対象にするのではなく，問題がない者であっても現状を再確認するなど全ての者を対象にすることが望まれます。

3　快適職場づくり

☑　快適職場づくりとは，空気環境や温湿度などの作業環境の快適化，重筋労働や不自然な作業姿勢の改善，これらの作業に従事する労働者の疲労回復支援，職場における生活自体の快適性の向上にむけた自主的な活動をいいます。職場全体の意欲の向上や労働災害の防止などにも寄与します。

☑　職場で受動喫煙防止を進めるために，健康増進法と労働安全衛生法に定められた事項を盛り込んだガイドラインが策定されています。同ガイドラインをもとに，組織的に対策を講じましょう。

（1）　快適職場づくり

　労働者は生活の3分の1を職場で過ごし，職場はいわば労働者の生活の場の一部ともいえます。その生活の場が浮遊粉じんで汚れていたり，臭気があったり，暑すぎたり，寒すぎたり，暗かったり，騒音でうるさかったり，不自然な姿勢での作業や大きな筋力を必要とする作業であったりする場合には，労働者にとって不快であるだけでなく，心身ともにストレスが大きくなり，また，生産性の面からも能率の低下を来します。

　このようなことから，労働安全衛生法第71条の2において，事業者は快適な職場環境を形成するように努めなければならないとされ，その具体的な措置として「事業者が講ずべき快適な職場環境の形成のための措置に関する指針（快適職場指針）」（平成4年7月1日付け労働省告示59号）が公表されています。

　そこで，作業環境や施設設備についての現状を的確に把握し，職場の意見・要望等を聴き，安全衛生委員会等で十分に検討のうえ，快適職場の目標を掲げ，その実施の優先順位に基づいて計画的に着実に職場の改善を進めることが必要です。たとえば，空気を清浄化する，温度・湿度を適切に管理する，重筋労働を少なくして作業者の心身の負担を軽減する，疲れたときに身体を横にすることのできる休憩室等を設置する，昼休みにスポーツをしたときに汗を流すシャワーを設置するなどです（とくに労働強度が高い職場などでは採用している例が多い）。

　職場の快適性が高いと，職場全体の意欲の向上，労働災害の防止，健康障害の防止が期待できるだけでなく，事業活動の活性化に対しても良い影響を及ぼしま

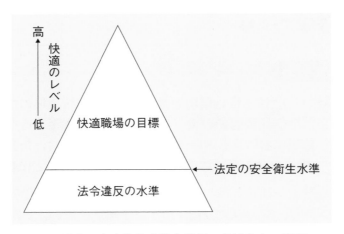

図　法定の安全衛生水準と職場の快適化との関係

す。その際，人が快適と感じるかどうかは個人差があり，作業環境の状態という物理的な面のみでは測れませんが，多くの人にとっての快適さを目指すことを基本としながら，個別の要望への配慮も忘れないことが大切です。

（2）職場の受動喫煙防止対策

　厚生労働省は，令和元年 7 月に「職場における受動喫煙防止のためのガイドライン」（令和元年 7 月 1 日付け基発 0701 第 1 号）を公表しました。本ガイドラインは，健康増進法（平成 30 年 7 月改正）で義務付けられる事項と，労働安全衛生法第 68 条の 2 により事業者が実施すべき事項を，一体的に示すことを目的に策定されたものです。ここではガイドラインの概要を示します。

ア　組織的対策

　職場における受動喫煙防止対策を効果的に進めていくためには，組織的に実施することが重要であり，事業者は衛生委員会等の場を通じて，労働者の意識・意見を十分に把握し，事業場の実情に応じた適切な措置を決定することが求められています。

　また労働者は，事業者が決定した措置や基本方針を理解しつつ，衛生委員会の代表者を通じる等により必要な対策について積極的に意見を述べることが望ましいとされています。

　職場における受動喫煙防止対策の実施にあたり，事業者は，次のような取組みを組織的に進めることが必要です。

① 推進計画の策定

② 担当部署の指定

③ 労働者の健康管理等

④ 標識の設置・維持管理

⑤ 労働者の意識の高揚および情報の収集・提供

⑥ 労働者の募集および求人の申込時の受動喫煙防止対策の明示

⑦ 妊婦等への特別な配慮

イ　各施設における受動喫煙防止対策

　健康増進法では，第一種施設は「原則敷地内禁煙」，第二種施設では「原則屋内禁煙」など施設区分ごとに規定が設けられています。ガイドラインにおいては，この規定を前提として特定屋外喫煙場所や喫煙専用室等の喫煙が可能な場所について，設置に関する技術的基準，配慮事項等が示されています。ガイドラインの別紙1「健康増進法における技術的基準等の概要」および別紙2「技術的基準を満たすための効果的な手法等の例」を参照し，適切な対策を実施することが必要です。

ウ　喫煙可能な場所における作業に関する措置

　健康増進法では，喫煙専用室などの喫煙可能な場所に20歳未満の者を立ち入らせることが禁止されています。ガイドラインでは，事業者に対し喫煙専用室などの喫煙可能な場所について，20歳未満の労働者を立ち入らせて業務を行わせないことや，20歳以上の労働者についても，望まない受動喫煙を防止するための措置および配慮等を求めています。

第1章

第2章

第3章

第4章

第5章

第6章

参考　**ガイドラインで使用する用語の定義**

(1) 施設の「屋外」と「屋内」
「屋内」とは，外気の流入が妨げられる場所として，屋根がある建物であって，かつ，側壁がおおむね半分以上覆われているものの内部を指し，これに該当しないものは「屋外」となること。

(2) 第一種施設
「第一種施設」とは，多数の者が利用する施設のうち，学校，病院，児童福祉施設その他の受動喫煙により健康を損なうおそれが高い者が主として利用する施設をいうこと。

(3) 第二種施設
「第二種施設」とは，多数の者が利用する施設のうち，第一種施設及び喫煙目的施設以外の施設（一般の事務所や工場，飲食店等も含まれる。）をいうこと。

(4) 喫煙目的施設
「喫煙目的施設」とは，多数の者が利用する施設のうち，その施設を利用する者に対して，喫煙をする場所を提供することを主たる目的とする施設をいうこと。

(5) 既存特定飲食提供施設
「既存特定飲食提供施設」とは，法の施行時に現に存し，経営規模が小さいなどガイドラインに示された一定の要件を満たす飲食店をいうこと。

(6) 特定屋外喫煙場所
「特定屋外喫煙場所」とは，第一種施設の屋外の場所の一部のうち，当該第一種施設の管理権原者によって区画され，受動喫煙を防止するために健康増進法施行規則で定める必要な措置がとられた場所をいうこと。

(7) 喫煙専用室
「喫煙専用室」とは，第二種施設等の屋内または内部の場所の一部の場所であって，構造および設備がその室外の場所へのたばこの煙の流出を防止するための技術的基準に適合した室を，専ら喫煙をすることができる場所として定めたものをいうこと。

(8) 指定たばこ専用喫煙室
「指定たばこ専用喫煙室」とは，第二種施設等の屋内または内部の場所の一部の場所であって，構造および設備がその室外の場所への指定たばこ（加熱式たばこをいう。）の煙の流出を防止するための技術的基準に適合した室を，指定たばこのみ喫煙をすることができる場所として定めたものをいうこと。

（注）技術的基準については，ガイドラインの別紙１および別紙２を参照してください。

4　労働衛生統計

　労働衛生統計の一般的な手法としての疾病休業統計では次のような指標が使われています。

$$疾病休業日数率 = \frac{疾病休業延日数}{在籍労働者の延所定労働日数} \times 100$$

$$病休件数年千人率 = \frac{疾病休業件数}{在籍労働者数} \times 1,000$$

$$病休度数率 = \frac{疾病休業件数}{在籍労働者の延実労働時間数} \times 1,000,000$$

$$病休強度率 = \frac{疾病休業延日数}{在籍労働者の延実労働時間数} \times 1,000$$

　これらは，災害統計と基本的には同じ考え方ですが，疾病休業統計の場合，労働者の休業状況を事由別に調査することが必要です。その様式の例を次ページに示しますが，疾病による休業件数，疾病による休業延日数等が明らかとなるものであれば足りるものであり，必ずしもこの様式によらなくてもかまいません。

　疾病休業統計を利用すれば，疾病の防止対策の目標が具体的に数値化できます。たとえば，事業場において腰痛による疾病休業日数率が0.25であるとき，次年度計画としてこれを0.20以下とすることを目標値として盛り込み，対策に取り組み，結果を評価することができます。

第1章
第2章
第3章
第4章
第5章
第6章

休 業 状 況 調（例）　　　　　　令和　　　年　　　月分

氏名	性別	年齢	職種名	本月の休業日数							病休の開始および終了年月日		疾 病 名	病休の終了事由
				疾　病		負　傷		年休	その他	計	開　始年月日	終　了年月日		
				業務上	業務外	業務上	業務外							
	男女							（　）			・・	・・		治ゆ・死亡・退職・その他
	男女							（　）			・・	・・		治ゆ・死亡・退職・その他
	男女							（　）			・・	・・		治ゆ・死亡・退職・その他
	男女							（　）			・・	・・		治ゆ・死亡・退職・その他
	男女							（　）			・・	・・		治ゆ・死亡・退職・その他
	男女							（　）			・・	・・		治ゆ・死亡・退職・その他
	男女							（　）			・・	・・		治ゆ・死亡・退職・その他
	男女							（　）			・・	・・		治ゆ・死亡・退職・その他
	男女							（　）			・・	・・		治ゆ・死亡・退職・その他
	男女							（　）			・・	・・		治ゆ・死亡・退職・その他

備考：年休の欄のカッコ内は，事由が疾病によることが明らかなものについて，その日数を内数として記入すること。

5 救急処置

　事業場においては，労働者の危険や健康障害を防止するため対策に取り組み，また，健康の保持増進をすすめていくことが重要です。しかし，事故や熱中症，労働者の脳・心臓疾患など，救急処置が必要な場面は突然やってきます。

　救急処置に際しては，後述する119番通報（携帯電話からも通話可能）により，通信指令員から指導を受けることもできますので，まずは落ち着いて，二次災害の危険がないか確認したうえで，迅速に行動しましょう。主な手順は以下のとおりですが，消防署等が実施する救命講習では心肺蘇生やAED（自動体外式除細動器）使用など救急処置の実技も実施しているので，受講をおすすめします。

ア　救急処置の主な手順

①　周囲の安全を確認する。

②　傷病者の肩を軽くたたく，大声で呼びかけるなどし，反応（なんらかの返答や目的のある仕草）があるかどうかを確認する。反応があれば当然呼吸もしているし，心臓も動いている（＊）。

（＊）反応や呼吸があった場合，止血，保温，安静（首（頸椎）を負傷している場合は動かしてはならない）など，必要な処置を行う。傷病者から目を離さないようにする。

③　反応がなければ，心肺蘇生を含む一次救命処置（④〜⑨）を行う必要がある。

④　大声で応援を呼ぶ。だれかが来たら，その人に119番通報と，近くにあればAEDの手配を依頼し，自分は救命処置を開始する。周囲に人がいない場合，まず自分で119番通報し，近くにあればAEDを取りに行き，救命処置を開始する。

⑤　呼吸の有無を確認する（10秒以内）。呼吸がなかったり，しゃくりあげるような異常な呼吸（死戦期呼吸）の場合は心停止と判断し，すみやかに胸骨圧迫から心肺蘇生を開始する。判断に迷うときは「呼吸なし」とみなし，すみやかに胸骨圧迫から心肺蘇生を開始する。なお，呼吸の確認時に気道確保を行う必要はない。

⑥　胸骨圧迫は，傷病者の横にひざまずき，「胸の真ん中」（胸骨の下半分）に自分の両手の平を重ね，肘を伸ばし，肩が手の平の真上にくるようにする。1分間に100〜120回，約5cm沈み込むように強く圧迫し，十分に

圧迫を解除する。これを強く，速く，絶え間なく繰り返す。人工呼吸のタイミングや AED 使用時を除き，中断は最低限にする。

⑦　技術と意思があれば，気道を確保し，人工呼吸を行う。この場合，胸骨圧迫 30 回と人工呼吸 2 回を交互に行う。

⑧　胸骨圧迫や人工呼吸は，傷病者がうめき声をあげたり，普段どおりの息をし始めたり，何らかの応答や目的のある仕草（嫌がる等）が見られるまで，あきらめずに続ける。救急隊員が到着しても指示があるまでは中止しない。

⑨　AED が到着したらすみやかに使用する。AED は，電源を入れると，必要な指示の音声メッセージが自動的に流れる仕組みとなっているので，それに従う。AED 使用時も，心電図解析や電気ショックなどやむを得ない場合を除き胸骨圧迫などをできるだけ絶え間なく続ける。

（注）新型コロナウイルス感染症等が流行している状況下では，②の反応の確認や⑤の呼吸の有無の確認の際に，傷病者の顔にあまり近付きすぎないようにする。⑥の胸骨圧迫では，傷病者の鼻や口からのエアロゾル（ウイルスなどを含む微粒子が浮遊した空気）の発生の可能性があるため，ハンカチやタオルなどを傷病者の鼻と口にかぶせる。⑦の人工呼吸は，行わず，胸骨圧迫と AED による電気ショックのみを行う。傷病者を救急隊員に引き継いだあとは，すみやかに石けんと流水で手と顔を十分に洗う。傷病者の口と鼻にかぶせたハンカチやタオルなどは，手で直接触れないようにして廃棄する。

イ　救急処置の効果的実施のために

救急処置については，日頃から，次のようなことに注意する必要があります。

①　救急用具のある場所を明示しておくこと。

②　定期的に救急用具の内容を点検し，常に整備しておくこと。

③　有害物による中毒や酸素欠乏症が発生するおそれのある事業場では，救護用の空気呼吸器や防毒マスク等を備えておくとともに，使用方法につい

て教育・訓練を行うこと。

④ 有害物を取り扱っている事業場では，当該物質の SDS（安全データシート）を備えるとともに，事故の際には医療機関にその情報を伝えること。

⑤ 被災者を搬送する医療機関との連絡は，日頃から心がけておくこと。

⑥ 心肺蘇生や AED の使い方などの救命講習に参加すること。

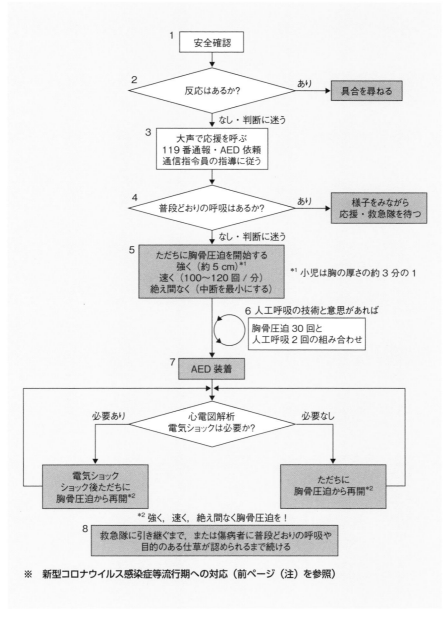

図　一次救命処置の流れ

〔出典：一般社団法人日本蘇生協議会監修「JRC 蘇生ガイドライン 2020」医学書院　2021 年　一部改変〕

第 5 章

安全衛生教育

1 安全衛生教育の方法

● チェックポイント

☑ 労働安全衛生法により，事業者は，①雇入れ時教育，②作業内容変更時教育，③特別教育，④職長等教育，⑤危険有害業務従事者に対する教育，⑥安全衛生業務従事者に対する能力向上教育，⑦健康教育を実施することとされています。

☑ 上記以外でも，個別の行政通達等により，さまざまな教育が示されています。これらの体系は，「安全衛生教育等推進要綱」にまとめられています。

☑ 安全衛生教育計画では，教育ごとに，実施時期やカリキュラム（定められていない場合）を決めておく必要があります。

（1）安全衛生に係る資格者等の養成と社内教育

ア　安全衛生に係る資格者等の養成

　事業場における安全衛生管理においては，労働者を業務に就かせるにあたり，講習や試験を受けさせたり，安全衛生に関する免許を取得させるなどする必要がある場合が少なくありません。

　たとえばフォークリフト運転については，最大荷重 1t 未満のフォークリフトについては特別教育の修了が必要で，1t 以上の場合は技能講習の修了が必要です。この場合，特別教育については，事業者が教育を実施（外部機関で受講させることを含む）することとなっていますが，技能講習については，都道府県労働局に登録されている登録教習機関（労働基準協会や安全衛生団体など）で受講させなければなりません。このように，外部での受講や免許取得の状況についても，事業場での教育実施状況とあわせ，管理していく必要があります。

第1章

第2章

第3章

第4章

第5章

第6章

㊐　免許，技能講習，特別教育など

　　法定の危険有害業務従事者や安全衛生業務従事者（作業主任者など）については，その業務によって，免許の取得や講習の受講が必要になります。たとえば，①動力プレスの金型取替え作業や低圧電気の取扱作業では特別教育修了，②有機溶剤作業主任者やフォークリフト（1t 以上）運転者は技能講習修了，③高圧室内作業主任者や大型のクレーン等の運転者，衛生管理者などは，免許取得が必要となります。

㋑　職長教育

　　労働者を直接指揮・監督する者を法令上「職長」と呼びます。事業場により，主任，マネージャー，班長など，実際の役職名はさまざまです。職長は，安全衛生のキーパーソンとも言われています。建設業，製造業（一部除外あり），電気業，ガス業，自動車整備業，機械修理業の 6 業種では，事業者は職長に教育を実施しなければなりません。

㋒　その他，リスクアセスメントの担当者など向けの教育

　　さまざまな担当者についても，外部の研修を受講させるなどし，確実に知識・技能を修得させることが重要です。危険予知訓練（KYT）トレーナーやメンタルヘルス関係スタッフなどについても，必要に応じ養成研修等を受講させましょう。

イ　事業者が実施する教育

㊐　教育の種類

　　法令上，事業者が実施しなければならない教育は，雇入れ時教育や作業内容変更時教育，特別教育や職長等教育，危険有害業務従事者に対する教育（再教育）や安全衛生業務従事者に対する能力向上教育，健康教育となっています。また，法定教育以外の教育で事業者が実施すべき主なものは次のとおりです（平成 3 年 1 月 21 日付け基発第 39 号，最終改正：平成 31 年 3 月 28 日付け基発 0328 第 28 号別紙「安全衛生教育等推進要綱」より）。

　　①　就業制限業務または特別教育を必要とする危険有害業務に準ずる危険有害業務に初めて従事する者に対する特別教育に準じた教育

　　②　一定年齢に達した労働者に対する高齢時教育

③　安全推進者，職長等に対する能力向上教育に準じた教育

④　作業指揮者に対する指名時の教育

⑤　安全衛生責任者に対する選任時の教育および能力向上教育に準じた教育

⑥　特定自主検査に従事する者に対する能力向上教育に準じた教育

⑦　生産・施工部門の管理者，設計技術者等に対する技術者教育

⑧　経営首脳者に対する安全衛生セミナー

　上記のうち，①の例としては，有機溶剤作業従事者に対する労働衛生教育や携帯丸のこ盤作業者に対する安全教育，④の例としては，荷役作業の指揮者に対する教育や廃棄物焼却施設に係るダイオキシン類作業指揮者に対する教育などがあります。

(イ)　事業者による実施

　雇入れ時教育や，事業場で使用する特殊な機械や個別の作業の手順など現場部門における実務的な内容については，次の①〜②のように事業場にて教育を実施することが望ましいといえます。小規模事業場では，特別教育等の集団教育や職長その他の現場監督者に対する教育を独自で実施することは困難と考えられるため，一般的に共通する知識などについては，③のように，安全衛生団体など外部機関で実施されている研修を受講させるのがよいでしょう。この場合も，受講後，事業場に特有の内容については事業場において教育することが重要です。

①　事業場にて講師を育成し，または安全衛生推進者自身が講師となって実施する。

②　内容の一部または全部について，安全衛生団体などの外部機関に講師を依頼し，事業場にて実施する。

③　労働者に，安全衛生団体などで実施している研修を受講させる。

　なお，雇入れ時教育や特別教育，職長教育などの講師を養成するため，東京および大阪の安全衛生教育センター（中央労働災害防止協会）では，各種インストラクター講座やRST講座を開講しています。

雇入れ時等の教育（労働安全衛生規則第35条）

① 機械等，原材料等の危険性又は有害性及びこれらの取扱い方法に関すること
② 安全装置，有害物抑制装置又は保護具の性能及びこれらの取扱い方法に関すること
③ 作業手順に関すること
④ 作業開始時の点検に関すること
⑤ 当該業務に関して発生するおそれのある疾病の原因及び予防に関すること
⑥ 整理，整頓及び清潔の保持に関すること
⑦ 事故時等における応急措置及び退避に関すること
⑧ ①〜⑦に掲げるもののほか，当該業務に関する安全又は衛生のために必要な事項
（注）衛生推進者の選任が必要な業種（非工業的業種）では，①〜④の教育項目の省略が認められ
　　　ていましたが，令和6年4月1日からこの省略規定は廃止されます。

（2）安全衛生教育の実施計画のたて方

　安全衛生教育は，思いつきや場あたり的にやっても効果がありません。だれに何を教育するかに応じ，具体的な教育内容（カリキュラム）を定め，それに必要な講師の手配や教材の用意などをすることが必要です。

　このため，安全衛生教育についての年間計画をたて，これに基づいて毎月またはそのつどの細部の実行計画を決めることが大切です。また，教育内容が法令等で定められていない場合は，内容についても決めておく必要があります。この計画のたて方は，次のとおりです。

ア　だれを教育するか

　まず，だれを教育するかを定めなければなりません。この教育対象者としては，次の者が挙げられます。

① 新規採用者（臨時に採用する者，季節的に雇用する者などを含む。）
② 作業内容について変更があった者（配置転換者を含む。）
③ 特別の危険有害業務に就く者（アーク溶接の業務，最大荷重1トン未満のフォークリフトの運転の業務，特定粉じん作業に係る業務など）
④ 職長その他の現場監督者
⑤ 一般作業者

イ　何を教えるか

　安全衛生教育がおざなりのものになりがちな原因は，この「何を教えるか」

がはっきりしていないことにあります。教える内容がはっきりしていないために，新規採用者に対しても，現場監督者に対しても，同じようなことを教える結果となりかねないのです。

　労働安全衛生法令により，教育対象ごとの教育事項が明確に定められているものは，これにより行うことが必要です。これらの教育事項は，いずれも教育対象者に何を期待するかを考え，その期待にこたえる活動をするためにはどんな知識を付与すべきかを検討して定められたものですから，それらについてすでに所要の知識をもっている者を除き，そのいずれの事項も省略してはなりません。

　法定の教育以外にも災害が発生したり，法令の改正があった場合には，そのつどだれに対してどのように教えるかを定めることが必要です。たとえば，可搬式の電動工具による感電災害が起きたような場合には，その機会をとらえて職長その他の現場監督者や労働者などに安全教育を行うことが効果的ですが，この場合の教育事項は，感電災害の防止にしぼり，電気のもつ危険性，電気機器の取扱法などを，災害事例や法令を引用しながら教えればよいでしょう。

ウ　何時間教えるか

　「何時間教えるか」ということは，教育対象および教育事項が定まればおの

ずから明らかとなります。危険有害業務に就こうとする者に対する教育や新たにそのポストに就いた職長その他の現場監督者に対する教育のように，法令で教育事項ごとの教育時間が定められているものは，その定めによらなければなりません。

　新規採用者や作業内容の変更があった者については，教育時間は定められていませんが，これは，新しく就こうとする作業あるいは変更された作業の種類によって定められるべきものであるという考え方からです。

エ　いつ教育するか

　教育の種類によっては，おのずから実施の時期が定まるものがあります。たとえば，新規採用者に対する教育は，新規採用者が入社した直後の 4 月，作業内容に変更があった者に対する教育は，作業内容変更の前または直後といったぐあいです。また，熱中症の予防についての教育は，毎年，熱中症が発生しはじめる 6 月よりも前が適当ということになりましょう。

　このように，実施すべき時期が決まっている教育をまず年間の実施計画に組み入れます。そして，他の教育をあいた月に組むようにすれば，おのずから実施計画ができあがることになります。すでにそのポストに就いている職長その他の現場監督者に対する教育などは 1 回の所要時間を短くしても，なるべく回数を多く実施するようにしたいものです。

　安全衛生推進者は，これらの事項について検討を行い，実施計画案をたてて関係者の意見を聴いて，事業者の了解を得て実施することになります。

オ　その他のポイント

　以下の内容は，計画を具体化するために必要な検討事項ですが，計画作成時にあわせて検討しておくことで，よりスムーズに実施することができます。

① 　講師

　講師はその事業場でまかなえる場合もありますが，事業場に適当な人がいない場合には，外部に依頼する必要があります。協力会社の場合には，親企業から派遣してもらうことも可能ですが，そうでない場合には，外部講師の招へいは，中小企業にとって頭の痛い問題です。これについては，業種別あるいは地域別の事業協同組合や災害防止協議会で受講者をとりまとめ，団体内に適任者がいればその人に，団体内にいなければ協議して外部から適任者

を講師として招いて団体主催で行うことも有効な方法です。

　なお，危険有害業務従事者や職長その他の現場監督者に対する安全衛生教育については，中央労働災害防止協会で指導員（インストラクターやRSTトレーナー）の養成を行っていますので，各企業においても適切な人をこの養成研修に参加させて確保を図ることが望まれます。

　事業場内で講師の都合がつく場合でも，あらかじめ関係者が集まって教え方などについて打ち合わせをしておくことが大切です。ある電機関係の工場では，新規採用者を迎える4月の前月に現場監督者を集めて，新規採用者の現場配属後の教育方法について打ち合わせを行い，成果を上げています。

② 教材

　その事業場で身近な事例を引用しながら教材を用意するのが一番よいことはいうまでもありませんが，中小企業などでは，なかなかそうはいきません。そこで，労働災害防止団体などが発行しているテキストを教材として購入することになりますが，この市販の教材のほかに，事業場の事例などをまとめたものを補助教材として使用することをおすすめします。

　また，視聴覚に重点をおいたわかりやすい教育がより効果的であることは論をまちません。動画教材やプレゼンテーションソフトなどは，できるだけ多く準備しておくことが望まれます。安全装置や保護具などの模型や実物もそろえておきたいものです。その事業場内で撮影した不安全行動などについての写真や動画も，大きな教育効果を発揮します。

　中小企業などで教材を準備される場合にも，先ほどの講師の場合と同様，親企業の協力を求めたり，事業協同組合や災害防止協議会を活用したりすることが有効です。

※なお，経験年数の少ない未熟練労働者による労働災害が労働者全体に比べ労働災害発生率が高い状況にあることから，とくに製造業，陸上貨物運送事業，商業，警備業，産業廃棄物処理業向けに，厚生労働省から「未熟練労働者に対する安全衛生教育マニュアル」が公表されています（外国語版もあります）。
https://www.mhlw.go.jp/stf/seisakunitsuite/bunya/0000118557.html

③ 具体的な参加者

　無理なく各職場ごとに参加者を予定することが必要です。参加者は事業活動への影響が最小限度となるように，教育の種類ごとの参加者が決まれば，その間手薄になる職場についての補強策もあわせて検討しておくことが必要

でしょう。教育を受ける人が遠慮しながら職場を出ることのないようにしたいものです。

2 実施計画の具体化

●チェックポイント

☑ 安全衛生教育には，教え方の面から講義方式，視聴覚教育方式，討議方式などが，教育対象者の数の面から集団教育と個別教育があります。

☑ 法定の教育内容・時間などで，形だけの教育を行えばよいというものではありません。さまざまな教育上の留意点を踏まえて教育を実施することが大切です。

☑ 教えたことを日常作業で確実に実施させるためには，教育後のフォローアップが大切です。教育した内容が実施されていない場合は，知らなかったのか，知っていたがやらなかったのか等，原因を把握し，必要な対策や再教育を実施します。

（1）安全衛生教育の方法

　安全衛生教育には，次のような方法があります。だれに何を教育するかに応じ，これらを適宜組み合わせて採用します。一般に講義方式よりも討議方式が，また，集団教育よりも個別教育が効果的であるといわれています。

ア　教え方による種類

　① 講義方式（講師が話をして聞かせる方式）

　② 視聴覚教育方式（動画教材，プレゼンテーションソフト，模型などを見せながら教える方式）

　③ 討議方式（講師が全体の進行を調整し，設定したテーマのもと受講者同士がさまざまな角度から意見を出し合い，安全衛生の考え方を身につけるとともに，集団としての一定の結論をまとめる方式）

イ　教育対象者の数による種類

　① 集団教育（教育対象者をまとめて教える方式，一般に講義方式によって行われる。）

　② 個別教育（マン・ツー・マン方式による教育。新規採用者に対する現場配属後の教育は，職長その他の現場監督者によって，この方式により行わ

れる。いわゆる OJT である。）

ウ　安全衛生教育の実施にあたって留意すべき事柄

　安全衛生教育は，相手にものごとを教えることですから，教えようと思う事項を，わかりやすく，かつ，具体的に示さなければなりません。そして，相手が理解したことを確認しながら先に進むことが必要です。「相手が覚えていないのは，教え方が悪いからかもしれない」と考え，工夫していくことが大切です。以下，安全衛生教育の実施にあたって留意すべき事柄を挙げます。

① 　相手の立場に立って教えること

　教育は，相手が理解してくれてこそ初めて実施したといえるのです。したがって，受講者の理解力にペースを合わせることが必要です。いくら自分がわかっているからといって，速いスピードで講義を進めたり，高度な専門的用語を用いたり，大切な事項を省略したりしてはなりません。

　現場の労働者には，やはり現場向きの表現が最も親しみが持て，理解も早いのです。ときどき受講者に質問をして，自分の話したことがどの程度理解されているかを確かめることを忘れてはなりません。

② 　教育内容は具体的であること

　現場で指導をしているとき，よく，指導者が「落とさないように」や「ていねいに」などと言って教えていることがありますが，このような抽象的な言い方では，教える側には内容がわかっていても，受講者にはさっぱり理解されていないこともあります。

　このような場合には，「両手を品物の底にかけて」，または「油膜がなくな

るまでふきとって」というように具体的に教えることが必要です。それにより，教えた内容が確実に実施されることになるのです。

③　相手側に習おうという意欲を起こさせること

　　受講者に対して，なぜそのことを習う必要があるのか，それは，本人や企業にとって，どんな価値や意味があるのかといったことをよく理解させ，学習に対する意欲を起こさせることが大切です。

④　繰り返して根気よく何回も教えること

　　聞く人は，話の一部しか聞きとらないのが普通です。また，理解してもすぐに実行に移すとは限りません。したがって，同じことを何回も繰り返して教えることが必要です。

　　この場合，同じ教え方を繰り返すことはあまりよいやり方とはいえません。1回は話をして聞かせ，次は映像を見せるというように，いろいろな方法で教えることが大切です。

⑤　やさしいことからむずかしいことへと進めていくこと

　　最初からむずかしい話をすると，相手方の自信と学習意欲を失わせるおそれがあります。まず初めは，相手方が知っているようなやさしいことから始め，相手が理解し，習得しうる程度に合わせて，少しずつ教える内容の程度を高めていくようにすることが，教育のコツです。このようにすると，だれでもその指導についてくることができ，また，相手方に，ある知識を習得できたという喜びを与えることができ，それが励みになって，さらに学習意欲を高めることが期待できます。

⑥　一時に一事，全体から部分への原則を守ること

　　一度に多くのことを教えると，相手方はそれらを整理して身につけることができず，結局，何も教えなかったのと同じ結果になります。時間がかかるようでも，一時に一事ずつ教えていくことが，教えた内容を確実に身につけさせることになるのです。

　　また，いきなり，作業の一断片，一部分を教えられてもなんのためにそれをやるのかがわからず，とまどいがちとなることが多いものです。まず，作業の全体を説明し，それからその部分の指導に入るという手順を踏むことを忘れてはなりません。

⑦　自分で考えさせること

　　自分でいろいろ考えて覚えた知識は，容易に忘れないものです。また，応

用をきかせることもできます。したがって，指導者は，ある事項を説明したら，次には，「こういう場合，あなたはどうするか」という問題を提示し，それについて受講者に考えさせ，討議させるべきです。討議すれば，他の受講者の考えも参考にしながら，自分の考えの足らない部分も知り，その考えを深め解決策を導き出すので，その知識が身につくこととなります。

（2）教育効果の確認

　教えたことが日常作業の中で確実に実施されるためには，教育後のフォローアップが何より大切です。安全衛生推進者や職長その他の現場監督者は，教えたとおりにやっていない労働者を発見したら，直ちにそれが正しくない方法であることを指摘し，是正させなければなりません。あとわずかで終わるからとか，この程度ならいいだろうと安易に妥協してこの是正措置を怠ると，それを黙認したことになり，次回に同様の行為を発見した場合の是正がますます困難になります。

　このような安全衛生上望ましくない行動を発見した場合には，その行動を是正させるにとどまらず，なぜ労働者はそのような行動をとったのであろうかということを細かく検討することが望まれます。

　安全衛生上望ましくない行動であることを知らなかったのであれば，それは安全衛生教育が不十分であることを意味します。知りながらあえてそのような行動をとったのであれば，それは機械設備などに問題があることが考えられます。また，労働者の癖によることもあります。その原因が明らかになれば，それに対する対策が必要となります。

　安全衛生上好ましくない行動の原因が安全衛生教育が不十分であることによる場合には，その機会に関係労働者全員に対し，あらためて教育指導を行うことが望まれます。また，教育内容の不徹底がどこにあったかを謙虚に反省し，次回の安全衛生教育の計画を見直すための材料とします。

3 作業標準等の作成と周知

●チェックポイント

☑ 作業の安全化のためには，安全を組み込んだ作業標準や作業手順書の作成が重要です。各職場で作業標準等が有効に使われているか，確認しましょう。ない場合や有効に使われていない場合は，職長等とともに作業標準等を作成・改善しましょう。

☑ 作業標準等は，職場で共有され実行されていることが重要なため，教育機会を捉え，周知することが必要です。

☑ 作業標準等は，機械の導入や作業方法の変更のほか，一定期間ごとに見直すことが必要です。

（1）作業標準等

　厚生労働省の調査（「労働災害原因要素の分析（平成 25 年　製造業）」）によれば，労働災害が発生した原因として「不安全な行動」があったものが全体の 89.2% にのぼっています（53 ページ参照）。したがって，労働災害の発生を防止するためには，機械設備の安全化，職場環境の改善と並んで，作業の安全化を図ることが重要です。

　作業の安全を確保するには，事前に作業に伴う危険を検討し，安全対策を盛り込んだ作業標準や作業手順書を作成することが必要です。とくに修理・点検等の非定常作業についても作業標準や作業手順書を作成しておくことが大切です。ま

作業標準や作業手順書をみんなで作って活かそう

事故・災害ゼロ

た，定められた手順等については，ツールボックス・ミーティングなどにより十分関係作業者に周知するとともに，作業指揮者を定め，その者の指揮のもとに作業を行うことが必要です。

　作業の手順などを決めて周知することは，教育のみに関わる話ではありませんが，小規模事業場においては一般的事項についての教育は外部機関に任せることが多いため，作業の手順などを周知するうえでも，事業場での実務的な内容の教育が重要となります。

（2）作業標準等の作成

ア　作成の意義

　不安全な作業行動は，作業行動のあるべき姿を示し，これに基づいて作業することによって排除することができます。この作業行動のあるべき姿を示したものが，作業標準や作業手順書（以下，「作業標準等※」という。）と言われているものです。

　安全衛生推進者は，職場において作業標準等が有効に使われているかを確認するとともに，使われていないのであれば，職長その他の現場監督者とともに作業標準等を作成することが必要です。ベテランの労働者は長年の経験で身につけた作業のやり方を最良とする人が少なくありませんが，それが正しい手順にかなっていない場合には，作業標準等を示すことによって容易に説得することができます。

※　作業標準は JIS（日本産業規格）Z 8141 によれば，「製品または部品の各製造工程を対象に，作業条件，作業方法，管理方法，使用材料，使用設備，作業要領などに関する基準を規定したもの」と定義され，作業に必要な人・物・方法や管理の基準を定めたものです。作業標準を作業手順書に比べ，より大まかなものとする考え方もあります。両者を区別するか同一とするかは，会社により，また事業場の規模により，異なっていると思われますが，いずれにしても，作業標準等を一般作業者レベルでの教育に用いる場合には，より詳細で具体的な内容を盛り込むのが適切と言えます。

イ　作成にあたって留意すべき事項

㈦　機械設備の適正化と整理整頓

　作業標準等は，あくまでも適正な機械設備，職場環境および整理整頓された作業場所を前提としたものです。そのため，それに従って正しく作業が行われるためには，まず，機械設備の安全化，職場環境の改善，整理整頓を行うことが必要です。

㈰　作業方式の検討

　作業標準等をつくるには，作業そのものを単純化するなどし，手順を簡素にわかりやすくすることが大切です。たとえば，流れ作業方式を採用したり，機械化したりすることです。ただし，複雑な作業であっても，いくつかの単純作業の集まりでできているわけですから，複雑だから作業標準等がつくれないというわけではありません。

㈱　その事業場の特性や作業に即応したものであること

　たとえば，事業場の広さや使用している機械の種類，労働者の経験年数や人数などの特性は，事業場ごとに異なるものです。また，旋盤作業ひとつとってみても，加工品の種類や加工の方法が異なると，作業の具体的な手順も変わってきます。すなわち，安全衛生関係団体などでつくられた作業標準等のモデルをそのまま使用することはできないのです。これらを参考にして，本当にその事業場の作業内容にぴったり合ったものを事業場自身でつくり出す努力が必要です。

㈲　「よい作業」を進める標準であること

　「よい作業」とは，「安全に」「正しく」「速く」かつ「疲労を少なく」行える作業のことです。いくら速く仕事ができても，品物がダメになったり，あるいは，途中でけが人が出るようでは「よい作業」とはいえません。また，いくらいい品物ができてもやたらに時間がかかったり，非常に疲れたりするようでもいけません。この4つの要因が全てそろうことが必要なのです。

㈹　必要な資格や，作業の急所等を明記すること

　特別教育や技能講習などの修了が必要な作業は，「作業資格者：フォークリフト技能講習修了」などのように明記しておくべきです。また，その作業に関して，絶対にしてはならない行為や，過去に事業場で起きた災害事例を記載したり，個々の作業についての手順書レベルであれば動作の1要素ごとに安全衛生上の急所を記載することで，教育上も効果的になり，より確実な実施が期待できます。

ウ　個々の作業での作成の要領

　まず，作業手順書の対象とする作業を，169～170ページの作業手順書の例のように「手順」（ステップ）に分解しなければなりません。分解が終わったら，その順序はよいか，不要なステップはないかを次の要領により検討します。

①　動作の数はできるだけ少なくすること。このため，ジグ，取付具などの利用を考える。

②　動作の順序を正しくすること。

③　動作から動作への移りには，リズムをもたせること。

④　動作の速度を適正にすること。

⑤　無理のない，楽な姿勢をとること。

⑥　手や足は，無理に伸ばしたり縮めたりせず，自然に動かすようにすること。

⑦　椅子や作業台の高さを個人に合わせ調節すること。

⑧　無駄な力をかけないよう取扱物等の重力を利用すること。

　このようにして動作が整理されたら，この整理された標準のおのおのについて「安全のための急所」を定めなければなりません。

　一般に1つの作業（まとまり作業）は，いくつかの単位作業から成り立っていますから，単位作業ごとにこうした検討を行い，これをまとめると「まとまり作業」としての作業ができあがるわけです。169～170ページに作業手順書の例を2つ示していますが，作業手順書の様式は，事業場で必要な情報が盛り込めるように工夫すればよいでしょう。

　一般に以前から行われている作業については，職長その他の現場監督者が中心となって案を作成し，これを作業標準等作成のための委員会にはかるという形をとります。原案作成の段階で関係作業者の意見を十分聴取すべきことは言うまでもありません。

　新規に行われる作業については，原案の作成がその作業を実施する職場と安全衛生推進者，関係技術者との共同作成となるほかは，既存の作業の場合と同様です。

　ここで問題となるのは，臨時作業などの非定常作業についての作業標準等をどうするかということです。このような非定常作業については，そのつど現場で作業を定めることになりますが，これらの作業も，通常その90%以上は基

作業手順書（例1：フォークリフトによる積込み作業）

作成日時
作成者

作業名	フォークリフトによる積込み			課長	係長	職長
機械・器具	2t フォークリフト					
資格・免許	フォークリフト運転技能講習修了					
保護具	保護帽, 保護手袋, 安全靴着用					
No.	手　順	急　所		理由と条件＊1		
1	荷を点検する	・安定しているか ・品名がよいか ・重量はフォークの性能以内か ・破損箇所はないか		安衛（荷崩れ防止） 成否 成否・安衛 成否		
2	フォークリフトのエンジンをかける	・運転席に左から乗り込んで ・シートベルトを着用して ・走行ギアをニュートラルにして ・サイドブレーキをかけて ・周囲の人と物の安全を確認して		安衛（操作レバーの接触防止）・やりやすさ 安衛（車外への転落防止） 安衛（フォークの急発進の防止） 安衛（急発進の防止） 安衛（人と物への衝突防止）		
3	フォークをパレットに差し込む	・昼夜を問わずにライトを点灯して ・マストを起こして静かに ・パレットの差込み口に合わして ・5秒以上かけて根元まで		安衛（人との衝突防止） 安衛（荷崩れ防止），やりやすさ 成否，やりやすさ 成否・安衛（荷崩れ防止）		
4	フォークを上げる	・パレットが水平になるように ・パレットの下面が 15～20cm の高さになるまで		安衛（荷の落下防止） 安衛（地面に接触防止）		
5	後退して方向転換する	・時速 5km/h 以下で ・マストをいっぱいまで倒して ・ミラーと目視で周囲の人と物の安全を確認して ㊙指		安衛（人と物への衝突防止） 安衛（荷崩れ防止） 安衛（人と物への衝突防止）		
6	積込み場所まで前進する （荷で前が見えないとき）	・時速 10km/h 以下で ・停止線で一旦停止して ・左右を確認して ㊙指 ・誘導者を付けるか後退（5km/h 以下）で		安衛（人と物への衝突防止） 安衛（人と物への衝突防止） 安衛（人と物への衝突防止） 安衛（人と物への衝突防止）		
7	積込み位置に正対停止する	・ブレーキを踏んで ・サイドブレーキをかけて ・走行ギアをニュートラルにして		安衛（人と物への衝突防止），成否 安衛（急発進の防止） 安衛（急発進の防止）		
8	フォークを上げる	・マストを垂直にして ・積込み位置より 20cm 位高く		安衛（荷崩れ防止），やりやすさ 安衛（荷台への衝突防止）		
9	トラックに荷を積込む	・決められた位置までゆっくり前進して ・フォークを徐々に下げながら ・安定を確認して		安衛（荷崩れ防止），成否 安衛（荷崩れ防止），成否 安衛（荷崩れ防止），成否		
10	積荷を確認する	・安定しているか		安衛（荷崩れ防止），成否		
（必要な標識）：フォークリフト作業作業区域立ち入り禁止措置						
（発生しやすい事故・災害） 　①フォークリフトを後退させたとき，歩行中の作業者に激突する 　②フォークを上げ下げ，挿入するとき，荷崩れする 　③前進中に出入り口で作業者に接触する			作成メンバー			

＊1　成否：品質，安衛：安全衛生，やりやすさ：能率　　　　㊙指：指差し呼称

　なお，フォークリフトによる作業を行うときは作業を行う場所の広さ，地形，荷の種類等に適応する作業計画を作成し関係労働者に周知させなければなりません（安衛則第151条の3）。

第1章　第2章　第3章　第4章　第5章　第6章

作業手順書（例2：消火器による消火訓練）

承　認		作成者

年　　月　　日　作成

（作業名）　オイルパンで燃焼中の灯油の消火器による消火作業	（機　械）	
（取扱物・物品名）　ABC 粉末消火器， 　　　　　　　　オイルパン（1m × 2m，高さ30cm）	（保護具）　保護帽，安全靴， 　　　　　　手袋	単独作業 ────── 共同作業
（屋　外）　風（1m/s 程度）	（計　器）	
（工　程）	（工　具）	

No.	主な手順（ステップ）	急　所	理由と条件
1	火災の状況を確認する	①何がどのように燃えているか ②自分たちの手に負えるか	①安衛，成否，やりやすく ②安衛，成否
2	119番通報する	①手に負えそうでも必ず ②そばにだれかいればその者に頼んで	①成否 ②成否，やりやすく
3	消火器を取りにいく	①通路の安全を確認して	①安衛
4	消火器を点検する	①未使用であるか ②火災に適合するか ③損傷・下部腐食等はないか	①成否 ②成否，安衛 ③成否，安衛
5	消火器を運ぶ	①消火器を両手でかかえて ②火元の風上側，3〜5mの位置に	①安衛，やりやすく ②安衛，成否，やりやすく
6	安全栓（黄色のピン）を抜く	①消火器を立てて， ②片手でレバーを押さえ ③右手（利き手）の指で真上に	①成否 ②成否，やりやすく ③成否，やりやすく
7	ホースを外す	①ノズルをしっかり持って	①成否，やりやすく
8	上下のレバーを握る	①ノズルを火の根元に向けて ②もう一方の手で，上下のレバーが着 　くくらい強く	①成否 ②成否
9	消火する	①火元の手前3〜5mの位置から ②火の根元に向けて ③火災の手前から左右に掃くように ④鎮火を確かめながら	①成否，安衛 ②安衛，成否，やりやすく ③安衛，成否，やりやすく ④成否，安衛
10	消火を確認する	①斜め上から（真上を避けて） ②火炎が全く出ていないか	①成否，安衛 ②成否，安衛

（必要な資格）　とくになし（防災管理者などは必要に応じて） （必要な標識）　消火訓練中を知らせる区画設定と表示
（発生しやすい事故・災害）　火傷，転倒，煙・消火剤が目に入る。

（注）成否（品質），安衛（安全衛生），やりやすく（能率）

本作業からできていますので，一つひとつ分析していけば作業標準等を定めることはそれほど困難ではありません。非定常作業では災害が多いことが知られています。その作業標準等もぜひ整備しておくべきでしょう。

　いままで述べたのは，作業標準等のオーソドックスなつくり方ですが，これには時間や手間もかかるため，必ずしもこれにこだわる必要はありません。まずは，その作業について留意すべき事項をまとめたシートをつくり，これを関係労働者に周知するのもひとつの方法です。

（3）作業標準等の周知

　作成された作業標準等を周知徹底し，それにより実行するのは実際に作業を行っている生産現場の一人ひとりの作業者です。全職場の作業について作業標準等を定め，これを間違いなく実施させるのはなまやさしいことではありません。

ア　周知・見直しのための責任体制

　作業標準等は，印刷して関係労働者に配布するとともに，重要な項目は，抜粋して現場に掲示して徹底を図るのがよい方法です。また，新たに雇い入れられた労働者や，異動等で新たにその作業に携わることになった労働者に作業標準等に基づいて訓練を行い，OJT でその励行を図るわけですが，訓練には，職長その他の現場監督者があたるのが普通です。

　作業標準等が励行されるためには，とおりいっぺんの訓練だけでは不十分です。日々の作業のなかで監督と指導とを継続実施することを忘れてはなりません。最近のように機械設備や技術の刷新がはげしいと，一度作成された作業標準等も実情に即さないものとなることがあります。このような状態をそのままにしておくと，安全上問題があるのみならず，労働者の不信を招くことになります。また，機械設備や作業方式に変更が加えられた場合はもちろん，通常の場合でも一定期間ごとにこれを見直す必要があります。

　したがって，安全衛生推進者は作業標準等を周知徹底し，励行・継続するための事業場の責任体制をつくりあげる必要があります。事業場のトップも作業標準等を守り安全に作業を行うことをあらゆる機会で話し，労働者に徹底させることが肝心です。周知徹底のための教育訓練は現場監督者が中心になりますが，その成果は安全衛生推進者が中心となって実際に現場で作業標準等が守られているか評価し，守られていなかったり，問題が認められる場合は再度現場

監督者に再教育・再訓練を求めなければなりません。

イ　教育訓練による周知

　労働安全衛生規則等では，作業標準等，作業方法などの周知について各所で規定されています。

　新規雇い入れ者や作業内容を変更した労働者には必ず作業標準等について教育を行うことが規定されています。産業用ロボットの教示等の作業や化学設備の操作，改造等の作業など危険有害な作業についても同様の規定があります。

　また，作業主任者，職長や作業指揮者の教育事項や職務についても，作業標準等を決定し，労働者を直接指揮すること等が規定されています。

　このように法令においても，作業標準等は労働災害の防止を図るうえで重要視されているのです。

　したがって，安全衛生推進者は，職長などの現場監督者に，作業標準等に係る労働者に対する教育訓練を徹底させなければなりません。ミーティングでとおりいっぺんの説明をするだけでは決して徹底されません。何回も実際に訓練をし，その励行を図る必要があります。

ウ　フォローアップ

　教育や訓練を実施したからといって必ずそれが励行されるとは限りません。日常の作業でのフォローアップが大切です。重要な項目は抜粋して現場に掲示することはもちろん，現場監督者による個別指導を実施させたうえで，その結果については報告を受けるだけでなく現場パトロールなどによって確認するこ

とが必要です。

　また，作業標準等は現場の労働者全員がいつでも確認できるようにしておく必要もあります。労働者同士が相互注意しあえる職場風土をつくり上げていくことも大切です。

　もし違反者がいた場合にはその場で違反事項を指摘して是正させなければなりません。また，監督者はその者がなぜ違反をしたのかその原因を知り，それを正すことに留意することが必要です。そのときは是正したからよいというものではなく，違反が繰り返されるようなことがあってはならないからです。

　守られない原因が作業標準等の欠点や不合理にあるような場合には，関係の機械設備，作業環境などを含めて改善策を検討することも必要となってきます。欠点があって守りにくい作業標準等をそのままにしておくと，安全衛生上の問題が残るだけでなく，他の作業標準等も守られなくなっていき，職場の規律にも悪い影響を与えることになります。

第1章
第2章
第3章
第4章
第5章
第6章

関係法令

1　主要関係法令と基本知識

（1）関係法令を学ぶ前に

　法令とは，法律とそれに関係する政令，省令，告示等を含めた総称です。

　労働安全衛生法等は，過去に発生した多くの労働災害の貴重な教訓のうえに成り立っているもので，今後どのようにすればその労働災害が防げるかを示しています。労働安全衛生法等を理解し，守るということは，単に法令遵守ということだけではなく，労働災害を具体的にどのように防止したらよいかを知り，実行することでもあるのです。

ア　法令と法律

　国が企業や国民にその履行，遵守を強制するものが法律です。しかし，法律の条文だけでは，具体的に何をしなければならないかはよくわかりません。法律には，何をしなければならないか，その基本的，根本的なことのみが書かれ，それが守られないときにはどれだけの処罰を受けるかが明らかにされています。その対象は何か，具体的に行うべきことは何かについては，政令や省令等で明らかにされています。そのため，法律を理解するためには，政令，省令を含めた関係法令として理解する必要があります。

- ・法律　国会が定めるもの。国が企業や国民に履行・遵守を強制するもの。
- ・政令　内閣が制定する命令。一般に○○法施行令という名称である。
- ・省令　各省の大臣が制定する命令。○○法施行規則や○○規則。
- ・告示／公示　一定の事項を法令に基づき広く知らせるためのもの。

イ　通達，解釈例規

　通達は，法令の適正な運営のために，行政内部で発出される文書のことをい

第1章

第2章

第3章

第4章

第5章

第6章

い，これには2つの種類があります。ひとつは，解釈例規といわれるもので，行政として所管する法令の具体的判断や取扱基準を示すものです。もうひとつは，法令の施行の際の留意点や考え方等を示したものです。通達は，番号（基発第○○号など）と年月日で区別されます。

　法律に定められたことを守るということ，すなわち法令遵守のためには，労働安全衛生法などの法律だけではなく，具体的に実施すべき内容についても理解することが必要で，そのためには，法律から政令，省令，告示，公示まで理解する必要があります。さらに，行政内部の文書である通達（行政通達）についても理解しておくことが望まれます。

（2）主要関係法令の体系

ア　労働安全に関する法令

　「労働安全衛生法」（法律）のもと，「労働安全衛生法施行令」等の「政令」があり，さらに「労働安全衛生規則」や「クレーン等安全規則」といった「（厚生労働）省令」があります。

イ　労働衛生に関する法令

　「労働安全衛生法」（法律）のもと，「労働安全衛生法施行令」等の「政令」があり，さらに「労働安全衛生規則」や「有機溶剤中毒予防規則」といった「（厚生労働）省令」があります。

　また，労働衛生関係では，労働安全衛生法のほかに，「作業環境測定法」や「じん肺法」などの法律があります。

ウ　その他

　「労働基準法」やそれに基づく規則（省令）などにも，安全衛生管理上も重要な規定は少なくありません。たとえば，「年少者労働基準規則」第7条および第8条において，満18歳未満の者に対する重量物を取り扱う業務や危険有害業務への就業制限が規定されています。このほか，「労働者派遣事業の適正な運営の確保及び派遣労働者の保護等に関する法律」（労働者派遣法）などにも安全衛生に関する規定があります。

（1）労働安全に関する法令

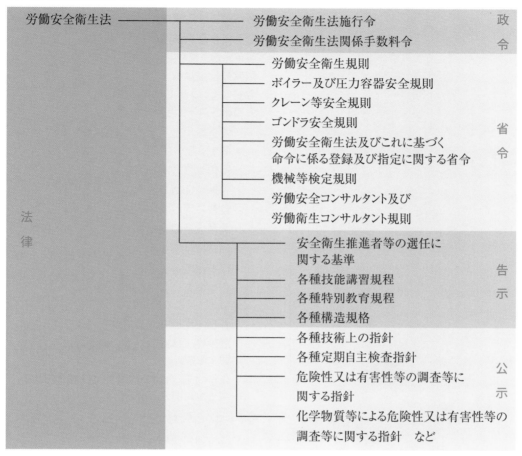

（2）労働衛生に関する法令

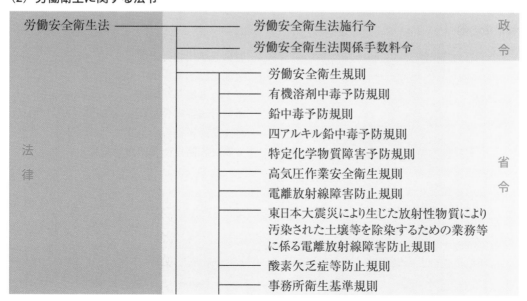

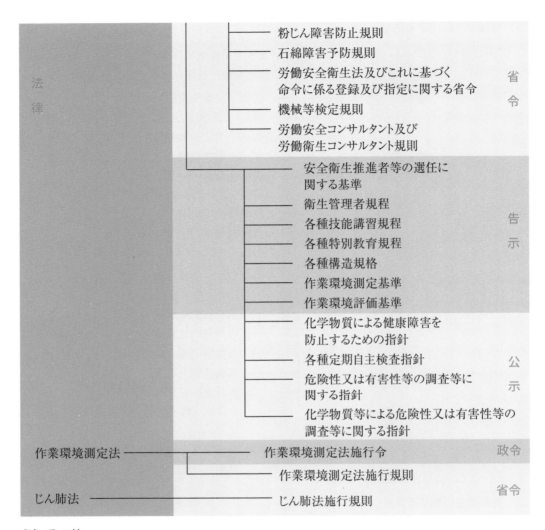

（3）その他

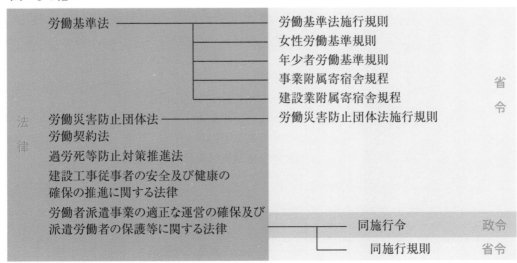

2　労働安全衛生法の概要

（1）総則（第1条〜第5条）

　この法律の目的，法律に出てくる用語の定義，事業者の責務，労働者の協力等について定めています。

（目的）
第1条　この法律は，労働基準法（昭和22年法律第49号）と相まつて，労働災害の防止のための危害防止基準の確立，責任体制の明確化及び自主的活動の促進の措置を講ずる等その防止に関する総合的計画的な対策を推進することにより職場における労働者の安全と健康を確保するとともに，快適な職場環境の形成を促進することを目的とする。

　労働安全衛生法は，昭和47年に従来の労働基準法（労基法）の第5章「安全及び衛生」を分離独立させて制定されたものです。本条は，労基法の賃金，労働時間，休日などの一般的労働条件が労働災害と密接な関係があるため，労働安全衛生法と労基法は一体的な運用が図られる必要があることを明確にしながら，労働災害防止の目的を宣言したものです。

【労働基準法】
　第42条　労働者の安全及び衛生に関しては，労働安全衛生法（昭和47年法律第57号）の定めるところによる。

参考　労働安全衛生法を読む

　法律の条文そのものに一度は目を通しておくことも大切ですが，具体的な事項は政令や省令で定めている場合も多く，読みこなしには慣れが必要です。なお，法律や政令・省令のほか，一部の通達などについても，以下のホームページで内容が確認できます。

○　電子政府の総合窓口（e-Gov）法令データ提供システム
　　https://elaws.e-gov.go.jp/search/elawsSearch/elaws_search/lsg0100/
○　厚生労働省法令等データベースサービス　https://www.mhlw.go.jp/hourei/
○　中央労働災害防止協会　安全衛生情報センター　https://www.jaish.gr.jp/

（定義）
第2条　この法律において，次の各号に掲げる用語の意義は，それぞれ当該各号に定めるところによる。
　1　労働災害　労働者の就業に係る建設物，設備，原材料，ガス，蒸気，粉じん等により，又は作業行動その他業務に起因して，労働者が負傷し，疾病にかかり，又は死亡することをいう。
　2　労働者　労働基準法第9条に規定する労働者（同居の親族のみを使用する事業又は事務所に使用される者及び家事使用人を除く。）をいう。
　3　事業者　事業を行う者で，労働者を使用するものをいう。
　3の2　化学物質　元素及び化合物をいう。
　4　作業環境測定　作業環境の実態をは握するため空気環境その他の作業環境について行うデザイン，サンプリング及び分析（解析を含む。）をいう。

　労働安全衛生法の「労働者」の定義は，労基法と同じです。すなわち，職業の種類を問わず，事業または事業所に使用されるもので，賃金を支払われる者です。

　労働安全衛生法の「事業者」は，法人企業では法人そのもの，個人企業では個人経営者を意味しています。

（事業者等の責務）
第3条　事業者は，単にこの法律で定める労働災害の防止のための最低基準を守るだけでなく，快適な職場環境の実現と労働条件の改善を通じて職場における労働者の安全と健康を確保するようにしなければならない。また，事業者は，国が実施する労働災害の防止に関する施策に協力するようにしなければならない。
②　機械，器具その他の設備を設計し，製造し，若しくは輸入する者，原材料を製造し，若しくは輸入する者又は建設物を建設し，若しくは設計する者は，これらの物の設計，製造，輸入又は建設に際して，これらの物が使用されることによる労働災害の発生の防止に資するように努めなければならない。
③　建設工事の注文者等仕事を他人に請け負わせる者は，施工方法，工期等について，安全で衛生的な作業の遂行をそこなうおそれのある条件を附さないように配慮しなければならない。

　第1項は，第2条で定義された「事業者」，すなわち「事業を行う者で，労働者を使用するもの」の責務として，自社の労働者について法定の最低基準を遵守するだけでなく，積極的に労働者の安全と健康を確保する施策を講ずべきことを規定し，第2項は，製造した機械，輸入した機械，建設物などについて，それぞれの者に，それらを使用することによる労働災害防止の努力義務を課しています。さらに第3項は，建設工事の注文者などに施工方法や工期等で安全や衛生に配慮した条件で発注することを求めたものです。

> 第4条　労働者は，労働災害を防止するため必要な事項を守るほか，事業者その他の関係者が実施する労働災害の防止に関する措置に協力するように努めなければならない。

第4条では，当然のことですが，労働者もそれぞれの立場で，労働災害の発生の防止のために必要な事項を守るほか，作業主任者の指揮に従う，保護具の使用を命じられた場合には使用するなど，事業者が実施する措置に協力するよう努めなければならないことを定めています。

（2）労働災害防止計画の策定等（第6条～第9条）

厚生労働大臣は，労働災害の防止に関し重要な事項を定めた労働災害防止計画を策定して公表しなければなりません。さらに厚生労働大臣は，同計画の実施のために必要な勧告または要請をすることができることとされています。

（3）安全衛生管理体制

ア　総括安全衛生管理者（第10条）

事業者は，一定の規模の事業場ごとに総括安全衛生管理者を選任し，その者に安全管理者，衛生管理者等の指揮をさせるとともに，次の業務を統括管理させなければなりません（13ページの表参照）。

① 労働者の危険または健康障害を防止するための措置に関すること。

② 労働者の安全または衛生のための教育の実施に関すること。

③ 健康診断の実施その他健康の保持増進のための措置に関すること。

④ 労働災害の原因の調査および再発防止対策に関すること。

⑤ その他労働災害を防止するため必要な業務に関すること。

なお，必要な業務としては，

・安全衛生に関する方針の表明に関すること。

・法第28条の2第1項または第57条の3第1項および第2項の危険性または有害性等の調査およびその結果に基づき講ずる措置に関すること。

・安全衛生に関する計画の作成，実施，評価および改善に関すること。

があります（労働安全衛生規則第3条の2）。

総括安全衛生管理者は，当該事業場においてその事業の実施を統括管理する者をもって充てなければなりません。

都道府県労働局長は，労働災害を防止するため必要があると認めるときは，

第1章
第2章
第3章
第4章
第5章
第6章

総括安全衛生管理者の業務の執行について事業者に勧告することができるとされています。

イ　安全管理者（第 11 条）

事業者は，一定の業種および規模の事業場ごとに，安全管理者を選任し，その者に総括安全衛生管理者の業務のうち安全に係る技術的事項（実務）を管理させなければなりません（13 ページの表参照）。

安全管理者については，その資格要件として厚生労働大臣が定める安全管理者選任時研修の修了等一定の要件が必要です。

ウ　衛生管理者（第 12 条）

事業者は，一定の規模の事業場ごとに，一定の資格を有する者のうちから衛生管理者を選任し，その者に総括安全衛生管理者の業務のうち衛生に係る技術的事項（実務）を管理させなければなりません（13 ページの表参照）。

エ　安全衛生推進者等（第 12 条の 2）

事業者は，安全管理者・衛生管理者を選任すべき事業場以外の事業場で，一定の業種および規模の事業場ごとに安全衛生推進者（または一定の業種にあっては衛生推進者）を選任し，その者に第 10 条第 1 項各号の業務（衛生推進者にあっては衛生に係る業務）を担当させなければなりません。

① 安全衛生推進者等を選任すべき事業場は常時 10 人以上 50 人未満の労働者を使用する事業場です（安衛則第 12 条の 2）。

② 安全衛生推進者等は，都道府県労働局長の登録を受けた者が行う講習を修了した者，その他第 10 条第 1 項各号の業務を担当するため必要な能力を有すると認められる者のうちから，選任すべき事由が発生したときから 14 日以内に選任し，選任後は氏名を作業場に掲示等し，労働者に周知させなければなりません（安衛則第 12 条の 3，第 12 条の 4）。

オ　産業医等（第 13 条〜第 13 条の 3）

① 事業者は，一定の規模の事業場ごとに，労働者の健康管理等に必要な医学に関する知識について一定の要件を備えた医師のうちから，産業医を選任し，健康管理等を行わせなければなりません（13 ページの表参照）。

②　①以外の労働者50人未満の事業場では，労働者の健康管理等についての必要な医学に関する知識を有する医師等に全部または一部を行わせるように努めなければなりません。なお，厚生労働省は労働者の健康管理等に係る業務についての相談，情報提供等の必要な援助の事業（産業保健総合支援センターおよび地域窓口（地域産業保健センター））を行っています。

③　産業医を選任した事業者は，産業医に対し，労働者の労働時間に関する情報などの産業医が労働者の健康管理等を行うために必要な情報を提供しなければなりません。

④　産業医は，労働者の健康を確保するために必要があると認めるときは，事業者に対し，労働者の健康管理について必要な勧告をすることができ，事業者は，その勧告の内容を衛生委員会または安全衛生委員会に報告しなければなりません。

カ　作業主任者（第14条）

事業者は，労働災害を防止するための管理を必要とする一定の作業については所定の資格をもつ者のうちから作業主任者を選任し，その者に当該作業に従事する労働者の指揮その他の事項を行わせなければなりません。

作業主任者を選任すべき作業については247ページの表を参照。

キ　安全委員会等（第17条～第19条）

一定の業種・規模の事業場では，労働災害防止の基本となるべき対策に関すること等の重要事項について調査・審議させ，事業者に対し意見を述べるため安全委員会または衛生委員会を設けなければなりません。両者を設置しなければならないときは，両者をあわせて安全衛生委員会とすることができます。

＜関係労働者の意見の聴取＞

委員会を設けている事業者以外の事業者は，安全または衛生に関する事項について，関係労働者の意見を聴くための機会を設けるようにしなければならないこととされています（安衛則第23条の2）。

ク　安全管理者等に対する教育等（第19条の2）

> （安全管理者等に対する教育等）
> 第19条の2　事業者は，事業場における安全衛生の水準の向上を図るため，安全管理者，衛生管理者，安全衛生推進者，衛生推進者その他労働災害の防止のための業務に従事する者に対し，これらの者が従事する業務に関する能力の向上を図るための教育，講習等を行い，又はこれらを受ける機会を与えるように努めなければならない。
> ②　厚生労働大臣は，前項の教育，講習等の適切かつ有効な実施を図るため必要な指針を公表するものとする。
> ③　厚生労働大臣は，前項の指針に従い，事業者又はその団体に対し，必要な指導等を行うことができる。

　事業者は，安全衛生水準の向上を図るため，安全衛生業務従事者に対し，能力向上を図るための教育等を行い，またはこれらを受ける機会を与えるように努めなければなりません。第2項に基づき，「労働災害の防止のための業務に従事する者に対する能力向上教育に関する指針」が公表されています。この指針には，安全管理者，作業主任者等に対する定期または随時の能力向上教育のほか，選任時の講習修了ではなく職歴や資格の要件によって選任された安全衛生推進者，衛生推進者等向けの，初任時の能力向上教育についても示されています。

　なお，安全管理者については，選任時に教育を行わなければなりません。

（4）労働者の危険または健康障害を防止するための措置

ア　事業者の講ずべき措置等（第20条～第25条の2）

> （事業者の講ずべき措置等）
> 第20条　事業者は，次の危険を防止するため必要な措置を講じなければならない。
> 　1　機械，器具その他の設備（以下「機械等」という。）による危険
> 　2　爆発性の物，発火性の物，引火性の物等による危険
> 　3　電気，熱その他のエネルギーによる危険
> 第21条　事業者は，掘削，採石，荷役，伐木等の業務における作業方法から生ずる危険を防止するため必要な措置を講じなければならない。
> ②　事業者は，労働者が墜落するおそれのある場所，土砂等が崩壊するおそれのある場所等に係る危険を防止するため必要な措置を講じなければならない。
> 第22条　事業者は，次の健康障害を防止するため必要な措置を講じなければならない。
> 　1　原材料，ガス，蒸気，粉じん，酸素欠乏空気，病原体等による健康障害
> 　2　放射線，高温，低温，超音波，騒音，振動，異常気圧等による健康障害
> 　3　計器監視，精密工作等の作業による健康障害
> 　4　排気，排液又は残さい物による健康障害

> 第23条　事業者は，労働者を就業させる建設物その他の作業場について，通路，床面，階段等の保全並びに換気，採光，照明，保温，防湿，休養，避難及び清潔に必要な措置その他労働者の健康，風紀及び生命の保持のため必要な措置を講じなければならない。
> 第24条　事業者は，労働者の作業行動から生ずる労働災害を防止するため必要な措置を講じなければならない。

　労働災害防止の基礎となる，危害防止基準を定めたもので，これらに基づき，労働安全衛生規則の第2編「安全基準」，第3編「衛生基準」，また有機溶剤中毒予防規則等の各省令における措置が規定されています。

　また，事業者は，急迫した危険があるときは，作業の中止，退避等必要な措置をとるとともに，建設業の特定工事における爆発・火災時の救護時における災害防止のため必要な措置を講じなければならないこととされています（第25条，第25条の2）。

イ　労働者の遵守事項等（第26条，第27条）

　労働者は，事業者が第20条から第25条の2までの規定に基づいて講ずる措置に応じて，必要な事項を守らなければなりません。

　事業者が講ずべき措置や労働者が守らなければならない事項は，労働安全衛生規則，クレーン等安全規則等の省令に具体的に定められています。

ウ　技術上の指針等の公表等（第28条）

　厚生労働大臣は，この法律の規定により事業者が講ずべき措置の適切かつ有効な実施を図るため必要な業種または作業ごとの技術上の指針を公表することとしています。なお，技術上の指針を定める場合には，中高年齢者にとくに配慮するものとされています。

　また，厚生労働大臣は，化学物質で，がんその他の重度の健康障害を労働者に生ずるおそれのあるもの等を製造または取り扱う事業者が労働者の健康障害を防止するための指針を公表することとしており，この規定に基づき，「労働安全衛生法第28条第3項の規定に基づき厚生労働大臣が定める化学物質による健康障害を防止するための指針」（がん原性指針）が公表されています。

第1章
第2章
第3章
第4章
第5章
第6章

185

エ　事業者の行うべき調査等（リスクアセスメント）（第28条の2）

（事業者の行うべき調査等）

第28条の2　事業者は，厚生労働省令で定めるところにより，建設物，設備，原材料，ガス，蒸気，粉じん等による，又は作業行動その他業務に起因する危険性又は有害性等（第57条第1項の政令で定める物及び第57条の2第1項に規定する通知対象物による危険性又は有害性等を除く。）を調査し，その結果に基づいて，この法律又はこれに基づく命令の規定による措置を講ずるほか，労働者の危険又は健康障害を防止するため必要な措置を講ずるように努めなければならない。ただし，当該調査のうち，化学物質，化学物質を含有する製剤その他の物で労働者の危険又は健康障害を生ずるおそれのあるものに係るもの以外のものについては，製造業その他厚生労働省令で定める業種に属する事業者に限る。

②　厚生労働大臣は，前条第1項及び第3項に定めるもののほか，前項の措置に関して，その適切かつ有効な実施を図るため必要な指針を公表するものとする。

③　厚生労働大臣は，前項の指針に従い，事業者又はその団体に対し，必要な指導，援助等を行うことができる。

　　事業者は，リスクアセスメントを実施し，その結果に基づいて，法令上の措置を講ずるほか，労働者の危険または健康障害を防止するため必要な措置を講ずるように努めなければなりません。ただし，当該調査のうち，化学物質，化学物質を含有する製剤その他の物で労働者の危険または健康障害を生ずるおそれのあるものに係るもの以外のものについては，安全管理者または安全衛生推進者の選任を要する業種に属する事業者に限ります。第2項に基づき，「危険性又は有害性等の調査等に関する指針」が公表されており，さらに同指針を踏まえ，詳細な指針として，機械安全に関する指針として，行政通達「機械の包括的な安全基準に関する指針」が出されています。

　　なお，化学物質のうち同法第57条第1項の政令で定める物および第57条の2第1項に規定する容器等に表示義務のある対象物および通知対象物による危険性または有害性の調査（化学物質リスクアセスメント）は，第57条の3に基づき義務化されています。

オ　化学設備等の注文者の講ずべき措置（第31条の2）

　　化学物質，化学物質を含有する製剤その他の物を製造し，または取り扱う設備で政令で定めるものの改造その他の厚生労働省令で定める作業に係る仕事の注文者は，当該物について，請負人の労働者の労働災害を防止するため必要な措置（当該作業において注意すべき事項等を記載した文書の交付）を講じなけ

ればなりません。

カ 重量表示（第35条）

　重量1トン以上の包装されたものを一の貨物で発送する者は，見やすく，容易に消滅しない方法でその貨物に重量表示をしなければなりません。

（5）機械等および危険物・有害物に関する規制

ア 製造の許可，製造時等検査等（第37条～第41条）

　特定機械等（ボイラーその他とくに危険な作業を必要とする機械等）（253ページ参照）を製造しようとする者は，あらかじめ，都道府県労働局長の許可を受けなければなりません。さらに，特定機械等を製造した者，設置した者，変更した者などは，特定機械等の種類，必要な検査の種類に応じ，都道府県労働局長，労働基準監督署長または登録検査機関の検査を受けなければならないこととされています。

　これらの検査（変更によるもの等を除く。）に合格すれば検査証が交付されます。検査証を受けていない特定機械等は使用してはなりません。特定機械等の設置後は定期に登録検査機関等の検査を受けなければなりません。

イ 譲渡等の制限等および定期自主検査（第42条～第45条）

① 特定機械等以外の機械等で，危険・有害な作業を必要とするもの，危険な場所において使用するもの，危険もしくは健康障害を防止するために使用するものは，厚生労働大臣が定める規格または安全装置を具備しなければ譲渡し，貸与し，または設置してはならないことになっています。

② 厚生労働大臣が定める規格または安全装置を具備すべき機械等について定めています。

③ ②の機械等のうち一定のものを製造または輸入した者は，厚生労働大臣の登録を受けた者が行う個別検定または型式検定を受けなければなりません（253ページ参照）。

④ 事業者は，一定の機械等については，定期に自主検査を行い，その結果を記録しておく必要があります（252ページ参照）。動力プレスなど一定の機械等については特定自主検査として，一定の資格を有する者が行わなければなりません。

ウ　危険物および有害物に関する規制（第 55 条～第 57 条の 5）

①　有害物の製造等の禁止（第 55 条）

黄りんマッチ，ベンジジン，4-アミノジフェニル，石綿，4-ニトロジフェニル，ビス（クロロメチル）エーテル，ベータ-ナフチルアミン，ベンゼンを含有するゴムのりの 8 種類の物質など，人に対して強い発がん性がある等労働者に重度の健康障害を生じる物質は，製造，輸入，使用などが禁止されています。

② 　有害物の製造の許可（第 56 条）

ジクロルベンジジン，アルファ-ナフチルアミン，塩素化ビフェニル，オルト-トリジン，ジアニシジン，ベリリウム，ベンゾトリクロリドの 7 種類の物質などは，必ずしも人に対して強い発がん性があるとまではいえませんが，それに近い健康障害を生ずるおそれがあります。これらの 7 物質などの製造については，厚生労働大臣の許可が必要です。この許可は，あらかじめ定められた製造設備，作業方法などの基準に適合しないと受けることができません。

③ 　名称等の表示（第 57 条）

製造許可を必要とする 7 物質などのほか，爆発性・発火性・引火性の物，ベンゼンなど労働者に危険または健康障害を生じるおそれのある物質と，これらを一定の含有率で含む混合物については，譲渡または提供に際し，名称，人体に及ぼす作用，貯蔵または取扱い上の注意・表示をする者の氏名（名称），住所，電話番号，注意喚起語，安定性および反応性，JIS Z 7253 に定める絵表示を表示しなければなりません。

表示が義務付けられる物質は，下記の④の「通知対象物」全般となっています。また，危険物などを除き，運搬中および貯蔵中において固体以外の状態にならず，かつ，粉状にならない物は表示の対象から除かれています。

④ 　名称等に関する文書の交付（第 57 条の 2）

製造許可を要する 7 物質などのほか，安衛令の別表第 9 に掲げられた化学物質（通知対象物）と，これらを一定の含有率で含む混合物を譲渡したり，提供したりする際は，名称，成分および含有量，物理的・化学的性質，人体に及ぼす作用，取扱い上の注意などを，文書（安全データシート（SDS）等）の交付などの方法により，提供する相手に通知しなければなりません。

⑤　表示義務の対象物および通知対象物について事業者の行うべき調査等（第57条の3）

> （第57条第1項の政令で定める物及び通知対象物について事業者が行うべき調査等）
> **第57条の3**　事業者は，厚生労働省令で定めるところにより，第57条第1項の政令で定める物及び通知対象物による危険性又は有害性等を調査しなければならない。
> ②　事業者は，前項の調査の結果に基づいて，この法律又はこれに基づく命令の規定による措置を講ずるほか，労働者の危険又は健康障害を防止するため必要な措置を講ずるように努めなければならない。
> ③　厚生労働大臣は，第28条第1項及び第3項に定めるもののほか，前二項の措置に関して，その適切かつ有効な実施を図るため必要な指針を公表するものとする。
> ④　厚生労働大臣は，前項の指針に従い，事業者又はその団体に対し，必要な指導，援助等を行うことができる。

　事業者は第57条第1項の政令で定める物および第57条の2第1項に規定する容器等に表示義務のある対象物および通知対象物による危険性または有害性を調査しなければなりません（化学物質リスクアセスメント）。また，その結果に基づいて，法令上の措置を講じるほか，労働者の危険または健康障害を防止するために必要な措置を講じるよう努めなければなりません。なお，第3項の規定に基づき，「化学物質等による危険性又は有害性等の調査等に関する指針」が公表されています。

⑥　労働者がリスクアセスメント対象物にばく露される程度を，以下の方法等で最小限度にしなければなりません。

　i　代替物等を使用する

 ⅱ 発散源を密閉する設備，局所排気装置または全体換気装置を設置し，稼働する

 ⅲ 作業の方法を改善する

 ⅳ 有効な呼吸用保護具を使用する

⑦ 令和6年4月1日から，以下の者を選任しなければなりません。

 ⅰ リスクアセスメント対象物を製造，取扱い，または譲渡提供をする事業場（業種・規模要件なし）では，化学物質管理者

 ⅱ リスクアセスメントに基づく措置として労働者に保護具を使用させる事業場では，保護具着用管理責任者

（6）労働者の就業にあたっての措置

ア　安全衛生教育（第59条）

（安全衛生教育）

第59条　事業者は，労働者を雇い入れたときは，当該労働者に対し，厚生労働省令で定めるところにより，その従事する業務に関する安全又は衛生のための教育を行なわなければならない。

②　前項の規定は，労働者の作業内容を変更したときについて準用する。

③　事業者は，危険又は有害な業務で，厚生労働省令で定めるものに労働者をつかせるときは，厚生労働省令で定めるところにより，当該業務に関する安全又は衛生のための特別の教育を行なわなければならない。

 事業者は，労働者を雇い入れたときや労働者の作業内容を変更したときは，その従事する業務に関する安全または衛生のための教育を行わなければなりません。なお，雇入時等の教育のうち，特定の業種で一部教育項目の省略が認められていた規定が令和6年4月1日から廃止されます。危険性・有害性のある化学物質を製造し，または取り扱う全ての事業場で，化学物質の安全衛生に関する必要な教育を行わなければなりません。また，危険または有害な業務で一定の業務に労働者を就かせるときは，当該業務に関する安全または衛生のための法定のカリキュラムによる特別の教育を行う必要があります（特別教育の一覧は242ページ参照）。

イ 職長教育及び危険有害業務従事者教育（第60条，第60条の2）

第60条 事業者は，その事業場の業種が政令で定めるものに該当するときは，新たに職務につくこととなつた職長その他の作業中の労働者を直接指導又は監督する者（作業主任者を除く。）に対し，次の事項について，厚生労働省令で定めるところにより，安全又は衛生のための教育を行なわなければならない。
1 作業方法の決定及び労働者の配置に関すること。
2 労働者に対する指導又は監督の方法に関すること。
3 前二号に掲げるもののほか，労働災害を防止するため必要な事項で，厚生労働省令で定めるもの

第60条の2 事業者は，前二条に定めるもののほか，その事業場における安全衛生の水準の向上を図るため，危険又は有害な業務に現に就いている者に対し，その従事する業務に関する安全又は衛生のための教育を行うように努めなければならない。
② 厚生労働大臣は，前項の教育の適切かつ有効な実施を図るため必要な指針を公表するものとする。
③ 厚生労働大臣は，前項の指針に従い，事業者又はその団体に対し，必要な指導等を行うことができる。

　事業者は，製造業，建設業等一定の業種において新たに職務に就くことになった職長などに対し，作業方法の決定，労働者の監督指導の方法などについて，安全または衛生の教育を行う必要があります（職長教育）。

　さらに，危険または有害な業務に現に就いている者に対し，その従事する業務に関する安全または衛生のための教育を行うよう努めなければなりません。なお，第60条の2第2項の規定に基づき，「危険又は有害な業務に現に就いている者に対する安全衛生教育に関する指針」が公表されています。この指針では，免許や技能講習修了が必要な建設機械や荷役車両の運転者，特別教育や特別教育に準じた教育の受講が必要な業務従事者などの危険有害業務従事者に対する教育（再教育）が示されています。

ウ 就業制限（第61条）

　事業者は，クレーンの運転等一定の業務には，都道府県労働局長の免許を受けた者または登録教習機関などの行う技能講習を修了した者などの資格を有するものでなければ就かせてはならないこととされています（就業制限に係る業務一覧は246ページに掲載）。

エ　中高年齢者等についての配慮（第62条）

　　事業者は，中高年齢者その他労働災害の防止上その就業にあたってとくに配慮を必要とする者については，これらの者の心身の条件に応じて適正な配置を行うよう努めなければなりません。

（7）　健康の保持増進のための措置

ア　作業環境測定（第65条～第65条の2）

（作業環境測定）

第65条　事業者は，有害な業務を行う屋内作業場その他の作業場で，政令で定めるものについて，厚生労働省令で定めるところにより，必要な作業環境測定を行い，及びその結果を記録しておかなければならない。

②　前項の規定による作業環境測定は，厚生労働大臣の定める作業環境測定基準に従つて行わなければならない。

③～⑤　略

（作業環境測定の結果の評価等）

第65条の2　事業者は，前条第1項又は第5項の規定による作業環境測定の結果の評価に基づいて，労働者の健康を保持するため必要があると認められるときは，厚生労働省令で定めるところにより，施設又は設備の設置又は整備，健康診断の実施その他の適切な措置を講じなければならない。

②　事業者は，前項の評価を行うに当たつては，厚生労働省令で定めるところにより，厚生労働大臣の定める作業環境評価基準に従つて行わなければならない。

③　略

　　事業者は，粉じんを著しく発散するなどの有害な業務を行う一定の屋内作業場等で，作業環境測定基準に従って必要な作業環境測定を行い，その結果を記録しておかなければなりません。なお，都道府県労働局長は，労働者の健康を保持する必要があると認めたときは，事業者に対し作業環境測定の実施等を指示することができることとされています。

　　測定の結果，事業者は，労働者の健康を保持する必要があると認められるときは，施設等の整備，健康診断の実施等適切な措置を講じなければなりません。

イ　作業の管理および作業時間（第65条の3～第65条の4）

　　事業者は，労働者の健康に配慮し，作業の適切な管理を行う必要があります。また，健康障害の生じるおそれのある一定の業務については，作業時間の基準に違反して従事させてはなりません。

ウ　健康診断等（第66条〜第66条の7）

> （健康診断）
> 第66条　事業者は，労働者に対し，厚生労働省令で定めるところにより，医師による健康診断（第66条の10第1項に規定する検査を除く。以下この条及び次条において同じ。）を行わなければならない。
> ②　事業者は，有害な業務で，政令で定めるものに従事する労働者に対し，厚生労働省令で定めるところにより，医師による特別の項目についての健康診断を行なわなければならない。有害な業務で，政令で定めるものに従事させたことのある労働者で，現に使用しているものについても，同様とする。
> ③　事業者は，有害な業務で，政令で定めるものに従事する労働者に対し，厚生労働省令で定めるところにより，歯科医師による健康診断を行なわなければならない。
> ④・⑤　略

　事業者は，労働者に対し，雇入れ時や定期に健康診断を行う必要があります。また，有害物質や有害放射線にさらされる等の有害業務従事者に対する特殊健康診断，海外派遣労働者への健康診断，塩酸・弗化水素等，歯に有害なもののガス等が発散する場所での業務従事者に対する歯科医師による健康診断，食堂等の給食の業務従事者に対する検便による健康診断等を行わなければならないこととされています。なお，情報機器作業や金銭登録作業に従事する労働者の特殊健康診断については，実施するよう通達に示されています。

　事業者は，医師等から有所見者の健康診断結果について意見を聴取するとともに，必要があると認めるときは，就業場所の変更，労働時間の短縮等適切な措置を講じなければなりません。また，厚生労働大臣は，健康診断実施後の措置の適切かつ有効な実施を図るため必要な指針を公表し，事業者や団体に対し必要な指導を行うことができることとされています。

　事業者は，健康診断結果について記録するとともに，労働者に対し健康診断結果を通知する必要があります。事業者は，健康診断の結果，とくに健康の保持に努めることが必要であると認める労働者に，保健指導を行うように努めるとともに，労働者も保健指導を利用して健康保持に努めることとされています。

エ　面接指導等（第66条の8〜第66条の9）

　事業者は，休憩時間を除く1週間当たり40時間を超えて労働させる場合に，その超えた時間外・休日労働時間が1月当たり80時間を超えた労働者に対して，すみやかにこの時間外・休日労働時間を通知し，その労働者が申し出を

行った場合には面接指導を行わなければなりません。ただし，事業者は，時間外・休日労働時間が1月当たり100時間を超える研究開発業務従事者や，1週間当たりの健康管理時間が40時間を超えた場合のその超過時間が1月当たり100時間を超える高度プロフェッショナル制度対象の労働者については，労働者の申し出なしに医師による面接指導を行わなければなりません。また，面接指導等の記録を作成し，5年間保存しなければなりません。なお，事業者は，面接指導を実施するため，タイムカードによる記録，パーソナルコンピュータ等の電子計算機の使用時間（ログインからログアウトまでの時間）の記録等の客観的な方法その他の適切な方法により，労働者の労働時間の状況を把握することが必要です。

オ　心理的な負担の程度を把握するための検査等（第66条の10）

（心理的な負担の程度を把握するための検査等）
第66条の10　事業者は，労働者に対し，厚生労働省令で定めるところにより，医師，保健師その他の厚生労働省令で定める者（以下この条において「医師等」という。）による心理的な負担の程度を把握するための検査を行わなければならない。
②　事業者は，前項の規定により行う検査を受けた労働者に対し，厚生労働省令で定めるところにより，当該検査を行つた医師等から当該検査の結果が通知されるようにしなければならない。この場合において，当該医師等は，あらかじめ当該検査を受けた労働者の同意を得ないで，当該労働者の検査の結果を事業者に提供してはならない。
③　事業者は，前項の規定による通知を受けた労働者であつて，心理的な負担の程度が労働者の健康の保持を考慮して厚生労働省令で定める要件に該当するものが医師による面接指導を受けることを希望する旨を申し出たときは，当該申出をした労働者に対し，厚生労働省令で定めるところにより，医師による面接指導を行わなければならない。この場合において，事業者は，労働者が当該申出をしたことを理由として，当該労働者に対し，不利益な取扱いをしてはならない。
④〜⑨　略

　事業者は，労働者に対し，医師，保健師等による心理的な負担の程度を把握するための検査（ストレスチェック）を行わなければなりません（ただし，労働者数50人未満の事業場では，当分の間，努力義務とされています）。

　事業者は，ストレスチェックの結果について，検査を行った医師等から労働者へ通知されるようにしなければなりません。医師等は，あらかじめ検査を受けた労働者の同意を得ないで，労働者の検査の結果を事業者に提供してはなりません。事業者は，ストレスチェックの結果の通知を受けた労働者で高ストレ

スと判定された者等が医師による面接指導を受けることを希望したときは，医師による面接指導を行わなければなりません。また，面接指導の結果を記録しておかなければなりません。

　事業者は面接指導の結果に基づき，医師の意見を聴き必要があると認めるときは，労働者の実情を考慮して，就業場所の変更，作業の転換，労働時間の短縮，深夜業の回数の減少等の措置を講じるほか，医師の意見を衛生委員会等に報告する等の措置を講じなければなりません。

カ　健康管理手帳（第67条）

　都道府県労働局長は，がんその他の重度の健康障害を生ずるおそれがある一定の業務に従事したもののうち，一定の要件に該当する者に対し，離職時等に健康管理手帳を交付することとされています。また，政府は，健康管理手帳を所持している者に対する健康診断に関し，受診の勧告等必要な措置を行うこととされています。

キ　病者の就業禁止（第68条）

　事業者は，伝染性の疾病等の一定の疾病にかかった労働者に対し，その就業を禁止しなければなりません。なお，就業を禁止しようとするときはあらかじめ産業医等の意見を聴く必要があります。

ク　受動喫煙の防止（第68条の2）

　事業者は室内またはこれに準じる環境における労働者の受動喫煙を防止するため，事業場の実情に応じ適切な措置（全面禁煙，喫煙室の設置による空間分煙，たばこ煙を十分軽減できる換気扇の設置など）を講じるよう努めることとされています。

ケ　健康教育等（第69条～第70条の2）

　①　事業者は，労働者に対する健康教育および健康相談等健康保持増進に必要な措置を継続的・計画的に講じるように努めなければなりません。また，事業者は，体育活動，レクリエーション等の活動について便宜供与する等必要な措置を講じるように努めなければなりません。

　②　厚生労働大臣は，事業者が講ずべき健康の保持増進のための措置に関し

て，有効な実施を図るため必要な指針を公表し，事業者や団体に対して必要な指導を行うことができることとされています。

（8）快適な職場環境の形成のための措置（第 71 条の 2 ～第 71 条の 3）

　事業者は，事業場における安全衛生の水準の向上を図るため，作業環境を快適な状態にすること等を継続的・計画的に講ずることにより快適な職場環境を形成するように努めなければなりません。そのために，厚生労働大臣は，事業者が講ずべき快適な職場環境の形成のための措置に関して，その適切かつ有効な実施を図るため必要な指針を公表するものとしています。

（9）免許等

ア　作業主任者，就業制限業務に係る免許（第 72 条）

　免許は，免許試験に合格した者その他資格を有する者に対し，免許証を交付して行うこととされています。

イ　免許試験（第 75 条）

　免許試験は，その試験の区分ごとに，都道府県労働局長が行うこととされています。また，厚生労働大臣は，その指定する者（指定試験機関）に免許試験に関する事務の全部または一部を行わせることができるとされています。

ウ　技能講習（第 76 条）

　技能講習は，その区分ごとに学科講習または実技講習によって行うこととされ，技能講習を行った者は，技能講習を修了した者に修了証を交付することになっています。

（10）事業場の安全または衛生に関する改善措置等

ア　特別安全衛生改善計画（第 78 条）

（特別安全衛生改善計画）
第 78 条　厚生労働大臣は，重大な労働災害として厚生労働省令で定めるもの（以下この条において「重大な労働災害」という。）が発生した場合において，重大な労働災害の再発を防止するため必要がある場合として厚生労働省令で定める場合に該当すると認めるときは，厚生労働省令で定めるところにより，事業者に対し，その事業場の安全又は

> 衛生に関する改善計画（以下「特別安全衛生改善計画」という。）を作成し，これを厚
> 生労働大臣に提出すべきことを指示することができる。
> ②～⑥　略

　厚生労働大臣は，死亡災害等の重大な労働災害を繰り返し発生させる等の場合に該当すると認めるときは，事業者に対し，特別安全衛生改善計画の作成と提出を指示することができることとされています。

　事業者は，特別安全衛生改善計画を作成しようとする場合は，労働組合，労働組合がないときは労働者の過半数を代表する者の意見を聴かなければならないこと，事業者およびその労働者は，特別安全衛生改善計画を守らなければならないこととされています。

　厚生労働大臣は，特別安全衛生改善計画が重大な労働災害の再発防止を図るうえで適切でないと認めるときは，事業者に対し，特別安全衛生改善計画の変更を指示することができます。

イ　安全衛生改善計画（第79条）

　都道府県労働局長は，事業場の施設その他の事項について，労働災害の防止を図るため総合的な改善措置を講じる必要があると認めるとき（前述の「ア　特別安全衛生改善計画」の作成を指示する場合を除く。）は，事業者に対し，当該事業場の安全または衛生に関する改善計画（安全衛生改善計画）を作成すべきことを指示することができることとされています。事業者は，安全衛生改善計画を作成しようとする場合は，労働組合，労働組合がないときは労働者の過半数を代表する者の意見を聴かなければならないこと，事業者およびその労働者は，安全衛生改善計画を守らなければならないこととされています。

ウ　安全衛生診断（第80条）

　厚生労働大臣は，特別安全衛生改善計画の作成・変更または安全衛生改善計画の作成の指示をした場合において，専門的な助言を必要とすると認めるときは，当該事業者に対し，労働安全コンサルタントまたは労働衛生コンサルタントによる安全または衛生に係る診断を受け，かつ，特別安全衛生改善計画の作成・変更または安全衛生改善計画の作成について，これらの者の意見を聴くべきことを勧奨することができることとされています。

エ　労働安全・衛生コンサルタント（第81条～第87条）

　労働安全・衛生コンサルタントは，他人の求めに応じ報酬を得て，労働者の安全・衛生の水準の向上を図るため，事業場の安全・衛生についての診断およびこれに基づく指導を行うことを業とすることと規定されています。

(11) 監督等

ア　計画の届出等（第88条）

（計画の届出等）

第88条　事業者は，機械等で，危険若しくは有害な作業を必要とするもの，危険な場所において使用するもの又は危険若しくは健康障害を防止するため使用するもののうち，厚生労働省令で定めるものを設置し，若しくは移転し，又はこれらの主要構造部分を変更しようとするときは，その計画を当該工事の開始の日の30日前までに，厚生労働省令で定めるところにより，労働基準監督署長に届け出なければならない。ただし，第28条の2第1項に規定する措置その他の厚生労働省令で定める措置を講じているものとして，厚生労働省令で定めるところにより労働基準監督署長が認定した事業者については，この限りでない。

②～⑦　略

　機械等で，危険・有害な作業を必要とするもの，危険な場所において使用するものまたは危険もしくは健康障害を防止するため使用するもののうち，一定のものを設置・移転し，またはこれらの主要構造部分を変更するときは，その計画を労働基準監督署長に届け出る必要があります（届出一覧は236ページ参照）。ただし，第28条の2第1項に規定する措置その他の厚生労働省令で定める措置※を講じているものとして，労働基準監督署長が認定した場合は届け出を提出しなくてもよいこととされています。

　建設業に属する事業の仕事のうち，重大な労働災害を生じるおそれがあるとくに大規模な仕事で，一定のものを開始しようとするときは，その計画を厚生労働大臣に届け出る必要があります。

　建設業，土石採取業に属する事業の仕事で，一定のものを開始しようとするときは，その計画を労働基準監督署長に届け出る必要があります。

※　労働安全衛生規則第87条により，次の措置が該当。
　　・法第28条の2第1項のリスクアセスメントとその結果に基づき講ずる措置
　　・法第57条の3第1項・第2項の化学物質リスクアセスメントとその結果に基づき講ずる措置
　　・則第24条の2の指針に従って事業者が行う自主的活動（労働安全衛生マネジメントシステム）

イ 労働者の申告（第97条）

労働者は，事業場にこの法律またはこれに基づく命令の規定に違反する事実があるときは，その事実を都道府県労働局長，労働基準監督署長または労働基準監督官に申告して是正のため適当な措置をとるように求めることができます。事業者は，上記の申告をしたことを理由として，労働者に対し，解雇その他不利益な取扱いをしてはなりません。

ウ 使用停止命令等（第98条，第99条）

① 都道府県労働局長または労働基準監督署長は，事業者，注文者，機械等貸与者等または建築物貸与者の講ずべき措置の規定に違反する事実があるときは，その違反した者に対し，それぞれ，作業の全部または一部の停止，建築物等の全部または一部の使用の停止または変更その他労働災害を防止するため必要な事項を命じることができます。

また，命じた事項について必要な事項を，労働者，請負人，または建築物の貸与を受けている者に命じることができます。

② 労働基準監督官は，①の場合において，労働者に急迫した危険があるときは，都道府県労働局長または労働基準監督署長の権限を即時に行うことができることとされています。

③ 都道府県労働局長または労働基準監督署長は，①以外の場合において労働災害発生の急迫した危険があり，かつ，緊急の必要があるときは，必要な限度において，事業者に対し，作業の全部または一部の一時停止，建設物等の全部または一部の使用の一時停止，その他当該労働災害を防止するため必要な応急の措置を講じることを命じることができます。また，命じた事項について必要な事項を労働者に命じることができます。

エ 報告等（第100条）

厚生労働大臣，都道府県労働局長または労働基準監督署長は，この法律を施行するため必要があると認めるときは，事業者，労働者，機械等貸与者，建築物貸与者またはコンサルタントに対し，必要な事項を報告させ，または出頭を命ずることができます。

第1章
第2章
第3章
第4章
第5章
第6章

オ　法令等の周知（第 101 条）

　　事業者は，この法律およびこれに基づく命令の要旨等を常時各作業場の見や
すい場所に掲示し，または備えつける等の方法により，労働者に周知させなけ
ればなりません。

カ　心身の状態に関する情報の取扱い（第 104 条）

　　事業者は，本人の同意等がある場合を除き，労働者の心身の状態に関する情
報の収集，保管，使用にあたっては，労働者の健康の確保に必要な範囲内で行
うとともに，適正な管理に必要な措置を講じなければなりません。

キ　健康診断等に関する秘密の保持（第 105 条）

　　健康診断，健康診断の結果に基づく面接指導，心理的な負担の程度を把握す
るための検査（ストレスチェック）またはその結果に基づく面接指導の実施の
事務に従事した者は，その実施に関して知り得た労働者の秘密を漏らしてはな
りません。

3　労働者派遣法の概要

　派遣労働者にも労働安全衛生法等の法令は適用され，原則として派遣労働者と労働契約関係にある派遣元事業主に責任があります。一方，派遣労働者については，作業現場である派遣先の事業主が業務遂行上の具体的な指揮命令を行うこととされており，派遣労働者の保護の実効性を期するうえから，派遣先事業主にも危険または健康障害を防止するための措置について責任があります。

　このように，「労働者派遣事業の適正な運営の確保及び派遣労働者の保護等に関する法律」（労働者派遣法）第45条では，労働安全衛生法の適用に関する特例の規定を設けて，派遣労働者の安全と健康を確保するため，派遣元，派遣先の事業主がそれぞれ労働者派遣法，労働安全衛生法に基づき必要な措置を講じることとしています。派遣労働者の安全衛生確保に関して，派遣元，派遣先が実施すべき事項については，厚生労働省通達「派遣労働者に係る労働条件及び安全衛生の確保について」（平成21年3月31日付け基発第0331010号。最終改正：平成31年3月29日付け基発0329第4号）もご覧下さい。

（1）派遣元・派遣先責任者

　派遣労働者の安全衛生を確保するために派遣元が選任する派遣元責任者と，派遣先が選任する派遣先責任者は，次のような業務を行います。

- ・派遣元責任者は，派遣元において安全衛生を統括管理する者および派遣先との連絡調整を行う（労働者派遣法第36条第6号，労働者派遣法施行規則第29条）。
- ・派遣先責任者は，派遣先において安全衛生を統括管理する者および派遣元事業主との連絡調整を行う（労働者派遣法第41条第4号）。
- （注）　「安全衛生を統括管理する者」とは，総括安全衛生管理者または安全管理者，衛生管理者が選任されている場合はその者をいい，それらの者が選任されていない小規模事業場では事業主自身をいいます。

（2）製造業務専門の派遣元責任者

　製造業務に派遣をする派遣元事業主は，当該派遣労働者を専門に担当する派遣元責任者を選任しなければなりません（労働者派遣法第36条，労働者派遣法施行規則第29条）。

（3）安全衛生に係る措置に関する派遣先の協力等

① 派遣元が派遣労働者に対する雇入れ時等の安全衛生教育を適切に行えるよう，
　　・派遣元は派遣先から，派遣労働者が従事する業務に関する情報を事前に求めること。
　　・派遣先は，当該情報を派遣元に積極的に提供すること。
② 派遣先は，派遣元から雇入れ時等の安全衛生教育の委託の申し入れがある場合には，可能な限りこれに応じるよう努める等，必要な協力や配慮を行わなければなりません（派遣先が講ずべき措置に関する指針第2の17）。

（4）労働者死傷病報告の提出

　派遣労働者が労働災害により死亡または負傷等したとき，派遣先および派遣元の双方は，派遣先の事業場の名称等を記入のうえ，各々の所轄労働基準監督署に労働者死傷病報告を提出しなければなりません。

　なお，派遣先は，労働者死傷病報告を提出したとき，その写しを派遣元に送付しなければなりません（労働者派遣法施行規則第42条）。

（5）労働安全衛生法の適用に関する事業者の主要な義務等
（労働者数50人未満）

ア　派遣先の事業者および派遣元の事業者の義務等とされるもの

① 職場における安全衛生を確保する事業者の責務（労働安全衛生法第3条第1項）
② 安全衛生推進者等の選任等（同法第12条の2）
③ 作業内容変更時の安全衛生教育の実施（同法第59条第2項）
④ 危険有害業務従事者に対する安全衛生教育の実施（同法第60条の2）
⑤ 中高年齢者等についての配慮（同法第62条）
⑥ 健康診断実施後の措置（同法第66条の5第1項）
⑦ 健康教育等（同法第69条）
⑧ 申告を理由とする不利益取扱禁止（同法第97条第2項）
⑨ 報告等（同法第100条第1項，第3項）
⑩ 法令の周知（同法第101条）
⑪ 書類の保存等（同法第103条第1項）

イ　派遣元の事業者の義務等とされるもの

① 雇入れ時の安全衛生教育の実施（同法第59条第1項）

② 一般健康診断の実施等（同法第66条第1項，第66条の6）

③ 長時間労働に関する面接指導等（同法第66条の8，第66条の9）

④ ストレスチェック等（同法第66条の10）

ウ　派遣先の事業者の義務等とされるもの

① 作業主任者の選任等（同法第14条）

② 労働者の危険または健康障害を防止するための措置
・事業者の講ずべき措置（同法第20条〜第25条の2）
・危険性・有害性等の調査等（同法第28条の2）

③ 定期自主検査の実施（同法第45条）

④ 化学物質の危険性・有害性等の調査等（同法第57条の3〜第58条）

⑤ 危険有害業務就業時の特別教育の実施（同法第59条第3項）

⑥ 職長教育の実施（同法第60条）

⑦ 就業制限（同法第61条第1項）

⑧ 作業環境測定およびその結果の評価等（同法第65条，第65条の2）

⑨ 作業の管理（同法第65条の3）

⑩ 作業時間の制限（同法第65条の4）

⑪ 有害な業務に係る健康診断の実施等（同法第66条第2項，第3項）

⑫ 労働時間の状況の把握（同法第66条の8の3）

⑬ 受動喫煙の防止（同法第68条の2）

⑭ 安全衛生改善計画等（同法第79条，第80条）

⑮ 計画の届出等（同法第88条，第89条）

第1章
第2章
第3章
第4章
第5章
第6章

■派遣中の労働者に関する労働安全衛生法の適用関係

派遣元	派遣先
• 職場における安全衛生を確保する事業者の責務	• 職場における安全衛生を確保する事業者の責務
• 事業者等の実施する労働災害の防止に関する措置に協力する労働者の責務	• 事業者等の実施する労働災害の防止に関する措置に協力する労働者の責務
• 労働災害防止計画の実施に係る厚生労働大臣の勧告等	• 労働災害防止計画の実施に係る厚生労働大臣の勧告等
• 総括安全衛生管理者の選任等	• 総括安全衛生管理者の選任等
	• 安全管理者の選任等
• 衛生管理者の選任等	• 衛生管理者の選任等
• 安全衛生推進者の選任等	• 安全衛生推進者の選任等
• 産業医の選任等	• 産業医の選任等
	• 作業主任者の選任等
	• 統括安全衛生責任者の選任等
	• 元方安全衛生管理者の選任等
	• 店社安全衛生管理者の選任等
	• 安全委員会
• 衛生委員会	• 衛生委員会
• 安全管理者等に対する教育等	• 安全管理者等に対する教育等
	• 労働者の危険または健康障害を防止するための措置 　　事業者の講ずべき措置 　　労働者の遵守すべき事項 　　事業者の行うべき調査等 　　元方事業者の講ずべき措置 　　特定元方事業者の講ずべき措置
	• 定期自主検査
	• 化学物質の有害性の調査
• 安全衛生教育（雇入れ時，作業内容変更時）	• 安全衛生教育（作業内容変更時，危険有害業務就業時）
	• 職長教育
• 危険有害業務従事者に対する教育	• 危険有害業務従事者に対する教育
	• 就業制限
• 中高年齢者等についての配慮	• 中高年齢者等についての配慮
• 事業者が行う安全衛生教育に対する国の援助	• 事業者が行う安全衛生教育に対する国の援助
	• 作業環境測定
	• 作業環境測定の結果の評価等
	• 作業の管理
	• 作業時間の制限
• 健康診断（一般健康診断等，当該健康診断結果についての意見聴取）	• 健康診断（有害な業務に係る健康診断等，当該健康診断結果についての

派遣元	派遣先事業主に適用
	意見聴取）
• 健康診断（健康診断実施後の作業転換等の措置）	• 健康診断（健康診断実施後の作業転換等の措置）
• 健康診断の結果通知	
• 医師等による保健指導	
	• 労働時間の状況の把握
• 医師による面接指導等	
• 心理的な負担の程度を把握するための検査等（検査の実施，結果の通知，医師による面接指導，当該検査結果の意見聴取，作業転換等の措置）	
	• 病者の就業禁止
	• 受動喫煙の防止
• 健康教育等	• 健康教育等
• 体育活動等についての便宜供与等	• 体育活動等についての便宜供与等
	• 快適な職場環境の形成のための措置
	• 安全衛生改善計画等
	• 機械等の設置，移転に係る計画の届出，審査等
• 申告を理由とする不利益取扱禁止	• 申告を理由とする不利益取扱禁止
	• 使用停止命令等
• 報告等	• 報告等
• 法令の周知	• 法令の周知
• 書類の保存等	• 書類の保存等
• 事業者が行う安全衛生施設の整備等に対する国の援助	• 事業者が行う安全衛生施設の整備等に対する国の援助
• 疫学的調査等	• 疫学的調査等

（労働者派遣法第 45 条）

厚生労働省「労働者派遣事業関係業務取扱要領（令和 5 年 4 月）」より

第1章

第2章

第3章

第4章

第5章

第6章

4　個別事項

（1）報告と届出

ア　事故報告（労働安全衛生規則第96条関係）

次の事故が発生したときは，様式第22号（207ページ）による報告書を所轄労働基準監督署長に提出しなければなりません。

① 火災または爆発の事故

② 遠心機械，研削といしその他の高速回転体の破裂の事故

③ 機械集材装置，巻上げ機または索道の鎖または索の切断の事故

④ 建設物，附属建設物または機械集材装置，煙突，高架そう等の倒壊の事故

⑤ ボイラーの破裂，煙道ガスの爆発等の事故

⑥ 小型ボイラー，第一種圧力容器または第二種圧力容器の破裂の事故

⑦ クレーンの逸走，倒壊，落下もしくはジブの折損またはワイヤロープもしくはつりチェーンの切断

⑧ 移動式クレーンの転倒，倒壊もしくはジブの折損またはワイヤロープもしくはつりチェーンの切断

⑨ デリックの倒壊もしくはブームの折損またはワイヤロープの切断

⑩ エレベーターの昇降路等の倒壊もしくは搬器の墜落またはワイヤロープの切断

⑪ 建設用リフトの昇降路等の倒壊もしくは搬器の墜落またはワイヤロープの切断

⑫ 簡易リフトの搬器の墜落またはワイヤロープもしくはつりチェーンの切断

⑬ ゴンドラの逸走，転倒，落下もしくはアームの折損またはワイヤロープの切断

イ　労働者死傷病報告（労働安全衛生規則第97条関係）

労働者が，労働災害その他就業中または事業場内などで，負傷，窒息などにより，死亡または休業したときは，様式第23号（208ページ）による報告書を所轄労働基準監督署長に提出しなければなりません。

なお，休業の日数が4日に満たないときは，1月～3月，4月～6月，7月

～9月，10月～12月におけるものについて，様式第24号による報告書をそれぞれの期間における最後の月の翌月の末日までに所轄労働基準監督署長に提出しなければなりません。

様式第22号（第96条関係）

事 故 報 告 書

事 業 の 種 類	事業場の名称（建設業にあっては工事名併記のこと）	労 働 者 数

事 業 場 の 所 在 地	発 生 場 所
電話　（　　）	

発　　　　生　　　　日　　　時	事故を発生した機械等の種類等
年　　　月　　　日　　　時　　　分	

構内下請事業の場合は親事業場の名称 建設業の場合は元方事業場の名称	
事 故 の 種 類	

<table>
<tr><td rowspan="4">人的被害</td><td colspan="2">区　分</td><td>死亡</td><td>休業4日以上</td><td>休業1〜3日</td><td>不休</td><td>計</td><td rowspan="4">物的被害</td><td>区　　分</td><td>名称,規模等</td><td>被害金額</td></tr>
<tr><td rowspan="2">事故発生事業場の被災労働者数</td><td>男</td><td></td><td></td><td></td><td></td><td></td><td>建　　　物</td><td>㎡</td><td>円</td></tr>
<tr><td>女</td><td></td><td></td><td></td><td></td><td></td><td>その他の建設物</td><td></td><td>円</td></tr>
<tr><td colspan="2" rowspan="2">その他の被災者の概数</td><td colspan="5" rowspan="2">（　　　）</td><td>機 械 設 備</td><td></td><td>円</td></tr>
<tr><td>原 材 料</td><td></td><td>円</td></tr>
<tr><td colspan="8"></td><td>製　　　品</td><td></td><td>円</td></tr>
<tr><td colspan="8"></td><td>そ の 他</td><td></td><td>円</td></tr>
<tr><td colspan="8"></td><td>合　　　計</td><td></td><td>円</td></tr>
</table>

事 故 の 発 生 状 況	
事 故 の 原 因	
事 故 の 防 止 対 策	
参 考 事 項	
報告書作成者職氏名	

年　　　月　　　日
労働基準監督署長殿　　　　　　　　事業者職氏名

備考　1.　「事業の種類」の欄には，日本標準産業分類の中分類により記入すること。
　　　2.　「事故を発生した機械等の種類等」の欄には，事故発生の原因となつた次の機械等について，それぞれ次の事項を記入すること。
　　　　⑴　ボイラー及び圧力容器に係る事故については，ボイラー，第一種圧力容器，第二種圧力容器，小型ボイラー又は小型圧力容器のうち該当するもの。
　　　　⑵　クレーン等に係る事故については，クレーン等の種類，型式及びつり上げ荷重又は積載荷重。
　　　　⑶　ゴンドラに係る事故については，ゴンドラの種類，型式及び積載荷重。
　　　3.　「事故の種類」の欄には，火災，鎖の切断，ボイラーの破裂，クレーンの逸走，ゴンドラの落下等具体的に記入すること。
　　　4.　「その他の被災者の概数」の欄には，届出事業者の事業場の労働者以外の被災者の数を記入し，（　　）内には死亡者数を内数で記入すること。
　　　5.　「建物」の欄には構造及び面積，「機械設備」の欄には台数，「原材料」及び「製品」の欄にはその名称及び数量を記入すること。
　　　6.　「事故の防止対策」の欄には，事故の発生を防止するために今後実施する対策を記入すること。
　　　7.　「参考事項」の欄には，当該事故において参考になる事項を記入すること。
　　　8.　この様式に記載しきれない事項については，別紙に記載して添付すること。

第1章

第2章

第3章

第4章

第5章

第6章

様式第23号（第97条関係）

労働者死傷病報告

様式第23号（第97条関係）（表面）

8 1 0 0 1

労働保険番号（建設業の工事に従事する「請負人の労働者が被災した場合、元請人の労働保険番号を記入すること。）

事業の種類

事業の名称（建設業にあっては工事名を併記のこと。）

カナ

漢字

工事名

職員記入欄（派遣先の事業の労働保険番号）

事業場の所在地

電話　（　　）

構内下請事業の場合は親事業場の名称、電話番号の場合は元方事業場の名称

派遣労働者が被災した場合、派遣先の労働保険の名称

郵便番号

労働者数
（　　　）人

発生日時（時刻は24時間制とすること。）
7：平成
9：令和

被災労働者の氏名（姓と名の間は1字空けること。）

カナ

漢字

生年月日

性別

（　　）歳

職種

経験期間

休業見込期間又は死亡日時（死亡の場合は死亡欄に○）

傷病名

傷病部位

被災地の場所

休業見込

死亡日時

災害発生状況及び原因

略図（発生時の状況を図示すること。）

労働者が外国人である場合のみ記入すること。

国籍・地域　　　　在留資格

（　　）（　　）

職員記入欄
国籍・地域コード　在留資格コード

派遣業物　　店社コード　　業種分類

事故の型　発注者機関　事業場区分　業態上疾病

報告書作成者
職　氏名

年　　月　　日

事業者職氏名

労働基準監督署長殿

受付印

（裏面略）

様式第24号（第97条関係）　労働者死傷病報告

年　月から　　年　月まで

事業の種類	事業場の名称（建設業にあっては工事名を併記のこと。）	事業場の所在地	電話	労働者数
			（　　）	

被災労働者の氏名	性別	年齢	職種	派遣労働者の場合は欄に○	発生月日	傷病名及び傷病の部位	休業日数	災害発生状況（派遣労働者が被災した場合は、派遣先の事業場名を併記のこと。）
	男・女	歳			月　日			
	男・女	歳			月　日			
	男・女	歳			月　日			
	男・女	歳			月　日			
	男・女	歳			月　日			
	男・女	歳			月　日			
	男・女	歳			月　日			
	男・女	歳			月　日			

報告書作成者職氏名

年　　月　　日

事業者職氏名

労働基準監督署長　殿

備考　派遣労働者が被災した場合、派遣先及び派遣元の事業者は、それぞれ所轄労働基準監督署に提出すること。

ウ　計画の届出（労働安全衛生法第88条関係）

　ボイラーやクレーンなどの特定機械等と呼ばれるものや労働安全衛生規則別表第7の機械，局所排気装置等を設置したり，移転したり，その主要構造部分を変更しようとする場合は，その計画を工事開始の30日前までに，ボイラー設置届，機械等設置・移転・変更届（労働安全衛生規則様式第20号，210ページ）などの届書に局所排気装置摘要書等の所定の書類（同規則様式第25号，第26号，211～212ページ）を添えて所轄労働基準監督署長に提出しなければなりません。

エ　特殊健康診断の結果報告（労働安全衛生法第100条）

　有機溶剤，鉛，特定化学物質等を取り扱う労働者などに対して，特殊健康診断を行った場合，健康診断完了後遅滞なく，所定の様式（213ページに「有機溶剤等健康診断結果報告書」を例として掲載）により，その結果を所轄労働基準監督署長に提出しなければなりません。粉じん作業を行う労働者については，じん肺法によって，じん肺健康診断等の実施状況について毎年末の状況を翌年2月末日までに所定の様式により所轄労働基準監督署長を経由して所轄都道府県労働局長に報告しなければなりません。

（2）危険有害業務への就業

ア　特別教育（労働安全衛生法第59条関係）

　労働者を労働安全衛生規則第36条に掲げる危険有害業務に就かせるときは，所定の安全または衛生のための特別の教育を行わなければなりません。

イ　就業制限（労働安全衛生法第61条関係）

　労働安全衛生法施行令第20条に掲げる業務については，その業務に係る免許を受けた者または技能講習を修了した者などの有資格者でなければ，その業務に就かせることはできません。また，それらの業務に従事するときは，免許証や技能講習修了証などを携帯していなければなりません。

ウ　作業主任者（労働安全衛生法第14条関係）

　労働安全衛生法施行令第6条に掲げる労働災害を防止するための管理を必要とする作業については，作業の区分に応じて所定の免許を受けた者または技能

様式第20号（第86条関係）

機械等　設置・移転・変更届

事 業 の 種 類		事 業 場 の 名　　　称		常 時 使 用 す る 労 働 者 数	
設 置 地		主 た る 事 務 所 の 所 在 地		電話（　　）	
計 画 の 概 要					

製造し、又は取り扱う物質等及び当該業務に従事する労働者数	種　　類　　等		取 扱 量	従事労働者数		
				男	女	計

参画者の氏名		参 画 者 の 経 歴 の 概 要	
工 事 着 手 予 定 年 月 日		工 事 落 成 予 定 年　　月　　日	

年　　　月　　　日

事業者職氏名

労働基準監督署長　　殿

備考
1　表題の「設置」、「移転」及び「変更」のうち、該当しない文字を抹消すること。
2　「事業の種類」の欄は、日本標準産業分類の中分類により記入すること。
3　「設置地」の欄は、「主たる事務所の所在地」と同一の場合は記入を要しないこと。
4　「計画の概要」の欄は、機械等の設置、移転又は変更の概要を簡潔に記入すること。
5　「製造し、又は取り扱う物質等及び当該業務に従事する労働者数」の欄は、別表第7の13の項から25の項まで（22の項を除く。）の上欄に掲げる機械等の設置等の場合に記入すること。
　　この場合において、以下の事項に注意すること。
　イ　別表第7の21の項の上欄に掲げる機械等の設置等の場合は、「種類等」及び「取扱量」の記入は要しないこと。
　ロ　「種類等」の欄は、有機溶剤等にあってはその名称及び有機溶剤中毒予防規則第1条第1項第3号から第5号までに掲げる区分を、鉛等にあってはその名称を、焼結鉱等にあっては焼結鉱、煙灰又は電解スライムの別を、四アルキル鉛等にあっては四アルキル鉛又は加鉛ガソリンの別を、粉じんにあっては粉じんとなる物質の種類を記入すること。
　ハ　「取扱量」の欄には、日、週、月等一定の期間に通常取り扱う量を記入し、別表第7の14の項の上欄に掲げる機械等の設置等の場合は、鉛等又は焼結鉱の種類ごとに記入すること。
　ニ　「従事労働者数」の欄は、別表第7の14の項、15の項、23の項及び24の項の上欄に掲げる機械等の設置等の場合は、合計数の記入で足りること。
6　「参画者の氏名」及び「参画者の経歴の概要」の欄は、型枠支保工又は足場に係る工事の場合に記入すること。
7　「参画者の経歴の概要」の欄には、参画者の資格に関する職歴、勤務年数等を記入すること。
8　別表第7の22の項の上欄に掲げる機械等の設置等の場合は、「事業場の名称」の欄には建築物の名称を、「常時使用する労働者」の欄には利用事業場数及び利用労働者数を、「設置地」の欄には建築物の住所を、「計画の概要」の欄には建築物の用途、建築物の大きさ（延床面積及び階数）、設備の種類（空気調和設備、機械換気設備の別）及び換気の方式を記入し、その他の事項については記入を要しないこと。
9　この届出に記載しきれない事項は、別紙に記載して添付すること。

様式第25号（別表第7関係）

局 所 排 気 装 置 摘 要 書

	別表第7の区分					
	対象作業工程名					
	局所排気を行うべき物質の名称					
	局所排気装置の配置図及び排気系統を示す線図					
フード	番　　号					
	型　　式	囲い式 外付け式 (側方、下方、上方) レシーバー式	囲い式 外付け式 (側方、下方、上方) レシーバー式	囲い式 外付け式 (側方、下方、上方) レシーバー式	囲い式 外付け式 (側方、下方、上方) レシーバー式	囲い式 外付け式 (側方、下方、上方) レシーバー式
	制御風速(m/s)					
	排風量(m³/min)					
	フードの形状、寸法、発散源との位置関係を示す図面					

局所排気装置の設計値	装置全体の圧力損失(hPa)及び計算方法	
	ファン前後の速度圧差(hPa)	ファン前後の静圧差(hPa)

設置ファン等の仕様	排風機	最大静圧(hPa)		ファン型式	タラリエシ遠斜アキ (ガイドベーン(有、無)) その他(　　　) ー ジ ミ ア ロ 心 シ リ ッ ホ 軸 ャ ボ ア ト ッ ル ド ル ド ロ コ 流 流
		ファン静圧(hPa)			
		排風量(m³/min)			
		回転数(rpm)			
		静圧効率(%)			
		軸動力(kw)			

ファンを駆動する電動機	型式	定格出力(kw)	相	電圧(V)	定格周波数(Hz)	回転数(rpm)

空気清浄装置		定格処理風量(m³/min)		圧力損失の大きさ(hPa)	(定格値)	(設計値)
	除じん装置	前置き除じん装置の有無及び型式	有(型式　　　　)		無	
		主 方 式		粉じん取出方法		
		形状及び寸法				
		集じん容量(g/h)		粉じん落とし機構	有(自動式・手動式)	無
	排ガス処理装置	ガス中に液を分散させる方式 ガス・液ともに分散させる方式 液中にガスを分散させる方式 吸 着 方 式 その他(　　　　)		吸収液又は吸着剤	水 水酸化ナトリウム 消 石 灰 アンモニア水 硫 酸 活 性 炭 その他(　　　)	処理後の措置	再生・回収 焼 却 埋 没 廃棄物処理業者への委託処理 そ の 他

備考
1　「別表第7の区分」の欄には、当該局所排気装置に該当する別表第7の項の番号を記入すること。
2　別表第7の24の項の局所排気装置にあっては、「対象作業工程名」の欄に粉じん障害防止規則別表第2の号別区分を記入すること。
3　「フード」の欄には、各フードごとに番号を記入し、型式については該当するもの（外付け式のフードにあっては、吸引方向）に○を付するとともに、所要事項を記入すること。
4　「設置ファン等の仕様」の欄の排風機のうち、「最大静圧」以外は、ファンの動作点の数値を記入すること。「ファン型式」の欄は、該当するものに○を付すること。
5　別表第7の13の項の局所排気装置にあっては、「空気清浄装置」の欄は記入を要しないこと。また、同表の14の項又は24の項の局所排気装置にあっては、「空気清浄装置」の欄のうち除じん装置の欄のみ記入すること。
6　「空気清浄装置」の欄のうち「排ガス処理装置」、「吸収液又は吸着剤」及び「処理後の措置」の欄は、該当するものに○を付すること。
7　「空気清浄装置」の欄のうち排ガス処理装置については、その図面を添付すること。
8　この摘要書に記載しきれない事項は、別紙に記載して添付すること。

様式第26号（別表第 7 関係）

プッシュプル型換気装置摘要書

対 象 作 業 工 程 名				
換気を行うべき物質の名称				
プッシュプル型換気装置の型式等	型　　　　式	密閉式（送風機（有・無））・開放式		
	気 流 の 向 き	下降流・斜降流・水平流・その他（　　　　）		
プッシュプル型換気装置の配置図及び給排気系統を示す線図				

フ ー ド 等	吹出し開口面面積（m²）		吸込み開口面面積（m²）	
	吹出し開口面風速（m/s）		吸込み開口面風速（m/s）	
	吹出し風量（m³/min）		吸込み風量（m³/min）	
	吹出し側フード、吸込み側フード及びブースの構造を示す図面			

		給　　　気　　　側	排　　　気　　　側
プッシュプル型換気設置の設計値	装置全体の圧力損失(hPa)及び計算方法		
	ファン前後の速度圧差(hPa)		
	ファン前後の静圧差(hPa)		
設置ファン等の仕様	送風機等　ファン型式	ターボ、ラジアル、リミットロード、エアホイル、シロッコ、遠心軸流、斜流、アキシャル（ガイドベーン（有・無））、その他（　　　　　　　）	ターボ、ラジアル、リミットロード、エアホイル、シロッコ、遠心軸流、斜流、アキシャル（ガイドベーン（有・無））、その他（　　　　　　　）
	最 大 静 圧 (hPa)		
	ファン静圧 (hPa)		
	送風量及び排風量（m³/min）		
	回 転 数 (rpm)		
	静 圧 効 率 (%)		
	軸 動 力 (kw)		
	ファンを駆動する電動機　型　　　式		
	定 格 出 力 (kw)		
	相		
	電 圧 (V)		
	定 格 周 波 数 (Hz)		
	回 転 数 (rpm)		

除じん装置	前置き除じん装置の有無及び形式	有（型式　　　　　　　　　　　　　　　　　　）　　　　　無	
	主 方 式		粉じん取出方法
	形 状 及 び 寸 法		
	集 じ ん 容 量（g/h）		粉じん落とし機構　有（自動式・手動式）無

備考
1　「プッシュプル型換気装置の型式等」の欄は、該当するものに〇を付すこと。
2　送風機を設けないプッシュプル型換気装置については、「給気側」の欄の記入を要しないこと。
3　吹出し側フード、吸込み側フード及びブースの構造を示す図面には、寸法を記入すること。
4　吹出し側フードの開口部の任意の点と吸込み側フードの開口部の任意の点を結ぶ線分が通ることのある区域以外の区域を換気区域とするときは、当該換気区域を明示すること。
5　「ファン型式」の欄は、該当するものに〇を付すこと。「最大静圧」の欄以外は、ファンの動作点の数値を記入すること。
6　別表第7の13の項のプッシュプル型換気装置にあっては、「除じん装置」の欄は記入を要しないこと。
7　この摘要書に記載しきれない事項は、別紙に記載して添付すること。

様式第3号の2（第30条の3関係）（表面）

有機溶剤等健康診断結果報告書

標準字体　| 0 | 1 | 2 | 3 | 4 | 5 | 6 | 7 | 8 | 9 |

80302

ページ　総ページ
□ / □

| 労働保険番号 | □□□□□□□□□□□□□□ | 在籍労働者数 | 人 |
| | 都道府県　所掌　管轄　　　基幹番号　　　　枝番号　被一括事業場番号 | | |

| 事業場の名称 | | 事業の種類 | |

| 事業場の所在地 | 郵便番号（　　　　　） | | |
| | | 電話　　　（　　　） | |

| 対象年 | 7：平成
9：令和→ | 元号　　年
□□（　月～　月分）（報告　回目） | 健診年月日 | 7：平成
9：令和→ | 元号　　年　　月　　日
□□□□□□□ |

| 健康診断実施機関の名称 | |

| 健康診断実施機関の所在地 | | 受診労働者数 | □□□□人 |

| 有機溶剤業務名 | 有機溶剤業務コード
□□　□□　□□ | 具体的業務内容
（　　　　　　　　　　　） | 従事労働者数
□□□□人 |

	実施者数	有所見者数		実施者数	有所見者数		
他覚所見	□□□□人	□□□□人	肝機能検査	□□□□人	□□□□人	作業条件の調査人数	□□□□人
腎機能検査	□□□□人	□□□□人	眼底検査	□□□□人	□□□□人	所見のあった者の人数（他覚所見のみを除く。）	□□□□人
貧血検査	□□□□人	□□□□人	神経内科学的検査	□□□□人	□□□□人	医師の指示人数	□□□□人

代謝物の検査

		有機溶剤コード　検査内容コード		有機溶剤コード　検査内容コード		有機溶剤コード　検査内容コード		有機溶剤コード　検査内容コード	
	有機溶剤の名称等	□□　□		□□　□		□□　□		□□　□	
	実施者数	□□□□人		□□□□人		□□□□人		□□□□人	
分布	1	□□□□人		□□□□人		□□□□人		□□□□人	
	2	□□□□人		□□□□人		□□□□人		□□□□人	
	3	□□□□人		□□□□人		□□□□人		□□□□人	

| 産業医 | 氏名 | |
| | 所属機関の名称及び所在地 | |

年　月　日

事業者職氏名

労働基準監督署長殿

受付印

（裏面略）

講習を修了した者のうちから作業主任者を選任し，労働者の指揮などを行わせなければなりません。

(3) 定期自主検査（労働安全衛生法第 45 条関係）

労働安全衛生法施行令第 15 条で定める機械等については，定期に所定の自主検査を行い，その結果を記録しなければなりません。

とくに，動力プレス機械，フォークリフト，車両系建設機械（ブル・ドーザー，パワー・ショベル等）などの自主検査を特定自主検査といい，使用する労働者で所定の資格を有するものまたは登録を受けた検査業者に実施させなければなりません。

(4) 規格のある機械等

ア　特定機械等（労働安全衛生法第 38 条関係）

労働安全衛生法施行令第 12 条に掲げるボイラー，クレーン等のとくに危険な作業を必要とするものは特定機械等と呼ばれ，登録製造時等検査機関等の行う検査等を受けなければ，製造，設置，使用等ができません。

イ　譲渡等の制限のある機械等（労働安全衛生法第 42 条関係）

特定機械等以外の機械等で，法別表第 2 に掲げるものおよび労働安全衛生法施行令第 13 条第 3 項に掲げるものは，規格または安全装置を具備しなければ，譲渡，貸与，設置をしてはいけません。

なお，このうち労働安全衛生法施行令第 14 条で定める第二種圧力容器，小型ボイラー等の製造者や輸入者は，それらのものについて登録個別検定機関等が個々に行う検定を受けなければなりません。また，同令第 14 条の 2 に掲げるプレス機械の安全装置，防じん・防毒マスク，木材加工用丸のこ盤の歯の接触予防装置のうち可動式のもの，安全プレス，保護帽等の製造者や輸入者は，それらのものについて登録型式検定機関が行う型式の検定を受けなければならないので，それぞれ検定合格標章の付いたものであることを確認して使用することが大切です。

（5）労働者の危険を防止するための措置に関する法令

ア　労働安全衛生規則

　第2編で具体的な安全基準が規定されており，その主なものは以下のとおりです。

（ア）第1章（機械による危険の防止）中の規制の概要

① 機械の原動機，回転軸，歯車，プーリー，ベルト等の危険部分には，覆い，囲い，スリーブ，踏切橋を設ける等必要な措置を講じること。

② 機械ごとにスイッチ，クラッチ，ベルトシフター等の動力しゃ断装置を設ける等必要な措置を講じること。

③ 機械の運転を開始する場合，一定の合図を定める等必要な措置を講じること。

④ 加工物の切断，欠損による飛来，切削屑の飛来等のおそれのあるときは，飛散防止の覆いまたは囲いを設ける等必要な措置を講じること。

⑤ 機械の掃除，給油，検査，修理または調整の作業を行う場合，機械の運転を停止し，起動装置に錠を掛ける等必要な措置を講じること。

⑥ 機械のストローク端に覆い，囲いまたは柵を設けること。

⑦ 巻取りロール，コイル巻等に覆い，囲い等を設けること。

⑧ 機械に労働者の頭髪または被服が巻き込まれるおそれのあるときは，適当な作業帽または作業服を着用させること。

⑨ ボール盤，面取り盤等の回転する刃物に労働者の手が巻き込まれるおそれのあるときは，手袋を使用させないこと。

（イ）第1章の2（荷役運搬機械等）中の規制の概要

① 車両系荷役運搬機械等（フォークリフト，ショベルローダー，フォークローダー，ストラドルキャリヤー，不整地運搬車，構内運搬車，貨物自動車）を用いて作業を行うときは，あらかじめ作業計画を定め，作業を行うこと。

② 車両系荷役運搬機械等を用いて作業を行うときは，作業指揮者を定めること。

③ 車両系荷役運搬機械等の適正な制限速度を定めること。

④ 車両系荷役運搬機械等の転倒，転落による危険を防止するため，運行

経路に必要な幅員を保持するなど必要な措置を講じること。

⑤　運転中の車両系荷役運搬機械等または荷への接触による危険を防止するため，労働者の立入りを禁じるなど必要な措置を講じること。

⑥　誘導者を置くときは，一定の合図を定めること。

⑦　フォーク，ショベル，アーム等または荷の下に労働者を立ち入らせないこと。

⑧　荷の積載は偏荷重が生じないようにする等所定の事項によること。

⑨　運転者が運転位置から離れるときは，荷役装置を最低降下位置に降ろすなど所定の措置を講じさせること。

⑩　車両系荷役運搬機械等の移送のため貨物自動車に積卸すときは，平たんな場所で行うなど所定の事項によること。

⑪　車両系荷役運搬機械等の乗車席以外の箇所に労働者を乗せないこと。

⑫　車両系荷役運搬機械等を主たる用途以外の用途（荷のつり上げ，労働者の昇降等）に使用しないこと。

⑬　車両系荷役運搬機械等については，その日の作業開始前に制動装置および操縦装置の機能等所定の事項について点検を行うこと。

⑭　フォークリフトについては，特定・定期自主検査や点検で異常を認めたときは，直ちに補修その他必要な措置を講じること。

(ウ)　**第4章（爆発，火災等の防止）中の規制の概要**

①　危険物を製造しまたは取り扱うときは，火気の禁止や衝撃を与えないなど所定の事項によること。また，作業指揮者を定めること。

②　引火性の物または可燃性ガスで液状のものを，ホースを用いて化学設備，ドラムかん等に注入する作業を行うときは，ホースの結合部の締め付け等を確認した後でなければ作業を行わないこと。

③　ガソリンが残存している化学設備，ドラムかん等に灯油または軽油を注入する作業を行うときは，あらかじめ内部を洗浄する等により安全な状態にしたことを確認した後でなければ作業を行わないこと。

④　引火性の物の蒸気，可燃性のガスや粉じんが存在し爆発，火災のおそれのある場所については，通風，換気，除じん等の措置を講じること。

⑤　自然発火の危険がある物を積み重ねるときは危険な温度に上昇しない措置を講じること。

⑥　油または印刷用インキ類によって浸染したボロ等については火災防止措置を講じること。

⑦　危険物等が存在して爆発または火災のおそれのある場所に点火源となる機械等を使用しないこと。

⑧　通風，換気，除じん等の措置を講じてもなお可燃性ガス等または可燃性粉じんが爆発の危険のある濃度に達するおそれのある箇所において電気機械器具を使用するときは，適当な性能を有する防爆構造電気機械器具でなければ使用しないこと。

⑨　爆燃性の粉じんが存在して爆発の危険のある場所において電気機械器具を使用するときは，適当な性能を有する防爆構造電気機械器具でなければ使用しないこと。

⑩　⑧の箇所または⑨の場所において作業を行うときは，労働者の身体，作業服等に帯電する静電気を除去するための措置を講じること。

⑪　所定の設備を使用し，静電気による爆発または火災のおそれのあるときは，静電気を除去するための措置を講じること。

⑫　火災または爆発の危険がある場所には，火気の使用禁止の表示や立入禁止をすること。

⑬　建築物および化学設備，乾燥設備がある場所等には適当な箇所に消火設備を設けること。

⑭　火炉等の火災の危険のある設備と建築物等の間には，防火のため間隔を設け，または建築物等をしゃ熱材料で防護すること。

⑮　喫煙所，ストーブ等の火気を使用する場所には，火災予防のための設備を設けること。

(エ)　**第5章（電気による危険の防止）中の規制の概要**

①　電気機械器具（配電盤室等で電気取扱者以外が立入禁止の場所または電柱上等の隔離された場所に設置するものを除く）の充電部分で労働者が接触，接近して感電の危険があるものは，囲いまたは絶縁覆いを設けること。

②　移動式または可搬式の電動機械器具で，対地電圧が150Vをこえるものまたは水等で湿潤している場所や鉄板上等導電性の高い場所で使用するものについては，その接続される電路に適当な漏電しゃ断装置を接続

すること（困難なときは，電動機械器具の金属製外わく等の金属部分を，一心を専用の接地線とする移動電線および当該電動機械器具の電源コンセントに近接する箇所に設けられた接地端子を用いて接地極に接続する方法による等所定の事項により接地して使用すること。）。

③　労働者が接触，接近するおそれのある配線で絶縁被覆を有するものまたは移動電線については，絶縁被覆の損傷等による感電の危険を防止する措置を講じること。

④　電路を開路して，当該電路やその支持物，または近接する電路等や工作物の点検，修理，塗装等を行うときは，開閉器に施錠するなど所定の措置を講じること。

⑤　高圧活線作業を行うときは，労働者に絶縁用保護具を着用させる等所定の措置を講じること。

⑥　高圧活線近接作業を行うときは，当該充電電路に絶縁用防具を装着すること。

⑦　⑤⑥の場合において絶縁用防具の装着または取り外しの作業を労働者に行わせるときは，労働者に絶縁用保護具を着用させ，または活線作業用器具，装置を使用させること。

⑧　特別高圧活線作業または特別高圧活線近接作業を行うときは，労働者に活線作業用器具を使用させる等所定の措置を講じること。

⑨　低圧活線作業を行うときは，労働者に絶縁用保護具を着用させ，または活線作業用器具を使用させること。

⑩　低圧活線近接作業を行うときは，当該充電電路に絶縁用防具を装着すること。また，絶縁用防具の装着または取り外しの作業を労働者に行わせるときは，労働者に絶縁用保護具を着用させ，または活線作業用器具を使用させること。

⑪　④⑤⑥⑧の作業を行うときは，労働者に対し作業期間，作業内容等を周知し，かつ，作業指揮者を定めて，その者に労働者にあらかじめ作業の方法および順序を周知させ，かつ，作業を直接指揮する等所定の事項を行わせること。

(オ)　**第7章（荷役作業等における危険の防止）中の規制の概要**
①　著しい損傷があるなど所定の不適格な繊維ロープを貨車の荷掛けに使

用しないこと。

② 　繊維ロープを貨車の荷掛けに使用するときは，その日の使用開始前に点検し，異常を認めたときは直ちに取り替えること。

③ 　一の荷で重量が100kg以上のものを貨車に積む作業または貨車から卸す作業を行うときは，作業の指揮者を定め，その者に作業の方法および順序を決定し，作業を指揮すること等所定の事項を行わせること。

④ 　貨車から荷を卸す作業を行うときは，労働者に中抜きをさせないこと。

⑤ 　はいの上で作業を行う場合，作業箇所の高さが床面から1.5mをこえるときは，安全に昇降するための設備を設けること。

⑥ 　床面からの高さが2m以上のはいについては，隣接のはいとの間隔を下端において10cm以上とすること。

⑦ 　はいの崩壊または荷の落下の危険のあるときは，当該はいについてロープで縛る等の措置を講じること。

⑧ 　はい付けまたははい崩しの作業が行われている箇所で，はいの崩壊または荷の落下の危険のあるところに関係労働者以外の労働者を立ち入らせないこと。

⑨ 　作業箇所の高さが床面から2m以上となるはいの上における作業を行うときは，労働者に保護帽を着用させること。

(カ)　**第9章（墜落，飛来崩壊等による危険の防止）中の規制の概要**

① 　高さが2m以上の箇所（作業床の端，開口部等を除く。）については，足場を組み立てる等により作業床を設けること。

② 　高さが2m以上の作業床の端，開口部等の箇所については，囲い等（囲い，手すり，覆い等）を設けること。

③ 　①が困難なとき，または②が著しく困難なときや作業の必要上臨時に囲い等を取り外すときは，防網を張り，労働者に墜落による危険のおそれに応じた性能を有する墜落制止用器具（要求性能墜落制止用器具）を使用させる等の措置を講じること。

④ 　高さが2m以上の箇所で作業を行う場合で労働者に要求性能墜落制止用器具等を使用させるときは，要求性能墜落制止用器具等を安全に取り付ける設備等を設け，当該設備等の異常の有無について随時点検すること。

⑤ 　高さが2m以上の箇所で作業を行う場合，強風，大雨等の悪天候のた

め危険が予想されるときは作業に労働者を従事させないこと。

⑥　高さが2m以上の箇所で作業を行うときは，作業に必要な照度を保持すること。

⑦　スレート，木毛板等の屋根の上で作業を行う場合については，幅が30cm以上の歩み板を設け，防網を張る等の措置を講じること。

⑧　高さまたは深さが1.5mをこえる箇所で作業を行うときは，労働者が安全に昇降できる設備を設けること。

⑨　3m以上の高所から物体を投下するときは，適当な投下設備を設け，監視人を置く等の措置を講じること。

⑩　作業のため物体が落下することによる危険のあるときは，防網の設備を設け，立入区域を設定する等の措置を講じること。

⑪　作業のため物体が飛来することによる危険のあるときは，飛来防止の設備を設け，労働者に保護具を使用させる等の措置を講じること。

⑫　船台の附近，高層建築場等の場所で，その上方において他の労働者が作業を行っているところで作業を行うときは，労働者に保護帽を着用させること。

(キ)　**第10章（通路，足場等）中の規制の概要**

①　作業場に通じる場所および作業場内には，安全な通路を設け，これを常時有効に保持すること。主要な通路には，保持のため通路であることを表示すること。

②　通路には，正常の通行を妨げない程度に採光または照明の方法を講じること。

③　屋内に設ける通路の幅等については，用途に応じた幅を有すること等所定の事項によること。

④　機械間等の通路については，幅80cm以上とすること。

⑤　作業場の床面については，つまずき，滑り等のないものとし，これを安全な状態に保持すること。

⑥　旋盤，ロール機等の機械が，常時その作業に従事する労働者の身長に比べて不適当に高いときは，安全で適当な高さの作業踏台を設けること。

⑦　危険物等の製造または取扱いをする作業場およびその建築物の避難階（直接地上に通じる出入口のある階）には，非常の場合に容易に避難で

きる2以上の出入口を設けること。また，出入口の戸は引戸または外開戸とすること。

⑧　⑦の建築物の避難階以外の階には，避難階または地上に通じる2以上の直通階段または傾斜路（ひとつについては，滑り台，避難用はしご等の避難用器具で代えることができる。）を設け，そのうちひとつは屋外に設けること。

⑨　⑦の作業場または常時50人以上の労働者が就業する屋内作業場には，自動警報設備，非常ベル等の警報用設備または携帯用拡声器等の警報用器具を備えること。

さらに，ボイラーおよび圧力容器，クレーンならびにゴンドラについては，以下のように個別の省令（特別則）で規制が行われていますので，該当のある事業場においては，巻末〔参考資料〕2や実際の条文を参照してください。以下では，該当の有無にかかわらず共通に知っていただきたい点を説明します。

イ　ボイラー及び圧力容器安全規則

ボイラーとは，水を火気などで加熱し，大気圧を超える蒸気または温水を作り他に供給する容器をいい，圧力容器は，内部の圧力が大気圧を超える容器でボイラー以外のもの（熱交換器，オートクレーブ等）をいいます（令第1条第3号〜第7号参照）。ボイラーや圧力容器は，高温高圧で可燃の内容物を保有することもあり，経年劣化等により爆発や破裂が発生すると，容器の一部や破片が広範囲に飛散し，労働者だけではなく近隣住民も巻き込む大きな災害となるおそれがあります。このため，ボイラー及び圧力容器安全規則（ボイラー則）が制定されています。

ボイラー則では下記の章に，各種ボイラーおよび圧力容器の整備または取扱いにおける就業制限，作業主任者などの具体的事項について定められています。

(ア)　第2章　ボイラー　第3節・第4節

(イ)　第3章　第1種圧力容器　第3節

(ウ)　第4章　第2種圧力容器

(エ)　第5章　小型ボイラーおよび小型圧力容器

※　(注)　(ア)(イ)(ウ)等は，巻末〔参考資料〕2の各規則の内容の説明に対応しています。

第1章
第2章
第3章
第4章
第5章
第6章

ウ　クレーン等安全規則

　クレーンとは，荷を動力を用いてつり上げ，これを水平に運搬することを目的とする機械装置をいい，似たものとしてデリックがあり，これは，荷を動力を用いてつり上げることを目的とする機械装置で，マストまたはブームが別置の原動機とワイヤロープにより操作されるものです（昭和47年基発第602号参照）。トラッククレーンや無限軌道をもつクローラクレーンなどは，移動式クレーンといいます。クレーン等による作業では，つり荷の落下や，荷や装置と壁等との間への挟まれ，装置の転倒など，重篤な災害に繋がる危険性があります。このため，クレーン等安全規則（クレーン則）が制定されています。

　クレーン則では下記の章に，就業制限や特別教育，作業開始前点検などの具体的事項について定められています。また，エレベーターや簡易リフト等（製造業，建設業等の所定の事業に係るものに限る），玉掛けの用具や業務などについても規定されています。

　(ア)　第2章　クレーン　　第2節・第3節

　(イ)　第3章　移動式クレーン　　第2節・第3節

　(ウ)　第4章　デリック　　第2節・第3節

　(エ)　第5章　エレベーター　　第2節・第3節

　(オ)　第6章　建設用リフト　　第2節・第3節

　(カ)　第7章　簡易リフト　　第2節・第3節

　(キ)　第8章　玉掛け　　第1節

エ　ゴンドラ安全規則

　ゴンドラとは，つり足場および昇降装置等からなり，つり足場の作業床が専用の昇降装置により上昇または下降する設備をいいます（令第1条第11号参照）。ゴンドラによる作業では，ワイヤロープの外れによるつり足場の落下，強風による作業者の墜落など，重篤な災害に繋がる危険性があります。このため，ゴンドラ安全規則（ゴンドラ則）が制定されています。

　ゴンドラ則では下記の章に，特別教育，作業開始前点検などの具体的事項について定められています。

　(ア)　第3章　使用および就業

　(イ)　第4章　定期自主検査等

（6）労働者の健康障害を防止するための措置に関する法令

ア　労働安全衛生規則

第3編で具体的な衛生基準が規定されており，その主なものは以下のとおりです。

（ア）　**第1章（有害な作業環境）中の規制の概要**

① 有害物，ガス，蒸気，粉じん，有害な光線，超音波，騒音，振動等の有害原因の除去のため，代替物の使用等必要な措置を講じること。

② 屋内作業場のガス，蒸気，または粉じん発散の抑制の措置を講じること。

③ 坑，タンク等の内部で，内燃機関付き機械を使用しないこと。

④ 有害物を含有する排気については，排気処理装置を設け処理すること。

⑤ 有害物を含有する排液については，排液処理装置により処理すること。

⑥ 病原体を適切に処理すること。

⑦ 屋外作業場または坑内での粉じんの飛散の防止のための措置を講じること。

⑧ 坑内の炭酸ガスの濃度を1.5%以下とすること。

⑨ 屋内作業場における騒音の伝ぱを防止するため，隔壁を設ける等必要な措置を講じること。

⑩ 有害な作業場の立入りを禁止し，その旨を表示すること。

⑪ 有害物，病原体またはこれらの汚染物を一定の場所に集積し，その旨を表示すること。

（イ）　**第1章の2（廃棄物の焼却施設に係る作業）中の規制の概要**

廃棄物の焼却施設に係る作業に関し，空気中のダイオキシン類の濃度等の測定，湿潤化，保護具などについて定めています。

（ウ）　**第2章（保護具等）中の規制の概要**

① 著しく暑熱，寒冷な場所等における業務，有害な光線にさらされる業務，ガス，蒸気，粉じん発散場所における業務，病原体による汚染のおそれのある業務等に従事する労働者のための保護衣，保護眼鏡，呼吸用保護具等を備えること。

② 皮膚障害または経皮吸収による障害の防止のための不浸透性の保護具等を備えること。

③ 騒音作業における騒音障害防止用の保護具を備えること。

④ ①から③までの保護具を必要数備え，有効かつ清潔に保持すること。

⑤ 保護具等の使用に伴う疾病感染のおそれがあるときは，各人専用のものを備える等所定の措置を講じること。

(エ) **第3章（気積および換気）中の規制の概要**

① 屋内作業場における気積を労働者1人あたり10㎥以上（設備の占める容積および床面から4m超える高さの空間を除く）とすること。

② 屋内作業場における換気を十分に行うこと。

③ 坑内作業場において通気設備を設けること。

(オ) **第4章（採光および照明）中の規制の概要**

① 作業面の照度を一定の値に保つこと。

② 採光と照明の方法を適正にすることおよび照明設備を定期的に点検すること。

(カ) **第5章（温度および湿度）中の規制の概要**

① 暑熱，寒冷または多湿の屋内作業場については，温湿度調節の措置を講じること。

② 多量の熱を放散する屋内作業場について，ふく射熱からの保護措置を講じること。

③ 加熱された炉の修理にあたっては冷却すること。

④ 給湿作業場についての給湿程度を適切にし，清浄な水を用いること。

⑤ 坑内作業場の気温を37度以下とすること。

(キ) **第6章（休養）中の規制の概要**

① 休憩設備の設置に努めること。

② 有害な作業場においては，場外に休憩設備を設けること。

③ 持続的な立業については，いすを備えること。

④ 夜間の労働については，男女別の睡眠および仮眠の設備を設けること。

⑤　多量の発汗を伴う作業場においては，塩および飲料水を備えること。

⑥　常時 50 人以上または常時女性 30 人以上の労働者を使用するときは，男女別の休養室等を設けること。

(ク)　**第 7 章（清潔）中の規制の概要**

①　定期に，統一的に清掃をすること。

②　廃棄物は定められた場所に廃棄すること。

③　有害物等により汚染する床等を洗浄すること。

④　湿潤のおそれのある床等を不浸透性の材料のもの等とすること。

⑤　汚物を一定の場合において露出しないよう処理することおよび病原体による汚染のおそれのある床等を消毒すること。

⑥　身体または被服の汚染のおそれのある業務については，洗眼，洗身，うがい，更衣設備等を設けること。

⑦　被服湿潤の作業場においては，乾燥設備を設けること。

⑧　飲用の水その他の飲料を十分供給すること。

⑨　所定の数，構造等の便所を設けること。

(ケ)　**第 8 章（食堂および炊事場）中の規制の概要**

①　有害な作業場においては，場外に食事の設備を設けること。

②　事業場附属の食堂または炊事場は，所定の構造，広さ，附属設備等を有するものとすること。

③　給食を行う際の栄養の確保を図ること。

④　所定数以上の給食を行う場合は，栄養士を配置し，栄養管理をすること。

(コ)　**第 9 章（救急用具）中の規制の概要**

負傷者の手当に必要な救急用具を備え，その場所および使用方法を労働者に周知させ，かつ，それを清潔に保持すること。

以上の内容は，多くの事業場で一般的に必要な規制として，労働安全衛生規則で定められているものです（一般則）。個別の作業条件や物質等については，以下のように個別の省令（特別則）で規制が行われていますので，該当のある事業場においては，巻末〔参考資料〕2 や実際の条文を参照してください。以下では，

該当の有無にかかわらず共通に知っていただきたい点を説明します。

イ　有機溶剤中毒予防規則

　　有機溶剤とは，揮発性の液体で，他の物質を溶かす性質をもっている有機化合物の総称で，急性中毒または慢性中毒のかたちで人体に致命的に作用しますので，中毒予防措置が必要です。このため，有機溶剤中毒予防規則（有機則）が制定されています。

　　有機則では下記の章に，有機溶剤等を使用する場合必要となる，換気・排気装置等の設備の性能や点検・検査のほか，保護具の使用などについて定められています。

　　(ア)　第2章　設備
　　(イ)　第3章　換気装置の性能等
　　(ウ)　第4章　管理
　　(エ)　第7章　保護具
　　(オ)　第8章　有機溶剤の貯蔵および空容器の処理
　　　　※（注）(ア)(イ)(ウ)等は，巻末〔参考資料〕2の各規則の内容の説明に対応しています。

ウ　鉛中毒予防規則

　　鉛は古くから用いられている有用な金属ですが，それが大量に，かつ，多方面にわたって用いられ，発散する鉛のヒューム，粉じんにばく露されることにより，重篤な中毒を発生させてきました。このため，鉛中毒予防規則（鉛則）が制定されています。

　　鉛則では下記の章に，鉛作業において必要となる，換気・排気・除じん装置等の設備の性能や点検・検査のほか，発散源の密閉，作業場の清掃，作業者の洗身，保護具の使用などについて定められています。

　　(ア)　第2章　設備
　　(イ)　第3章　換気装置の構造，性能等
　　(ウ)　第4章　管理
　　(エ)　第7章　保護具等

エ　四アルキル鉛中毒予防規則

　　有鉛ガソリンの製造・取扱い等の四アルキル鉛等業務による健康障害を予防

するため，四アルキル鉛中毒予防規則（四鉛則）が制定されています。

オ　特定化学物質障害予防規則

　原材料または製品として使用されている化学物質のうち特定のものについては，発がん性や，慢性ないしは急性の中毒，皮膚障害その他重篤な健康障害を発生させる可能性があります。このような化学物質による健康障害を予防するため，特定化学物質障害予防規則（特化則）が制定されています。

　特化則では，対象とする物質を，製造の許可，装置の密閉措置を必要とする「第一類物質」，局所排気装置による発散抑制の措置等を必要とする「第二類物質」および大量漏えい事故防止対策を講ずべき「第三類物質」に大別し，下記の章に発散源の密閉，換気・排気装置等の設備の性能や点検・検査のほか，排液等の処理，立入禁止措置，作業者の洗身，保護具の使用などについて定められています。

　　㈠　第2章　製造等に係る措置
　　㈡　第3章　用後処理
　　㈢　第4章　漏えいの防止
　　㈣　第5章　管理
　　㈤　第5章の2　特殊な作業等の管理
　　㈥　第7章　保護具

　※　なお，特化則の対象物質のうち，エチルベンゼン，1・2-ジクロロプロパンおよびクロロホルムほか9物質は上記の第二類物質の中の「特別有機溶剤」として位置づけられています。これらの特別有機溶剤は溶剤として使用される実態があり，それに応じた健康障害防止措置を規定する必要があることから，含有率によっては有機則の規定の一部が準用されます。

カ　高気圧作業安全衛生規則

　高気圧の作業には，圧気潜函・圧気シールドの中での作業や潜水作業があります。このような環境下では，種々の危険がありますが，その代表的な障害として減圧症があります。これは血液や組織中に大量に溶けこんだ窒素等の不活性ガスが，気圧の急激な低下により気泡となって血流中に入り，小血管をふさぎ，これが原因となって皮膚蟻走感，掻痒感や関節痛を起こしたり，神経麻痺やけいれんなどを起こして死亡することも少なくない障害です。

　また，体内の酸素，窒素，二酸化炭素の圧力が高まることによる酸素中毒，

窒素中毒，二酸化炭素中毒といった高気圧障害になるおそれがあります。

このような高気圧障害の防止を図るため，高気圧作業安全衛生規則（高圧則）が制定されています。高圧則では下記の章に，高圧室内業務における気こう室等の要件や加圧・減圧の方法，潜水業務における潜水・浮上の方法のほか，作業計画の作成，装置の点検，減圧症等の救急時に必要な再圧室などについて定められています。

　㋐　第2章　設備
　㋑　第3章　業務管理
　㋒　第5章　再圧室

キ　電離放射線障害防止規則

放射線は，人類に貢献する分野が広く，その利用はますます拡大する情勢にありますが，一方では，放射線は人体にいろいろな障害を及ぼすのみならず，発がんへの影響もあります。放射線障害防止については，国際放射線防護委員会（ICRP）による国際的な基準があり，わが国では，その委員会勧告を採り入れ，電離放射線障害防止規則（電離則）が制定されています。

電離則では下記の章に，管理区域における措置や労働者の線量管理，放射線装置の取扱い，放射線物質取扱作業での汚染防止措置などについて定められています。

　㋐　第2章　管理区域ならびに線量の限度および測定
　㋑　第3章　外部放射線の防護
　㋒　第4章　汚染の防止
　㋓　その他の規制

ク　東日本大震災により生じた放射性物質により汚染された土壌等を除染するための業務等に係る電離放射線障害防止規則

東日本大震災に伴う原子力発電所の事故により放出された放射性物質の除染等の作業に従事する労働者の放射線障害を防止するため，除染等業務および特定線量下業務に従事する労働者に対して必要な防護措置が実施される必要があることから，従来の電離則とは別に，「東日本大震災により生じた放射性物質により汚染された土壌等を除染するための業務等に係る電離放射線障害防止規則」（除染電離則）が制定されています。

ケ　酸素欠乏症等防止規則

　潜函，青果むろ，タンク，船倉など通気換気が不十分な特殊な作業環境下の作業に従事することにより，酸素欠乏症が毎年発生しています。また，清掃業等の作業現場等において，有機物が微生物により分解されて生じる硫化水素による中毒も繰り返し発生しています。このため，酸素欠乏症または硫化水素中毒を防止するための措置が確保されるよう，酸素欠乏症等防止規則（酸欠則）が制定されています。

　酸欠則では下記の章に，酸素濃度等の測定や空気呼吸器の使用，監視人を置く等の措置のほか，特殊な作業における措置などについて定められています。

　㋐　第2章　一般的防止措置

　㋑　第3章　特殊な作業における防止措置

コ　事務所衛生基準規則

　以前は，建築物の衛生環境については，労働安全衛生規則によって，工場現場や事務所の別を問わず一括的にその最低水準が確保されてきましたが，これでは，事務所における衛生水準の向上を図るうえで十分ではありませんでした。このため，特別規制として事務所衛生基準規則（事務所則）が定められています。

　事務所則では下記の章に，事務所の気積や空気環境基準，照度のほか，6カ月以内ごとの大掃除など清潔に関すること，救急用具を備えることなどについて定められています。

　㋐　第2章　事務室の環境管理

　㋑　第3章　清潔

　㋒　第4章　休養，第5章　救急用具

サ　粉じん障害防止規則

　製造業，鉱業，建設業等では，物の破砕，ふるい分け，研磨，仕上げ，運搬などの作業に従事する労働者は，粉じんを吸入することによってじん肺にかかることがありますが，じん肺は，現代の医学によっても治すことができません。このため，昭和52年7月にはじん肺法が改正され，じん肺の健康管理対策が充実強化され，また，昭和54年4月には，より具体的な環境管理対策を盛り込んだ粉じん障害防止規則（粉じん則）が制定され，じん肺について予防

第1章

第2章

第3章

第4章

第5章

第6章

から健康管理に至る一貫した体系が確立されました。

　粉じん則では下記の章に，特定粉じん作業における措置，局所排気装置等の取扱い，発生源の湿潤化，保護具の使用などについて定められています。

　　㋐　第2章　設備等の基準
　　㋑　第3章　設備の性能等
　　㋒　第4章　管理
　　㋓　第6章　保護具

シ　石綿障害予防規則

　石綿は，不燃・耐熱性，熱・電気絶縁性，耐摩耗性などその優れた特性から，建材や摩擦材，保温・断熱材，シール材など多岐にわたる用途に使用され，とくに昭和40年代から昭和60年代の初め頃にかけて大量の石綿が輸入され，その多くが建材に使用されていました。

　その後，石綿の職業ばく露により肺がん，中皮腫，石綿肺等の重篤な健康障害をもたらすことが明らかになったことから，昭和46年4月に特定化学物質等障害予防規則が制定され，石綿もその規制対象になりました。しかし，石綿が大量に建材に使用された時代に作られた建築物の解体がこれからピークを迎えることや，他の特定化学物質とは措置の内容が大幅に異なることから，単独の規則として，石綿障害予防規則（石綿則）が平成17年7月より施行されました。

　なお，石綿の製造，使用等については，安衛令等の改正により全面禁止（許可を受けた分析用試料等を除く。）とされています。

（7）作業環境測定

ア　作業環境測定の実施（労働安全衛生法第65条）

　事業者は，有害な業務を行う屋内作業場その他の作業場のうち一定のもの（作業環境測定を行うべき作業場は256ページ参照）については，必要な作業環境測定を行い，その結果を記録しなければなりません。

イ　作業環境測定結果の評価等（労働安全衛生法第65条の2）

　事業者は，作業環境測定を行うべき作業場については，作業環境測定結果の評価を行い，その結果必要があると認められるときは，労働者の健康を保持す

るため必要な措置を講じなければなりません。

　なお，粉じん，特定化学物質（一部の物質に限る。）等，鉛および有機溶剤に係るものの評価は，厚生労働大臣の定める作業環境評価基準に従って行わなければなりません。

ウ　作業環境測定士による実施（作業環境測定法第3条）

　事業者は，作業環境測定を行うべき作業場のうち一定のもの（指定作業場）に係る測定については，作業環境測定士に実施させ，または作業環境測定機関に委託して実施しなければなりません。

エ　作業環境測定士と作業環境測定機関（作業環境測定法）

(ア)　作業環境測定士

① 作業環境測定士になるには，作業環境測定士試験に合格し，かつ厚生労働大臣または都道府県労働局長の登録を受けた者が行う講習を修了し，指定登録機関（国が指定）の登録を受けることが必要です（法第5条および第7条）。

② 作業環境測定士には，第一種作業環境測定士と第二種作業環境測定士とがあります（法第2条）。

・第一種作業環境測定士は，指定作業場について作業環境測定の業務を行うほか，第一種作業環境測定士の名称を用いて指定作業場以外の事業場における作業環境測定の業務を行う者とされています。

・第二種作業環境測定士は，指定作業場について作業環境測定の業務（検知管等厚生労働省令で定める機器以外の機器を用いて行う分析の業務を除く。）を行うほか，第二種作業環境測定士の名称を用いて指定作業場以外の事業場における作業環境測定の業務（同上）を行う者とされています。

(イ)　作業環境測定機関

① 作業環境測定機関は，他人の求めに応じて，事業場における作業環境測定を行うことを業とするものです。作業環境測定機関となるには，一定の基準に適合するもので，厚生労働大臣または都道府県労働局長の登録を受けることが必要です（法第33条）。一定の基準とは，第一種作業

環境測定士がおかれていること，使用する機器設備が厚生労働大臣の定める基準に適合していること，必要な事務所を有することなどです（作業環境測定法施行規則第54条）。

②　作業環境測定機関は，料金その他所定の事項について業務規程を定め，厚生労働大臣または都道府県労働局長に届け出なければなりません（法第34条の2，同法施行規則第59条）。

（8）健康診断

労働安全衛生法による一般健康診断には，

①　雇入時の健康診断（労働安全衛生規則第43条）

②　定期健康診断（労働安全衛生規則第44条）

③　特定業務従事者の健康診断（労働安全衛生規則第45条）

④　海外派遣労働者の健康診断（労働安全衛生規則第45条の2）

⑤　給食従業員の検便（労働安全衛生規則第47条）

⑥　深夜業従事者の自発的健康診断（労働安全衛生法第66条の2）

があります。

また，特殊健康診断を行う必要のある業務は，259ページの表に示すとおりです。

このほか，行政通達により指導勧奨されている特殊健康診断もあります（261ページ参照）。

（9）今後の化学物質の取扱いについて

化学物質による休業4日以上の労働災害（がん等の遅発性疾病を除く。）は，年間450件程度で推移していますが，その原因となった化学物質は，有機溶剤中毒予防規則や特定化学物質障害予防規則などの特別規則で規制されていない化学物質によるものが約8割を占める状況にあります。そのような背景から，事業場における化学物質の自律的管理の定着が必要不可欠なため，近年化学物質管理に関係する大きな法令改正が順次に行われています。

次表がその一覧です。

新たな化学物質規制項目の施行期日

規 制 項 目		2022(R4). 5.31(公布日)	2023(R5). 4.1	2024(R6). 4.1
化学物質管理体系の見直し	ラベル表示・通知をしなければならない化学物質の追加			○
	ばく露を最小限度にすること （ばく露を濃度基準値以下にすること）		○	○
	ばく露低減措置等の意見聴取、記録作成・保存		○	○
	皮膚等障害化学物質への直接接触の防止 （健康障害を起こすおそれのある物質関係）		○	○
	衛生委員会付議事項の追加		○	○
	がん等の遅発性疾病の把握強化		○	
	リスクアセスメント結果等に係る記録の作成保存		○	
	化学物質労災発生事業場等への労働基準監督署長による指示			○
	リスクアセスメントに基づく健康診断の実施・記録作成等			○
	がん原性物質の作業記録の保存		○	
実施体制の確立	化学物質管理者・保護具着用管理責任者の選任義務化			○
	雇入れ時等教育の拡充			○
	職長等に対する安全衛生教育が必要となる業種の拡大		○	
情報伝達の強化	SDS等による通知方法の柔軟化	○		
	SDS等の「人体に及ぼす作用」の定期確認及び更新		○	
	SDS等による通知事項の追加及び含有量表示の適正化			○
	事業場内別容器保管時の措置の強化		○	
	注文者が必要な措置を講じなければならない設備の範囲の拡大		○	
管理水準良好事業場の特別規則等適用除外			○	
特殊健康診断の実施頻度の緩和			○	
第三管理区分事業場の措置強化			・	○

〔参考資料〕1　関係図表等

1. 技術上の指針に関する公示等一覧
   （労働安全衛生法第 28 条第 1 項の規定に基づく技術上の指針に関する公示等）

件　　　名
・スリップフォーム工法による施工の安全基準に関する技術上の指針（昭和 49 年第 1 号）
・工業用加熱炉の燃焼設備の安全基準に関する技術上の指針（昭和 49 年第 2 号）
・感電防止用漏電しゃ断装置の接続及び使用の安全基準に関する技術上の指針（昭和 49 年第 3 号）
・工作機械の構造の安全基準に関する技術上の指針（昭和 50 年第 4 号，改正：令和 4 年第 23 号）
・コンベヤの安全基準に関する技術上の指針（昭和 50 年第 5 号）
・移動式足場の安全基準に関する技術上の指針（昭和 50 年第 6 号）
・ボイラーの低水位による事故の防止に関する技術上の指針（昭和 51 年第 7 号）
・墜落による危険を防止するためのネットの構造等の安全基準に関する技術上の指針（昭和 51 年第 8 号）
・プレス機械の金型の安全基準に関する技術上の指針（昭和 52 年第 9 号）
・鉄鋼業における水蒸気爆発の防止に関する技術上の指針（昭和 52 年第 10 号）
・油炊きボイラー及びガス炊きボイラーの燃焼設備の構造及び管理に関する技術上の指針（昭和 52 年第 11 号，改正：平成 13 年第 16 号）
・産業用ロボットの使用等の安全基準に関する技術上の指針（昭和 58 年第 13 号）
・可搬型ゴンドラの設置の安全基準に関する技術上の指針（昭和 61 年第 14 号）
・ヒドロキシルアミン等の安全な取扱い等に関する技術上の指針（平成 13 年第 17 号）
・交流アーク溶接機用自動電撃防止装置の接続及び使用の安全基準に関する技術上の指針（平成 23 年第 18 号）
・建築物等の解体等の作業及び労働者が石綿等にばく露するおそれがある建築物等における業務での労働者の石綿ばく露防止に関する技術上の指針（平成 26 年第 21 号，改正：令和 2 年第 22 号）
・機能安全による機械等に係る安全確保に関する技術上の指針（平成 28 年告示第 353 号）

2．計画の届出一覧
（安全関係）

届 出 の 対 象	必 要 な 書 類 等	届出先，期限	関係法令等
（危険，有害な機械等の設置等） 次の(1)～(4)に掲げる機械等の設置若しくは移転又は主要構造部分の変更		労働基準監督署長，工事の開始の30日前	法-88 ①
(1)則-別表7に掲げられている機械等 ・動力プレス ・溶解炉 ・化学設備 ・乾燥設備 ・アセチレン溶接装置 ・ガス集合溶接装置 ・機械集材装置 ・運材索道 ・軌道装置 ・型枠支保工 ・架設通路 ・足場	則-様式20号の設置（移転・変更）届及び次の書類 ア　則-別表7の中欄に掲げる事項を記載した書面 イ　同表の下欄に掲げる図面等		則-85，86，別表7 届出を要しない機械等については，則-85 ※型枠支保工と足場に関する工事の計画を作成するときは，則-別表9に掲げる者を参画させなければならない。（法-88④，則-92の2①，92の3，別表9）
(2)ボイラー，第一種圧力容器	設置…ボ-様式11号等の設置届，様式3号等の明細書及び設置場所の周囲の状況等を記載した書面 変更…ボ-様式20号の変更届，ボイラー検査証及び変更の内容を示す書面		ボ-10，56 ボ-41，76
(3)クレーン，移動式クレーン（変更届のみ），デリック，エレベーター，建設用リフト	設置…ク-様式2号等の設置届，様式3号等の明細書，組立図，ク-別表に掲げるの強度計算書及び据付箇所の周囲の状況等を記載した書面 変更…ク-様式12号等の変更届，検査証及び変更部分の図面		ク-5，96，140，174 ク-44，85，129，163，197

届　出　の　対　象	必　要　な　書　類　等	届出先，期限	関係法令等
(4)ゴンドラ	設置…ゴ‐様式10号の設置届，明細書，検査証及び組立図等を記載した書面		ゴ‐10
	変更…ゴ‐様式12号の変更届，検査証及び変更部分の図面		ゴ‐28
（大規模な建設工事） (5)次の①〜⑥の仕事 ①　高さが300m以上の塔の建設の仕事 ②　堤高が150m以上のダム建設の仕事 ③　最大支間500m（つり橋にあっては1,000m）以上の橋梁の建設の仕事 ④　長さが3,000m以上のずい道等の建設の仕事 ⑤　長さが1,000m以上3,000m未満のずい道等の建設の仕事で，深さが50m以上のたて坑の掘削を伴うもの ⑥　ゲージ圧力が0.3MPa以上の圧気工法による作業を行う仕事	則‐様式21号の計画届及び次の書類 ア　仕事を行う場所の周囲の状況及び四隣との関係を示す図面 イ　建設等をしようとする建設物等の概要を示す図面 ウ　工事用の機械，設備，建設物等の配置を示す図面 エ　工法の概要を示す書面又は図面 オ　労働災害を防止するための方法及び設備の概要を示す書面又は図面 カ　工程表 キ　圧気工法による作業を行う仕事にあっては圧気工法作業摘要書（則‐様式21号の2）	厚生労働大臣，仕事の開始の30日前	法‐88② 則‐89,91① ※仕事の計画を作成するときは，則‐別表9に掲げる者を参画させなければならない。（法‐88④，安‐92の3，別表9）
（一定規模以上の建設工事等（上記(5)の大臣届出に該当するものを除く。）） (6)次の①〜⑨の仕事 ［①〜④の建設等の仕事とは，建設，改造，解体又は破壊の仕事をいう。］ ①　高さ31mを超える建築物又は工作物の建設等の仕事 ②　最大支間50m以上の橋梁の建設等の仕事	上記(5)に同じ。	労働基準監督署長，仕事の開始の14日前	法‐88③ 則‐90，91②

届 出 の 対 象	必 要 な 書 類 等	届出先，期限	関係法令等
③　最大支間30m以上50m未満の橋梁の上部構造の建設等の仕事（人口が集中している地域内における道路上若しくは道路に隣接した場所又は鉄道の軌道上若しくは軌道に隣接した場所において行われるものに限る。） ④　ずい道等の建設等の仕事（内部に労働者が立ち入らないものを除く。） ⑤　掘削の高さ又は深さが10m以上である地山の掘削の作業を行う仕事 ⑥　圧気工法による作業を行う仕事 ⑦　建築物，工作物又は船舶（鋼製の船舶に限る。）に吹き付けられている石綿等（石綿等が使用されている仕上げ用塗り材を除く。）の除去，封じ込め又は囲い込みの作業を行う仕事 ⑧　建築物，工作物又は船舶（鋼製の船舶に限る。）に張り付けられている石綿等が使用されている保温材，耐火被覆材等の除去，封じ込め又は囲い込みの作業（石綿等の粉じんを著しく発散するおそれのあるものに限る。）を行う仕事 ⑨　ダイオキシン類対策特別措置法施行令別表第1第5号に掲げる廃棄物焼却炉(火格子面積が2m²以上又は焼却能力が1時間当たり200kg以上のものに限る。)を有する廃棄物の焼却施設に設置さ			※①〜⑥の仕事（①〜④については，建設の仕事に限る。）の計画を作成するときは，則－別表9に掲げる者を参画させなければならない。(法－88④，則－92の2②，92の3，別表9)

届　出　の　対　象	必　要　な　書　類　等	届出先，期限	関係法令等
れた廃棄物焼却炉，集じん機等の設備の解体等の仕事			
（土石採取） ⑺土石採取業における次の仕事 ①　掘削の高さ又は深さが10m以上の土石の採取のための掘削の作業を行う仕事 ②　坑内掘りによる土石の採取のための掘削の作業を行う仕事	則－様式第21号の計画届及び次の書類 ア　仕事を行う場所の周囲の状況及び四隣との関係を示す図面 イ　機械，設備，建設物等の配置を示す図面 ウ　採取の方法を示す書面又は図面 エ　労働災害を防止するための方法及び設備の概要を示す書面又は図面	労働基準監督署長，仕事の開始の14日前	法－88③ 令－24 則－90，92

（注）「法」は労働安全衛生法，「令」は労働安全衛生法施行令，「則」は労働安全衛生規則，「ク」はクレーン等安全規則，「ボ」はボイラー及び圧力容器安全規則，「ゴ」はゴンドラ安全規則を示す。また，たとえば法－88①は労働安全衛生法第88条第1項を示す。

（労働衛生関係）

届　出　の　対　象	必　要　な　書　類　等	届出先，期限	関係法令等
（危険，有害な機械，健康障害を防止するため使用する機械等の設置等） ⑻次の①～⑦に掲げる機械等の設置又は移転，主要構造部分の変更	則－様式20号の設置（移転・変更）届及びそれぞれ以下の書類 ア　則－別表7の中欄に掲げる事項を記載した書面 イ　同表の下欄に掲げる作業場所等の図面等	労働基準監督署長，工事の開始の30日前	法－88① 則－85，86
①　有機則第5条又は第6条（特化則第38条の8においてこれらの規定を準用する場合も含む。）の有機溶剤の蒸気の発散源を密閉する設備，局所排気装置，プッシュプル型換気装置又は全体換気装置で，移動式以外のもの	上記イには次のものを含む。 ・局所排気装置にあっては局所排気装置摘要書（則－様式25号） ・プッシュプル型換気装置にあってはプッシュプル型換気装置摘要書（則－様式26号）		則－別表7の13の項

届 出 の 対 象	必 要 な 書 類 等	届出先, 期限	関係法令等
② 鉛則第2条, 第5条～第15条及び第17条～第20条に規定する鉛等又は焼結鉱等の粉じんの発散源を密閉する設備, 局所排気装置又はプッシュプル型換気装置	上記イには次のものを含む。 ・局所排気装置にあっては局所排気装置摘要書 ・プッシュプル型換気装置にあってはプッシュプル型換気装置摘要書		則-別表7の14の項
③ 四アルキル鉛をガソリンに混入する業務（四アルキル鉛をストレージタンクに注入する業務を含む。）に用いる機械又は装置	上記イの図面等 ・業務に用いる機械又は装置の図面 ・業務を行う作業場所の図面		則-別表7の15の項
④ 則-別表7のうち,特化則に示されている機械等 ・第一類物質又は特定第二類物質等を製造する設備 ・特定化学設備及びその附属設備 ・特定第二類物質又は管理第二類物質のガス, 蒸気又は粉じんが発散する屋内作業場に設ける発散抑制の設備（特化則第2条の2第2号又は第4号～第8号に掲げる業務のみに係るものを除く。） ・排ガス処理装置（アクロレインに係るもの） ・特化則第11条第1項の排液処理装置 ・1,3-ブタジエン等又は硫酸ジエチル等に係る発散抑制の設備（屋外に設置されるものを除く。） ・1,3-プロパンスルトン等を製造し, 又は取り扱う設備及びその附属設備	上記イには次のものを含む。 ・局所排気装置が設置されている場合にあっては局所排気装置摘要書 ・プッシュプル型換気装置が設置されている場合にあってはプッシュプル型換気装置摘要書		則-別表7の16の項～20の4の項
⑤ 放射線装置	上記イの図面等 ・管理区域を示す図面 ・放射線装置摘要書（則-様式27号）		則-別表7の21の項

届 出 の 対 象	必 要 な 書 類 等	届出先，期限	関係法令等
⑥ 空気調和設備又は機械換気設備で中央管理方式のもの	上記イの図面等 ・上記アの事項が書面により明示できないときは，当該事項に係る構造図，配管の配置図等の図面		則－別表7の22の項
⑦ 則－別表7のうち，粉じん則に示されている機械又は設備並びに装置	上記イには次のものを含む。 ・局所排気装置にあっては局所排気装置摘要書 ・プッシュプル型換気装置にあってはプッシュプル型換気装置摘要書		則－別表7の23，24の項
⑧ 石綿等の粉じんが発散する屋内作業場に設ける発散抑制の設備	上記イには次のものを含む。 ・局所排気装置が設置されている場合にあっては局所排気装置摘要書 ・プッシュプル型換気装置が設置されている場合にあってはプッシュプル型換気装置摘要書		則－別表7の25の項
（一定規模以上の建設工事等（安全関係の⑸の大臣届出に該当するものを除く。）（再掲）） ⑵次の①～④の仕事 ① 圧気工法による作業を行う仕事 ② 建築物，工作物又は船舶（鋼製の船舶に限る。）に吹き付けられている石綿等（石綿等が使用されている仕上げ用塗り材を除く。）の除去，封じ込め又は囲い込みの作業を行う仕事 ③ 建築物，工作物又は船舶（鋼製の船舶に限る。）に張り付けられている石綿等が使用されている保温材，耐火被覆材等の除去，封じ込め又は囲い込みの作業（石綿等の粉じんを著しく発散するお	安全関係の⑸に同じ。	労働基準監督署長，仕事の開始の14日前	法－88③ 則－90，91② ※①の仕事の計画を作成するときは，則－別表9に掲げる者を参画させなければならない。（法－88④，則－92の2②，92の3，別表9）

届 出 の 対 象	必 要 な 書 類 等	届出先，期限	関係法令等
それのあるものに限る。）を行う仕事 ④　ダイオキシン類対策特別措置法施行令別表第1第5号に掲げる廃棄物焼却炉 (火格子面積が 2m² 以上又は焼却能力が1時間当たり 200kg 以上のものに限る。）を有する廃棄物の焼却施設に設置された廃棄物焼却炉，集じん機等の設備の解体等の仕事			

(注)　「法」は労働安全衛生法，「則」は労働安全衛生規則，「有機則」は有機溶剤中毒予防規則，「鉛則」は鉛中毒予防規則，「特化則」は特定化学物質障害予防規則，「粉じん則」は粉じん障害防止規則を示す。また，たとえば法-88①は労働安全衛生法第88条第1項を示す。

3. 特別教育を必要とする業務一覧

①　研削といしの取替え又は取替え時の試運転の業務
②　動力により駆動されるプレス機械の金型，シャーの刃部又はプレス機械若しくはシャーの安全装置若しくは安全囲いの取付け，取外し又は調整の業務
③　アーク溶接機を用いて行う金属の溶接，溶断等の業務
④　高圧（直流にあっては 750V を，交流にあっては 600V を超え，7,000V 以下である電圧をいう。）若しくは特別高圧（7,000V を超える電圧をいう。）の充電電路若しくは当該充電電路の支持物の敷設，点検，修理若しくは操作の業務，低圧（直流にあっては 750V 以下，交流にあっては 600V 以下である電圧をいう。）の充電電路（対地電圧が 50V 以下であるもの及び電信用のもの，電話用のもの等で感電による危害を生ずるおそれのないものを除く。）の敷設若しくは修理の業務（⑤に掲げる業務を除く。）又は配電盤室，変電室等区画された場所に設置する低圧の電路（対地電圧が 50V 以下であるもの及び電信用のもの，電話用のもの等で感電による危害の生ずるおそれのないものを除く。）のうち充電部分が露出している開閉器の操作の業務
⑤　対地電圧が 50V を超える低圧の蓄電池を内蔵する自動車の整備の業務
⑥　最大荷重 1t 未満のフォークリフトの運転（道路交通法第2条第1項第1号の道路（以下「道路」という。）上を走行させる運転を除く。）の業務
⑦　最大荷重 1t 未満のショベルローダー又はフォークローダーの運転（道路上を走行させる運転を除く。）の業務
⑧　最大積載量が 1t 未満の不整地運搬車の運転（道路上を走行させる運転を除く。）の業務
⑨　制限荷重 5t 未満の揚貨装置の運転の業務
⑩　伐木等機械（伐木，造材又は原木若しくは薪炭材の集積を行うための機械であって，動力を用い，かつ，不特定の場所に自走できるものをいう。）の運転（道路上を走行させる運転を除く。）の業務

⑪ 走行集材機械（車両の走行により集材を行うための機械であって，動力を用い，かつ，不特定の場所に自走できるものをいう。）の運転（道路上を走行させる運転を除く。）の業務

⑫ 機械集材装置（集材機，架線，搬器，支柱及びこれらに附属する物により構成され，動力を用いて，原木又は薪炭材（以下「原木等」という。）を巻き上げ，かつ，空中において運搬する設備をいう。）の運転の業務

⑬ 簡易架線集材装置（集材機，架線，搬器，支柱及びこれらに附属する物により構成され，動力を用いて，原木等を巻き上げ，かつ，原木等の一部が地面に接した状態で運搬する設備をいう。）の運転又は架線集材機械（動力を用いて原木等を巻き上げることにより当該原木等を運搬するための機械であって，動力を用い，かつ，不特定の場所に自走できるものをいう。）の運転（道路上を走行させる運転を除く。）の業務

⑭ チェーンソーを用いて行う立木の伐木，かかり木の処理又は造材の業務

⑮ 機体重量が 3t 未満の労働安全衛生法施行令別表第 7 第 1 号，第 2 号，第 3 号又は第 6 号に掲げる機械（整地・運搬・積込み用，掘削用，基礎工事用又は解体用建設機械）で，動力を用い，かつ，不特定の場所に自走できるものの運転（道路上を走行させる運転を除く。）の業務

⑯ 労働安全衛生法施行令別表第 7 第 3 号に掲げる機械（くい打機等基礎工事用機械）で，動力を用い，かつ，不特定の場所に自走できるもの以外のものの運転の業務

⑰ 労働安全衛生法施行令別表第 7 第 3 号に掲げる機械（くい打機等基礎工事用機械）で，動力を用い，かつ，不特定の場所に自走できるものの作業装置の操作（車体上の運転者席における操作を除く。）の業務

⑱ 労働安全衛生法施行令別表第 7 第 4 号に掲げる機械（締固め用機械）で，動力を用い，かつ，不特定の場所に自走できるものの運転（道路上を走行させる運転を除く。）の業務

⑲ 労働安全衛生法施行令別表第 7 第 5 号に掲げる機械（コンクリート打設用機械）の作業装置の操作の業務

⑳ ボーリングマシンの運転の業務

㉑ 建設工事の作業を行う場合における，ジャッキ式つり上げ機械（複数の保持機構（ワイヤロープ等を締め付けること等によって保持する機構をいう。）を有し，当該保持機構を交互に開閉し，保持機構間を動力を用いて伸縮させることにより荷のつり上げ，つり下げ等の作業をワイヤロープ等を介して行う機械をいう。）の調整又は運転の業務

㉒ 作業床の高さ（労働安全衛生法施行令第 10 条第 4 号の作業床の高さをいう。）が 2m 以上 10m 未満の高所作業車の運転（道路上を走行させる運転を除く。）の業務

㉓ 動力により駆動される巻上げ機（電気ホイスト，エヤーホイスト及びこれら以外の巻上げ機でゴンドラに係るものを除く。）の運転の業務

㉔ 動力車及び動力により駆動される巻上げ装置で，軌条により人又は荷を運搬する用に供されるもの（巻上げ装置を除く。）の運転の業務

㉕ 小型ボイラーの取扱いの業務

㉖ 次に掲げるクレーン（移動式クレーンを除く。）の運転の業務
ア つり上げ荷重が 5t 未満のクレーン
イ つり上げ荷重が 5t 以上の跨線テルハ

㉗ つり上げ荷重が 1t 未満の移動式クレーンの運転（道路上を走行させる運転を除く。）の業務

㉘ つり上げ荷重が 5t 未満のデリックの運転の業務

㉙ 建設用リフトの運転の業務

㉚　つり上げ荷重が 1t 未満のクレーン，移動式クレーン又はデリックの玉掛けの業務

㉛　ゴンドラの操作の業務

㉜　作業室及び気こう室へ送気するための空気圧縮機を運転する業務

㉝　高圧室内作業に係る作業室への送気の調節を行うためのバルブ又はコックを操作する業務

㉞　気こう室への送気又は気こう室からの排気の調整を行うためのバルブ又はコックを操作する業務

㉟　潜水作業者への送気の調節を行うためのバルブ又はコックを操作する業務

㊱　再圧室を操作する業務

㊲　高圧室内作業に係る業務

㊳　労働安全衛生法施行令別表第 5 に掲げる四アルキル鉛等業務

㊴　労働安全衛生法施行令別表第 6 に掲げる酸素欠乏危険場所における作業に係る業務

㊵　特殊化学設備の取扱い，整備及び修理の業務（労働安全衛生法施行令第 20 条第 5 号に規定する第一種圧力容器の整備の業務を除く。）

㊶　エックス線装置又はガンマ線照射装置を用いて行う透過写真の撮影の業務

㊷　加工施設（核原料物質，核燃料物質及び原子炉の規制に関する法律第 13 条第 2 項第 2 号に規定する加工施設をいう。），再処理施設（同法第 44 条第 2 項第 2 号に規定する再処理施設をいう。）又は使用施設等（同法第 52 条第 2 項第 10 号に規定する使用施設等（同法施行令第 41 条に規定する核燃料物質の使用施設等に限る。）をいう。）の管理区域（電離放射線障害防止規則（以下「電離則」という。）第 3 条第 1 項に規定する管理区域をいう。）内において核燃料物質（原子力基本法第 3 条第 2 号に規定する核燃料物質をいう。）若しくは使用済燃料（核原料物質，核燃料物質及び原子炉の規制に関する法律第 2 条第 10 項に規定する使用済燃料をいう。）又はこれらによって汚染された物（原子核分裂生成物を含む。㊸において同じ。）を取り扱う業務

㊸　原子炉施設（核原料物質，核燃料物質及び原子炉の規制に関する法律第 23 条第 2 項第 5 号に規定する試験研究用等原子炉施設及び同法第 43 条の 3 の 5 第 2 項第 5 号に規定する発電用原子炉施設をいう。）の管理区域内において，核燃料物質若しくは使用済燃料又はこれらによって汚染された物を取り扱う業務

㊹　東日本大震災により生じた放射性物質により汚染された土壌等を除染するための業務等に係る電離放射線障害防止規則（以下「除染則」という。）第 2 条第 7 項第 2 号イ又はロに掲げる物その他の事故由来放射性物質（平成 23 年 3 月 11 日に発生した東北地方太平洋沖地震に伴う原子力発電所の事故により当該原子力発電所から放出された放射性物質をいう。）により汚染された物であって，電離則第 2 条第 2 項に規定するものの処分の業務

㊺　電離則第 7 条の 2 第 3 項の特例緊急作業に係る業務

㊻　粉じん障害防止規則（以下「粉じん則」という。）第 2 条第 1 項第 3 号の特定粉じん作業（設備による注水又は注油をしながら行う粉じん則第 3 条各号に掲げる作業に該当するものを除く。）に係る業務

㊼　ずい道等の掘削の作業又はこれに伴うずり，資材等の運搬，覆工のコンクリートの打設等の作業（当該ずい道等の内部において行われるものに限る。）に係る業務

㊽　マニプレータ及び記憶装置（可変シーケンス制御装置及び固定シーケンス制御装置を含む。）を有し，記憶装置の情報に基づきマニプレータの伸縮，屈伸，上下移動，左右移動若しくは旋回の動作又はこれらの複合動作を自動的に行うことができる機械（研究開発中のものその他厚生労働大臣が定めるものを除く。以下「産業用ロボット」という。）の可動範囲（記憶装置の情報に基づきマニプレータその他の産業用ロボットの各部の動

くことができる最大の範囲をいう。）内において当該産業用ロボットについて行うマニ
プレータの動作の順序，位置若しくは速度の設定，変更若しくは確認（以下「教示等」
という。）（産業用ロボットの駆動源を遮断して行うものを除く。以下同じ。）又は産業
用ロボットの可動範囲内において当該産業用ロボットについて教示等を行う労働者と共
同して当該産業用ロボットの可動範囲外において行う当該教示等に係る機器の操作の業
務

㊾　産業用ロボットの可動範囲内において行う当該産業用ロボットの検査，修理若しくは
調整（教示等に該当するものを除く。）若しくはこれらの結果の確認（以下「検査等」と
いう。）（産業用ロボットの運転中に行うものに限る。以下同じ。）又は産業用ロボットの
可動範囲内において当該産業用ロボットの検査等を行う労働者と共同して当該産業用ロ
ボットの可動範囲外において行う当該検査等に係る機器の操作の業務

㊿　自動車（二輪自動車を除く。）用タイヤの組立てに係る業務のうち，空気圧縮機を用
いて当該タイヤに空気を充てんする業務

51　ダイオキシン類対策特別措置法施行令別表第1第5号に掲げる廃棄物焼却炉を有する
廃棄物の焼却施設（以下「廃棄物の焼却施設」という。）においてばいじん及び焼却灰
その他の燃え殻を取り扱う業務（53に掲げる業務を除く。）

52　廃棄物の焼却施設に設置された廃棄物焼却炉，集じん機等の設備の保守点検等の業務

53　廃棄物の焼却施設に設置された廃棄物焼却炉，集じん機等の設備の解体等の業務及び
これに伴うばいじん及び焼却灰その他の燃え殻を取り扱う業務

54　石綿障害予防規第4条第1項に掲げる作業（石綿含有建築物・工作物・船舶の解体等，
石綿の封じ込め・囲い込みの作業）に係る業務

55　除染則第2条第7項の除染等業務及び同条第8項の特定線量下業務

56　足場の組立て，解体又は変更の作業に係る業務（地上又は堅固な床上における補助作
業の業務を除く。）

57　高さが2m以上の箇所であって作業床を設けることが困難なところにおいて，昇降器
具（労働者自らの操作により上昇し，又は下降するための器具であって，作業箇所の上
方にある支持物にロープを緊結してつり下げ，当該ロープに労働者の身体を保持するた
めの器具を取り付けたものをいう。）を用いて，労働者が当該昇降器具により身体を保
持しつつ行う作業（40度未満の斜面における作業を除く。）に係る業務

58　高さが2m以上の箇所であって作業床を設けることが困難なところにおいて，墜落制
止用器具のうちフルハーネス型のものを用いて行う作業に係る業務（57に掲げる業務を
除く。）

（注）令和6年2月1日から，次の業務が加わる。
　　　テールゲートリフター（労働安全衛生規則第151条の2第7号の貨物自動車の荷台の後部に設
　　置された動力により駆動されるリフトをいう。）の操作の業務（当該貨物自動車に荷を積む作業
　　又は当該貨物自動車から荷を卸す作業を伴うものに限る。）

4. 就業制限に係る業務一覧

① 発破の場合におけるせん孔，装てん，結線，点火並びに不発の装薬又は残薬の点検及び処理の業務

② 制限荷重が 5t 以上の揚貨装置の運転の業務

③ ボイラー（小型ボイラーを除く。）の取扱いの業務

④ ③のボイラー又は第一種圧力容器（小型圧力容器を除く。）の溶接（自動溶接機による溶接，管（ボイラーにあっては，主蒸気管及び給水管を除く。）の周継手の溶接及び圧縮応力以外の応力を生じない部分の溶接を除く。）の業務

⑤ ボイラー（小型ボイラー及び⑦胴の内径が 750mm 以下でかつその長さが 1,300mm 以下の蒸気ボイラー，④伝熱面積が 3m² 以下の蒸気ボイラー，⑦伝熱面積が 14m² 以下の温水ボイラー，①伝熱面積が 30m² 以下の貫流ボイラー（気水分離器を有するものにあっては，当該気水分離器の内径が 400mm 以下でかつその内容積が 0.4m³ 以下のものに限る。）を除く。）又は労働安全衛生法施行令第 6 条第 17 号の第一種圧力容器の整備の業務

⑥ つり上げ荷重が 5t 以上のクレーン（跨線テルハを除く。）の運転の業務

⑦ つり上げ荷重が 1t 以上の移動式クレーンの運転（道路交通法第 2 条第 1 項第 1 号に規定する道路（以下「道路」という。）上を走行させる運転を除く。）の業務

⑧ つり上げ荷重が 5t 以上のデリックの運転の業務

⑨ 潜水器を用い，かつ，空気圧縮機若しくは手押しポンプによる送気又はボンベからの給気を受けて，水中において行う業務

⑩ 可燃性ガス及び酸素を用いて行う金属の溶接，溶断又は加熱の業務

⑪ 最大荷重（フォークリフトの構造及び材料に応じて基準荷重中心に負荷させることができる最大の荷重をいう。）が 1t 以上のフォークリフトの運転（道路上を走行させる運転を除く。）の業務

⑫ 機体重量が 3t 以上の労働安全衛生法施行令別表第 7 第 1 号，第 2 号，第 3 号又は第 6 号に掲げる建設機械で，動力を用い，かつ，不特定の場所に自走することができるものの運転（道路上を走行させる運転を除く。）の業務

⑬ 最大荷重（ショベルローダー又はフォークローダーの構造及び材料に応じて負荷させることができる最大の荷重をいう。）が 1t 以上のショベルローダー又はフォークローダーの運転（道路上を走行させる運転を除く。）の業務

⑭ 最大積載量が 1t 以上の不整地運搬車の運転（道路上を走行させる運転を除く。）の業務

⑮ 作業床の高さが 10m 以上の高所作業車の運転（道路上を走行させる運転を除く。）の業務

⑯ 制限荷重が 1t 以上の揚貨装置又はつり上げ荷重が 1t 以上のクレーン，移動式クレーン若しくはデリックの玉掛けの業務

5．作業主任者一覧

（安全関係）

名　　称	作業の内容		資格を有する者
ガス溶接作業主任者	アセチレン溶接装置又はガス集合溶接装置を用いて行う金属の溶接，溶断又は加熱の作業		ガス溶接作業主任者免許を受けた者
林業架線作業主任者	次のいずれかに該当する機械集材装置若しくは運材索道の組立て，解体，変更若しくは修理の作業又はこれらの設備による集材若しくは運材の作業 ①　原動機の定格出力が 7.5kW を超えるもの ②　支間の斜距離の合計が 350m 以上のもの ③　最大使用荷重が 200kg以上のもの		林業架線作業主任者免許を受けた者
ボイラー取扱作業主任者	ボイラー（小型ボイラーを除く。）の取扱いの作業	取り扱うボイラーの伝熱面積の合計が 500㎡以上の場合（貫流ボイラーのみを取り扱う場合を除く。）	特級ボイラー技士免許を受けた者
		取り扱うボイラーの伝熱面積の合計が 25㎡以上 500㎡未満の場合（貫流ボイラーのみを取り扱う場合において，その伝熱面積の合計が 500㎡以上のときを含む。）	特級ボイラー技士免許又は一級ボイラー技士免許を受けた者
		取り扱うボイラーの伝熱面積の合計が 25㎡未満の場合	特級ボイラー技士免許，一級ボイラー技士免許又は二級ボイラー技士免許を受けた者
		労働安全衛生法施行令第 20 条第 5 号イからニまでに掲げるボイラーのみを取り扱う場合	特級ボイラー技士免許，一級ボイラー技士免許若しくは二級ボイラー技士免許を受けた者又はボイラー取扱技能講習を修了した者
木材加工用機械作業主任者	木材加工用機械（丸のこ盤，帯のこ盤，かんな盤，面取り盤及びルーターに限るものとし，携帯用のものを除く。）を 5 台以上（当該機械のうちに自動送材車式帯のこ盤が含まれている場合には，3 台以上）有する事業場において行う当該機械による作業		木材加工用機械作業主任者技能講習を修了した者

名　　称	作業の内容	資格を有する者
プレス機械作業主任者	動力により駆動されるプレス機械を5台以上有する事業場において行う当該機械による作業	プレス機械作業主任者技能講習を修了した者
乾燥設備作業主任者	次に掲げる設備による物の加熱乾燥の作業 ①　乾燥設備のうち，危険物等に係る設備で，内容積が1㎥以上のもの ②　乾燥設備のうち，①の危険物等以外の物に係る設備で，熱源として燃料を使用するもの（その最大消費量が，固体燃料にあっては毎時10kg以上，液体燃料にあっては毎時10L以上，気体燃料にあっては毎時1㎥以上であるものに限る。）又は熱源として電力を使用するもの（定格消費電力が10kW以上のものに限る。）	乾燥設備作業主任者技能講習を修了した者
コンクリート破砕器作業主任者	コンクリート破砕器を用いて行う破砕の作業	コンクリート破砕器作業主任者技能講習を修了した者
地山の掘削作業主任者	掘削面の高さが2m以上となる地山の掘削（ずい道及びたて坑以外の坑の掘削を除く。）の作業（岩石の採取のための掘削の作業を除く。）	地山の掘削及び土止め支保工作業主任者技能講習を修了した者
土止め支保工作業主任者	土止め支保工の切りばり又は腹起こしの取付け又は取り外しの作業	地山の掘削及び土止め支保工作業主任者技能講習を修了した者
ずい道等の掘削等作業主任者	ずい道等（ずい道及びたて坑以外の坑（岩石の採取のためのものを除く。）をいう。）の掘削の作業（掘削用機械を用いて行う掘削の作業のうち労働者が切羽に近接することなく行うものを除く。）又はこれに伴うずり積み，ずい道支保工（ずい道等における落盤，肌落ち等を防止するための支保工をいう。）の組立て，ロックボルトの取付け若しくはコンクリート等の吹付けの作業	ずい道等の掘削等作業主任者技能講習を修了した者
ずい道等の覆工作業主任者	ずい道等の覆工（ずい道型枠支保工の組立て，移動若しくは解体又は当該組立て若しくは移動に伴うコンクリートの打設をいう。）の作業	ずい道等の覆工作業主任者技能講習を修了した者

名　　称	作業の内容	資格を有する者
採石のための掘削作業主任者	掘削面の高さが2m以上となる採石法第2条に規定する岩石の採取のための掘削の作業	採石のための掘削作業主任者技能講習を修了した者
はい作業主任者	高さが2m以上のはいのはい付け又ははい崩しの作業（荷役機械の運転者のみによって行われるものを除く。）	はい作業主任者技能講習を修了した者
船内荷役作業主任者	船舶に荷を積み，船舶から荷を卸し，又は船舶において荷を移動させる作業（総トン数500トン未満の船舶（船員室の新設，増設，又は拡大により総トン数が500トン未満から500トン以上となったもの（510トン未満のものに限る。）のうち厚生労働省令で定めるものを含む。）において揚貨装置を用いないで行うものを除く。）	船内荷役作業主任者技能講習を修了した者
型枠支保工の組立て等作業主任者	型枠支保工の組立て又は解体の作業	型枠支保工の組立て等作業主任者技能講習を修了した者
足場の組立て等作業主任者	つり足場（ゴンドラのつり足場を除く。），張出し足場又は高さが5m以上の構造の足場の組立て，解体又は変更の作業	足場の組立て等作業主任者技能講習を修了した者
建築物等の鉄骨の組立て等作業主任者	建築物の骨組み又は塔であって，金属製の部材により構成されるもの（その高さが5m以上であるものに限る。）の組立て，解体又は変更の作業	建築物等の鉄骨の組立て等作業主任者技能講習を修了した者
鋼橋架設等作業主任者	橋梁の上部構造であって，金属製の部材により構成されるもの（その高さが5m以上であるもの又は支間が30m以上である部分に限る。）の架設，解体又は変更の作業	鋼橋架設等作業主任者技能講習を修了した者
木造建築物の組立て等作業主任者	軒の高さが5m以上の木造建築物の構造部材の組立て又はこれに伴う屋根下地若しくは外壁下地の取付けの作業	木造建築物の組立て等作業主任者技能講習を修了した者
コンクリート造の工作物の解体等作業主任者	コンクリート造の工作物（その高さが5m以上であるものに限る。）の解体又は破壊の作業	コンクリート造の工作物の解体等作業主任者技能講習を修了した者

名　　称	作業の内容		資格を有する者
コンクリート橋架設等作業主任者	橋梁の上部構造であって，コンクリート造のもの（その高さが5m以上であるもの又は支間が30m以上である部分に限る。）の架設又は変更の作業		コンクリート橋架設等作業主任者技能講習を修了した者
第一種圧力容器取扱作業主任者	第一種圧力容器（小型圧力容器及び次に掲げる容器を除く。）の取扱いの作業 ① 労働安全衛生法施行令第1条第5号イに掲げる容器で，内容積が5m²以下のもの ② 労働安全衛生法施行令第1条第5号ロからニまでに掲げる容器で，内容積が1m²以下のもの	化学設備に係る第一種圧力容器の取扱いの作業	化学設備関係第一種圧力容器取扱作業主任者技能講習を修了した者
		上記の作業以外の作業	特級ボイラー技士免許，一級ボイラー技士免許若しくは二級ボイラー技士免許を受けた者又は化学設備関係第一種圧力容器取扱作業主任者技能講習若しくは普通第一種圧力容器取扱作業主任者技能講習を修了した者

（労働衛生関係）

名　　称	作業の内容		資格を有する者
高圧室内作業主任者	高圧室内作業（潜函工法その他の圧気工法により，大気圧を超える気圧下の作業室又はシャフトの内部において行う作業に限る。）		高圧室内作業主任者免許を受けた者
エックス線作業主任者	労働安全衛生法施行令別表第2第1号又は第3号の放射線業務に係る作業（医療用又は波高値による定格管電圧が1,000kV以上のエックス線を発生させる装置（同表第2号の装置を除く。）を使用するものを除く。）		エックス線作業主任者免許を受けた者
ガンマ線透過写真撮影作業主任者	ガンマ線照射装置を用いて行う透過写真の撮影の作業		ガンマ線透過写真撮影作業主任者免許を受けた者
特定化学物質作業主任者	特定化学物質を製造し，又は取り扱う作業（試験研究のため取り扱う作業，特別有機溶剤業務以外の特別有機溶剤等を製造し又は取り扱う業務及び，コバルト及	下記（右ページ）の作業以外の作業	特定化学物質及び四アルキル鉛等作業主任者技能講習を修了した者

特定化学物質作業主任者（特別有機溶剤等関係）	びその無機化合物，酸化プロピレン，三酸化二アンチモン，ジメチル-2,2-ジクロロビニルホスフェイト（DDVP），ナフタレン，リフラクトリーセラミックファイバー又はこれらを含有する製剤等を製造し又は取り扱う作業で厚生労働省令で定めるものを除く。）	特別有機溶剤等に係る一定の作業	有機溶剤作業主任者技能講習を修了した者
鉛作業主任者	労働安全衛生法施行令別表第4第1号から第10号までに掲げる鉛業務（遠隔操作によって行う隔離室におけるものを除く。）に係る作業		鉛作業主任者技能講習を修了した者
四アルキル鉛等作業主任者	四アルキル鉛等業務（遠隔操作によって行う隔離室におけるものを除くものとし，労働安全衛生法施行令別表第5第6号に掲げる業務にあっては，ドラムかんその他の容器の積卸しの業務に限る。）に係る作業		特定化学物質及び四アルキル鉛等作業主任者技能講習を修了した者
酸素欠乏危険作業主任者	酸素欠乏危険場所における作業のうち次の欄に掲げる作業以外の作業		酸素欠乏危険作業主任者技能講習又は酸素欠乏・硫化水素危険作業主任者技能講習を修了した者
	酸素欠乏症及び硫化水素中毒にかかるおそれのある酸素欠乏危険場所における作業		酸素欠乏・硫化水素危険作業主任者技能講習を修了した者
有機溶剤作業主任者	屋内作業場又はタンク，船倉若しくは坑の内部その他の厚生労働省令で定める場所において労働安全衛生法施行令別表第6の2に掲げる有機溶剤（当該有機溶剤と当該有機溶剤以外の物との混合物で，当該有機溶剤を当該混合物の重量の5%を超えて含有するものを含む。）を製造し，又は取り扱う業務で，厚生労働省令で定めるものに係る作業		有機溶剤作業主任者技能講習を修了した者
石綿作業主任者	石綿若しくは石綿をその重量の0.1%を超えて含有する製剤その他の物（以下「石綿等」という。）を取り扱う作業（試験研究のため取り扱う作業を除く。）又は石綿等を試験研究のため製造する作業		石綿作業主任者技能講習を修了した者

（注）令和6年1月1日から，次の区分が加わる。

金属アーク溶接等作業主任者	労働安全衛生法施行令第6条第18号の作業のうち，金属をアーク溶接する作業，アークを用いて金属を溶断し，又はガウジングする作業その他の溶接ヒュームを製造し，又は取り扱う作業		金属アーク溶接等作業主任者限定技能講習を修了した者

6. 定期自主検査を行うべき機械等

① 特定機械等（次表参照）
② 活線作業用装置（その電圧が，直流にあっては 750V を，交流にあっては 600V を超える充電電路について用いられるものに限る。）
③ 活線作業用器具（その電圧が，直流にあっては 750V を，交流にあっては 300V を超える充電電路について用いられるものに限る。）
④ フォークリフト
⑤ 車両系建設機械
⑥ つり上げ荷重が 0.5t 以上 3t 未満（スタッカー式クレーンにあっては，0.5t 以上 1t 未満）のクレーン
⑦ つり上げ荷重が 0.5t 以上 3t 未満の移動式クレーン
⑧ つり上げ荷重が 0.5t 以上 2t 未満のデリック
⑨ 積載荷重が 0.25t 以上 1t 未満のエレベーター
⑩ ガイドレール（昇降路を有するものにあっては，昇降路。）の高さが 10m 以上 18m 未満の建設用リフト（積載荷重が 0.25t 未満のものを除く。）
⑪ 積載荷重が 0.25t 以上の簡易リフト
⑫ ショベルローダー
⑬ フォークローダー
⑭ ストラドルキャリヤー
⑮ 不整地運搬車
⑯ 作業床の高さが 2m 以上の高所作業車
⑰ 第二種圧力容器（船舶安全法の適用を受ける船舶に用いられるもの及び電気事業法，高圧ガス保安法又はガス事業法の適用を受けるものを除く。）
⑱ 小型ボイラー（船舶安全法の適用を受ける船舶に用いられるもの及び電気事業法の適用を受けるものを除く。）
⑲ 小型圧力容器（船舶安全法の適用を受ける船舶に用いられるもの及び電気事業法，高圧ガス保安法又はガス事業法の適用を受けるものを除く。）
⑳ 絶縁用保護具（その電圧が，直流にあっては 750V を，交流にあっては 300V を超える充電電路について用いられるものに限る。）
㉑ 絶縁用防具（その電圧が，直流にあっては 750V を，交流にあっては 300V を超える充電電路に用いられるものに限る。）
㉒ 動力により駆動されるプレス機械
㉓ 動力により駆動されるシャー
㉔ 動力により駆動される遠心機械
㉕ 化学設備（労働安全衛生法施行令別表第 1 に掲げる危険物（火薬類取締法第 2 条第 1 項に規定する火薬類を除く。）を製造し，若しくは取り扱い，又はシクロヘキサノール，クレオソート油，アニリンその他の引火点が 65 度以上の物を引火点以上の温度で製造し，若しくは取り扱う設備で，移動式以外のものをいい，アセチレン溶接装置，ガス集合溶接装置及び乾燥設備を除く。）（配管を除く。）及びその附属設備
㉖ アセチレン溶接装置及びガス集合溶接装置（これらの装置の配管のうち，地下に埋設された部分を除く。）
㉗ 乾燥設備及びその附属設備
㉘ 動力車及び動力により駆動される巻上げ装置で，軌条により人又は荷を運搬する用に供されるもの（鉄道営業法，鉄道事業法又は軌道法の適用を受けるものを除く。）

㉙　局所排気装置，プッシュプル型換気装置，除じん装置，排ガス処理装置及び排液処理装置で，厚生労働省令で定めるもの

㉚　特定化学設備（労働安全衛生法施行令別表第 3 第 2 号に掲げる第二類物質のうち厚生労働省令で定めるもの又は同表第 3 号に掲げる第三類物質を製造し，又は取り扱う設備で，移動式以外のものをいう。）及びその附属設備

㉛　ガンマ線照射装置で，透過写真の撮影に用いられるもの

7．特定機械等

①　ボイラー（小型ボイラー並びに船舶安全法の適用を受ける船舶に用いられるもの及び電気事業法の適用を受けるものを除く。）

②　第一種圧力容器（小型圧力容器並びに船舶安全法の適用を受ける船舶に用いられるもの及び電気事業法，高圧ガス保安法，ガス事業法又は液化石油ガスの保安の確保及び取引の適正化に関する法律の適用を受けるものを除く。）

③　つり上げ荷重が 3t 以上（スタッカー式クレーンにあっては，1t 以上）のクレーン

④　つり上げ荷重が 3t 以上の移動式クレーン

⑤　つり上げ荷重が 2t 以上のデリック

⑥　積載荷重（エレベーター（簡易リフト及び建設用リフトを除く。以下同じ。），簡易リフト又は建設用リフトの構造及び材料に応じて，これらの搬器に人又は荷をのせて上昇させることができる最大の荷重をいう。）が 1t 以上のエレベーター

⑦　ガイドレール（昇降路を有するものにあっては，昇降路。）の高さが 18m 以上の建設用リフト（積載荷重が 0.25t 未満のものを除く。）

⑧　ゴンドラ

8．個別検定を受けるべき機械等

①　ゴム，ゴム化合物又は合成樹脂を練るロール機の急停止装置のうち電気的制動方式のもの

②　第二種圧力容器（船舶安全法の適用を受ける船舶に用いられるもの及び電気事業法，高圧ガス保安法又はガス事業法の適用を受けるものを除く。）

③　小型ボイラー（船舶安全法の適用を受ける船舶に用いられるもの及び電気事業法の適用を受けるものを除く。）

④　小型圧力容器（船舶安全法の適用を受ける船舶に用いられるもの及び電気事業法，高圧ガス保安法又はガス事業法の適用を受けるものを除く。）

9．型式検定を受けるべき機械等

①　ゴム，ゴム化合物又は合成樹脂を練るロール機の急停止装置のうち電気的制動方式以外の制動方式のもの

②　プレス機械又はシャーの安全装置

③　防爆構造電気機械器具（船舶安全法の適用を受ける船舶に用いられるものを除く。）

④　クレーン又は移動式クレーンの過負荷防止装置

⑤　防じんマスク（ろ過材及び面体を有するものに限る。）

⑥　防毒マスクのうち，ハロゲンガス用又は有機ガス用のものその他厚生労働省令で定めるもの

⑦　木材加工用丸のこ盤の歯の接触予防装置のうち可動式のもの
⑧　動力により駆動されるプレス機械のうちスライドによる危険を防止するための機構を有するもの
⑨　交流アーク溶接機用自動電撃防止装置
⑩　絶縁用保護具のうち，その電圧が，直流にあっては 750V を，交流にあっては 300V を超える充電電路について用いられるもの
⑪　絶縁用防具のうち，その電圧が，直流にあっては 750V を，交流にあっては 300V を超える充電電路に用いられるもの
⑫　保護帽のうち，物体の飛来若しくは落下又は墜落による危険を防止するためのもの
⑬　防じん機能を有する電動ファン付き呼吸用保護具
⑭　防毒機能を有する電動ファン付き呼吸用保護具（ハロゲンガス用又は有機ガス用のものその他厚生労働省令で定めるものに限る。）

10．厚生労働大臣が定める規格または安全装置を具備すべき機械等
（特定機械等，個別検定または型式検定を受けるべき機械等を除く。）

①　ゴム，ゴム化合物又は合成樹脂を練るロール機
②　アセチレン溶接装置のアセチレン発生器
③　研削盤，研削といし及び研削といしの覆い
④　木材加工用丸のこ盤及びその反ぱつ予防装置又は歯の接触予防装置のうち，歯の接触予防装置については可動式以外のもの
⑤　手押しかんな盤及びその刃の接触予防装置
⑥　動力により駆動されるプレス機械のうち，スライドによる危険を防止するための機構を有するもの以外のもの
⑦　アセチレン溶接装置又はガス集合溶接装置の安全器
⑧　活線作業用装置のうち，その電圧が，直流にあっては 750V を，交流にあっては 600V を超える充電電路について用いられるもの
⑨　活線作業用器具のうち，その電圧が，直流にあっては 750V を，交流にあっては 300V を超える充電電路について用いられるもの
⑩　絶縁用防護具のうち，対地電圧が 50V を超える充電電路に用いられるもの
⑪　フォークリフト
⑫　車両系建設機械
⑬　型わく支保工用のパイプサポート，補助サポート及びウイングサポート
⑭　鋼管足場用の部材及び附属金具
⑮　つり足場用のつりチェーン及びつりわく
⑯　合板足場板のうち，アピトン又はカポールをフェノール樹脂等により接着したもの
⑰　つり上げ荷重が 0.5t 以上 3t 未満（スタッカー式クレーンにあっては，0.5t 以上 1t 未満）のクレーン
⑱　つり上げ荷重が 0.5t 以上 3t 未満の移動式クレーン
⑲　つり上げ荷重が 0.5t 以上 2t 未満のデリック
⑳　積載荷重が 0.25t 以上 1t 未満のエレベーター
㉑　ガイドレールの高さが 10m 以上 18m 未満の建設用リフト
㉒　積載荷重が 0.25t 以上の簡易リフト
㉓　再圧室
㉔　潜水器
㉕　波高値による定格管電圧が 10kV 以上のエックス線装置（エックス線又はエックス線

装置の研究又は教育のため，使用のつど組み立てるもの及び薬機法第2条第4項に規定する医療機器で，厚生労働大臣が定めるものを除く。）

㉖　ガンマ線照射装置（薬機法第2条第4項に規定する医療機器で，厚生労働大臣が定めるものを除く。）

㉗　紡績機械及び製綿機械で，ビーター，シリンダー等の回転体を有するもの

㉘　蒸気ボイラー及び温水ボイラーのうち，労働安全衛生法施行令第1条第3号イからヘまでに掲げるもの（船舶安全法の適用を受ける船舶に用いられるもの及び電気事業法の適用を受けるものを除く。）

㉙　労働安全衛生法施行令第1条第5号イからニまでに掲げる容器のうち，第一種圧力容器以外のもの（ゲージ圧力0.1MPa以下で使用する容器で内容積が0.01㎥以下のもの及びその使用する最高のゲージ圧力をメガパスカルで表した数値と内容積を立方メートルで表した数値との積が0.001以下の容器並びに船舶安全法の適用を受ける船舶に用いられるもの及び電気事業法，高圧ガス保安法，ガス事業法又は液化石油ガスの保安の確保及び取引の適正化に関する法律の適用を受けるものを除く。）

㉚　大気圧を超える圧力を有する気体をその内部に保有する容器（労働安全衛生法施行令第1条第5号イからニまでに掲げる容器，第二種圧力容器及び第7号に掲げるアセチレン発生器を除く。）で，内容積が0.1㎥を超えるもの（船舶安全法の適用を受ける船舶に用いられるもの及び電気事業法，高圧ガス保安法又はガス事業法の適用を受けるものを除く。）

㉛　墜落制止用器具

㉜　チェーンソーのうち，内燃機関を内蔵するものであって，排気量が40㎤以上のもの

㉝　ショベルローダー

㉞　フォークローダー

㉟　ストラドルキャリヤー

㊱　不整地運搬車

㊲　作業床の高さが2m以上の高所作業車

11. 作業環境測定等を行うべき作業場一覧

作業場の種類 （労働安全衛生法施行令第21条）		関連規則 （注2）	測定の種類	測定回数	記録の 保存年
○1 （注1）	土石，岩石，鉱物，金属又は炭素の粉じんを著しく発散する屋内作業場	粉じん則 第26条	空気中の粉じん濃度，遊離けい酸含有率	6カ月以内ごとに1回	7
2	暑熱，寒冷又は多湿の屋内作業場	安衛則 第587条 第607条	気温，湿度，ふく射熱	半月以内ごとに1回	3
3	著しい騒音を発する屋内作業場	安衛則 第588条 第590条 第591条	等価騒音レベル	6カ月以内ごとに1回 （注3）	3
4	坑内の作業場 (1)炭酸ガスが停滞する作業場	安衛則 第589条 第592条 第603条 第612条	空気中の炭酸ガス濃度	1カ月以内ごとに1回	3
	(2)通気設備のある作業場		通気量	半月以内ごとに1回	3
	(3)28℃を超える作業場		気温	半月以内ごとに1回	3
5	中央管理方式の空気調和設備を設けている建築物の室で，事務所の用に供されるもの	事務所則 第7条	空気中のCO及びCO_2含有率，室温，外気温，相対湿度	2カ月以内ごとに1回 （注4）	3
		事務所則 第7条の2 （室の建築，大規模の修繕又は大規模の模様替を行ったとき）	空気中のホルムアルデヒドの量	当該室の使用を開始した日以後最初に到来する6月から9月までの期間に1回	—
6	放射線業務を行う作業場 (1)放射線業務を行う管理区域	電離則 第53条 第54条 第55条	外部放射線による線量当量率又は線量当量	1カ月以内ごとに1回 （注5）	5

作業場の種類 （労働安全衛生法施行令第21条）		関連規則	測定の種類	測定回数	記録の 保存年
	○(2)放射性物質取扱作業室 (2)の2　事故由来廃棄物 　　取扱施設 (3)坑内の核原料物質の掘 　採の業務を行う作業場		空気中の放射 性物質濃度	1カ月以内 ごとに1回	5
○7	特定化学物質のうち第一類 物質・第二類物質を製造し， 又は取り扱う屋内作業場 （特別有機溶剤業務以外の 特別有機溶剤等を製造し， 又は取り扱う業務，コバル ト及びその無機化合物，酸 化プロピレン，三酸化二ア ンチモン，ジメチル-2,2-ジ クロロビニルホスフェイト （DDVP），ナフタレン，リ フラクトリーセラミック ファイバー又はこれらを含 有する製剤等を製造し，又 は取り扱う作業で厚生労働 省令で定めるものを除く。） など	特化則 第36条	空気中の第一 類物質又は第 二類物質の濃 度	6カ月以内 ごとに1回	3 （特別管 理物質に ついては 30年間）
	特定有機溶剤混合物（特別 有機溶剤と有機溶剤の合計 含有量が5%を超えるもの） を製造し，又は取り扱う屋 内作業場	特化則 第36条の 5 （有機則第28 条～第28条 の4を準用）	空気中の特別 有機溶剤及び 有機溶剤の濃 度	6カ月以内 ごとに1回	3
	石綿等を取り扱い，若しく は試験研究のため製造する 屋内作業場又は石綿分析用 試料等を製造する屋内作業 場	石綿則 第36条	空気中の石綿 の濃度	6カ月以内 ごとに1回	40
○8	一定の鉛業務を行う屋内作 業場	鉛則 第52条	空気中の鉛濃 度	1年以内ご とに1回	3

作業場の種類 （労働安全衛生法施行令第21条）		関連規則	測定の種類	測定回数	記録の 保存年
※9 (注6)	酸素欠乏危険場所において作業を行う場合の当該作業場	酸欠則 第3条	第一種酸素欠乏危険作業については空気中の酸素濃度，第二種酸素欠乏危険作業については空気中の酸素及び硫化水素濃度	作業開始前ごと	3
○10	有機溶剤のうち，第一種有機溶剤又は第二種有機溶剤に係る有機溶剤業務を行う屋内作業場	有機則 第28条	空気中の当該有機溶剤の濃度	6カ月以内ごとに1回	3

(注) 1. ○印を付した作業場（指定作業場）における作業環境測定は，作業環境測定士が行わなければならない。

2. 「粉じん則」は粉じん障害防止規則，「安衛則」は労働安全衛生規則，「事務所則」は事務所衛生基準規則，「電離則」は電離放射線障害防止規則，「特化則」は特定化学物質障害予防規則，「石綿則」は石綿障害予防規則，「鉛則」は鉛中毒予防規則，「酸欠則」は酸素欠乏症等防止規則，「有機則」は有機溶剤中毒予防規則をそれぞれ示している。

3. 施設，設備，作業工程又は作業方法を変更した場合には，遅滞なく測定する。

4. 室温及び相対湿度については，1年間基準を満たし，かつ，今後1年間もその状況が継続すると見込まれる場合は，春又は秋，夏及び冬の3回。

5. 放射線装置を固定して使用する場合において使用の方法及び遮へい物の位置が一定しているとき，又は3.7GBq以下の放射性物質を装備している機器を使用するときは6カ月以内ごとに1回。

6. ※印を付した作業場の測定は酸素欠乏危険作業主任者に行わせること。

12. 女性労働基準規則の対象物質（26物質）

・特定化学物質障害予防規則の適用を受けているもの
① 塩素化ビフェニル（PCB）
② アクリルアミド
③ エチルベンゼン
④ エチレンイミン
⑤ エチレンオキシド
⑥ カドミウム化合物
⑦ クロム酸塩
⑧ 五酸化バナジウム
⑨ 水銀およびその無機化合物（硫化水銀を除く）
⑩ 塩化ニッケル（Ⅱ）（粉状のものに限る）
⑪ スチレン
⑫ テトラクロロエチレン（パークロルエチレン）

⑬　トリクロロエチレン
⑭　砒素化合物（アルシンと砒化ガリウムを除く）
⑮　ベータ-プロピオラクトン
⑯　ペンタクロルフェノール（PCP）およびそのナトリウム塩
⑰　マンガン
（注）カドミウム，クロム，バナジウム，ニッケル，砒素の金属単体，マンガン化合物は対象とならない。

・鉛中毒予防規則の適用を受けているもの
⑱　鉛およびその化合物

・有機溶剤中毒予防規則の適用を受けているもの
⑲　エチレングリコールモノエチルエーテル（セロソルブ）
⑳　エチレングリコールモノエチルエーテルアセテート（セロソルブアセテート）
㉑　エチレングリコールモノメチルエーテル（メチルセロソルブ）
㉒　キシレン
㉓　N,N-ジメチルホルムアミド
㉔　トルエン
㉕　二硫化炭素
㉖　メタノール

13. 法令に基づく特殊健康診断

法　規　名		対　象　業　務　等	健診項目等の条文
じ　ん　肺　法		じん肺にかかるおそれのある粉じん作業（じん肺法施行規則第2条，同規則別表）	第3条
労働安全衛生法	高気圧作業安全衛生規則	高圧室内業務又は潜水業務（安衛法施行令第22条第1項第1号）	第38条
	電離放射線障害防止規則	エックス線，その他の有害放射線にさらされる業務（安衛法施行令第22条第1項第2号）	第56条
	除染電離則 (注)	除染等業務（除染電離則第2条第7項）	第20条
	鉛中毒予防規則	鉛等を取り扱う業務又はその蒸気，粉じんを発散する場所における業務（安衛法施行令第22条第1項第4号）	第53条
	四アルキル鉛中毒予防規則	四アルキル鉛の製造，混入，取扱いの業務又はそのガス，蒸気を発散する場所における業務（安衛法施行令第22条第1項第5号）	第22条
	有機溶剤中毒予防規則	有機溶剤の製造，取扱い業務又はそのガス，蒸気を発散する場所における業務（安衛法施行令第22条第1項第6号）	第29条

特定化学物質障害予防規則	1. 安衛法施行令別表第3第1号若しくは第2号に掲げる物（エチレンオキシド及びホルムアルデヒドを除く。）を製造し，若しくは取り扱う業務（特別有機溶剤業務以外の特別有機溶剤等を製造し，又は取り扱う業務，コバルト及びその無機化合物，酸化プロピレン，三酸化二アンチモン，ジメチル-2,2-ジクロロビニルホスフェイト（DDVP），ナフタレン，リフラクトリーセラミックファイバー又はこれらを含有する製剤等を製造し，又は取り扱う作業で厚生労働省令で定めるものを除く。）又は安衛法施行令第16条第1項各号に掲げる物を試験研究のため製造し，若しくは使用する業務（安衛法施行令第22条第1項第3号） 2. 安衛法施行令第22条第2項に掲げる物を製造し，又は取り扱う業務に従事させたことのある労働者で現に使用しているもの（安衛法施行令第22条第2項）	第39条 別表第3，第4
	3. 特定有機溶剤混合物に係る業務（特化則第2条の2第1号イからハに掲げる特別有機溶剤業務）	第41条の2 （有機則第29条を準用）
石綿障害予防規則	1. 石綿等の取扱い若しくは試験研究のための製造又は石綿分析用試料等の製造に伴い石綿の粉じんを発散する場所における業務（安衛法施行令第22条第1項第3号） 2. 石綿等の製造又は取扱いに伴い石綿の粉じんを発散する場所における業務に従事させたことのある労働者で現に使用しているもの（安衛法施行令第22条第2項）	第40条
労働安全衛生規則（歯科医師による健康診断）	安衛法施行令第22条第3項に掲げる物のガス，蒸気又は粉じんを発散する場所における業務	第48条

（注）「安衛法施行令」は「労働安全衛生法施行令」を示している。
　　　「除染電離則」は「東日本大震災により生じた放射性物質により汚染された土壌等を除染するための業務等に係る電離放射線障害防止規則」を示している。

14. 行政通達により指導勧奨されている特殊健康診断

① 紫外線・赤外線にさらされる業務

② 著しい騒音を発生する屋内作業場などにおける騒音作業

③ 黄りんを取り扱う業務又はりんの化合物のガス，蒸気若しくは粉じんを発散する場所における業務

④ 有機りん剤を取り扱う業務又はそのガス，蒸気若しくは粉じんを発散する場所における業務

⑤ 亜硫酸ガスを発散する場所における業務

⑥ 二硫化炭素を取り扱う業務又はそのガスを発散する場所における業務（有機溶剤業務に係るものを除く。）

⑦ ベンゼンのニトロアミド化合物を取り扱う業務又はそれらのガス，蒸気若しくは粉じんを発散する場所における業務

⑧ 脂肪族の塩化又は臭化化合物（有機溶剤として法規に規定されているものを除く。）を取り扱う業務又はそれらのガス，蒸気若しくは粉じんを発散する場所における業務

⑨ 砒素化合物（アルシン又は砒化ガリウムに限る。）を取り扱う業務又はそのガス，蒸気若しくは粉じんを発散する場所における業務

⑩ フェニル水銀化合物を取り扱う業務又はそのガス，蒸気若しくは粉じんを発散する場所における業務

⑪ アルキル水銀化合物（アルキル基がメチル基又はエチル基であるものを除く。）を取り扱う業務又はそのガス，蒸気若しくは粉じんを発散する場所における業務

⑫ クロルナフタリンを取り扱う業務又はそのガス，蒸気若しくは粉じんを発散する場所における業務

⑬ 沃素を取り扱う業務又はそのガス，蒸気若しくは粉じんを発散する場所における業務

⑭ 米杉，ネズコ，リョウブ又はラワンの粉じん等を発散する場所における業務

⑮ 超音波溶着機を取り扱う業務

⑯ メチレンジフェニルイソシアネート〈M.D.I.〉を取り扱う業務又はこのガス若しくは蒸気を発散する場所における業務

⑰ フェザーミル等飼肥料製造工程における業務

⑱ クロルプロマジン等フェノチアジン系薬剤を取り扱う業務

⑲ キーパンチャーの業務

⑳ 都市ガス配管工事業務（一酸化炭素）

㉑ 地下駐車場における業務（排気ガス）

㉒ チェーンソー使用による身体に著しい振動を与える業務

㉓ チェーンソー以外の振動工具（さく岩機，チッピングハンマー等）の取り扱いの業務

㉔ 重量物取扱い作業，介護作業等腰部に著しい負担のかかる作業

㉕ 金銭登録の業務

㉖ 引金付工具を取り扱う作業

㉗ 情報機器作業

㉘ レーザー機器を取扱う業務又はレーザー光線にさらされるおそれのある業務

〔参考資料〕2
労働者の危険または健康障害を防止するための具体的な措置（概要）
（第6章4（5）・（6）関係）

（1）第6章4（5）「労働者の危険を防止するための措置に関する法令」関係

イ　ボイラー及び圧力容器安全規則

㋐　第2章（ボイラー）中の規制

㋐－1　第3節　ボイラー室

① ボイラーは専用の建物または建物の中の障壁で区画された場所に設置すること。

② ボイラー室には2以上の出入口を設けること。

③ ボイラーの据付位置は，ボイラーの最上部からその上部にある天井，配管等までの距離を1.2m以上とする等所定の事項によること。

④ ボイラー等と可燃物または燃料との距離は，ボイラー等の外側から0.15m以内にある可燃性の物については金属以外の不燃性の材料で被覆する等所定の事項によること。

⑤ 煙突からの排ガスの排出状況を観測できる窓をボイラー室に設置する等の措置を講じること。

㋐－2　第4節　管理

① ボイラーについては，厚生労働大臣の定める基準に適合するものでなければ使用しないこと。

② ボイラーから排出されるばい煙による障害を予防するため，関係施設および燃焼方法の改善等必要な措置を講じ，ばい煙を排出しないよう努めること。

③ ボイラーの安全弁その他の附属品の管理について，安全弁は最高使用圧力以下で作動するように調整する等所定の事項を行うこと。

④ ボイラー室の管理等について，関係者以外の者がみだりに立ち入ることを禁じる等所定の事項を行うこと。

⑤ ボイラーの点火または吹出しを行うときは，ダンパーの調子を点検し燃焼室および煙道の内部を十分に換気した後に点火する等所定の事項によること。

⑥ 定期自主検査で異常を認めたときは補修その他の必要な措置を講じること。

⑦ 労働者がそうじ，修繕等のためボイラーまたは煙道の内部に入るときは，ボイラーまたは煙道を冷却する等所定の事項を行うこと。

㋑　第3章（第一種圧力容器）中の規制

㋑－1　第3節　管理

① 第一種圧力容器については，厚生労働大臣の定める基準に適合するものでなければ使用しないこと。

② 第一種圧力容器の安全弁その他の附属品の管理については，安全弁は最高使用圧力以下で作動するように調整する等所定の事項を行うこと。

③ 定期自主検査で異常を認めたときは補修その他の必要な措置を講じること。

④ 労働者がそうじ，修繕等のため第一種圧力容器の内部に入るときは，第一種圧力容器を冷却する等所定の事項を行うこと。

㋒　第4章（第二種圧力容器）中の規制

① 第二種圧力容器の安全弁については，最高使用圧力以下で作動するように調整すること。

② 圧力計については，その内部が凍結し，または80度以上の温度にならない措置を講じること。

③ 定期自主検査で異常を認めたときは補修その他の必要な措置を講じること。

㋓　第5章（小型ボイラー及び小型圧力容器）中の規制

① 安全弁については，0.1MPa（所定の小型ボイラーまたは小型圧力容器については，使用する最高圧力）以下の圧力で作動するように調整すること。

② 定期自主検査で異常を認めたときは補修その他の必要な措置を講じること。

ウ　クレーン等安全規則

㈠　第2章（クレーン）中の規制

㈠−1　第2節　使用及び就業

① クレーンを用いて作業を行うときは，作業場所にクレーン検査証を備え付けること。

② クレーンについては，厚生労働大臣の定める基準に適合するものでなければ使用しないこと。

③ クレーンを使用するときは，設計の基準とされた負荷条件（荷重を受ける回数および常態としてつる荷の重さ）に留意すること。

④ クレーンの巻過防止装置については，つり具等の上面とドラム，シーブ等の下面との間隔が0.25m以上となるようにしておく等所定の調整を行うこと。

⑤ 巻過防止装置を具備しないクレーンについては，巻上げ用ワイヤロープに標識を付する等の措置を講じること。

⑥ 水圧または油圧を動力として用いるクレーンの安全弁については，定格荷重に相当する荷重をかけたときの水圧または油圧以下で作用するように調整すること。

⑦ 外れ止め装置を具備するクレーンを用いて荷をつり上げるときは，当該装置を使用すること。

⑧ クレーンにその定格荷重をこえる荷重をかけて使用しないこと。

⑨ ジブクレーンについては，クレーン明細書に記載のジブの傾斜角の範囲をこえて使用しないこと。

⑩ 作業を行うときは，クレーンの運転者および玉掛者がクレーンの定格荷重を常時知ることができるよう表示その他の措置を講じること。

⑪ 作業を行うときは，クレーンの運転について一定の合図を定め，合図を行う者を指名すること。

⑫ クレーンにより労働者を運搬しまたはつり上げて作業させないこと。（作業の性質上やむを得ない場合等は，つり具に専用のとう乗設備を設け，当該とう乗設備の転位および脱落を防止する措置を講じる等墜落防止のため所定の事項を行い，労働者を乗せることができる。）

⑬ ケーブルクレーンを用いて作業を行うときは，巻上げ用ワイヤロープ等が通っているシーブ等の破損による危険を防止するため，ワイヤロープの内角側で危険のある箇所に労働者を立

ち入らせないこと。

⑭ クレーンに係る作業を行う場合でハッカーを用いて玉掛けをした荷がつり上げられているとき等所定のときは，つり上げられている荷の下に労働者を立ち入らせないこと。

⑮ 並置クレーンの修理等の作業を行うときは，監視人をおく等所定の措置を講じること。

⑯ 天井クレーン等の点検等の作業を行うときは，運転を禁止するとともに，操作部分に運転禁止の表示をすること。

⑰ 瞬間風速が毎秒30mをこえる風が吹くおそれのあるときは，屋外に設置されている走行クレーンについて逸走を防止するための措置を講じること。

⑱ 強風のためクレーンに係る作業で危険が予想されるときは作業を中止する等所定の措置を講じること。

⑲ クレーンの運転者を，荷をつったままで運転位置から離れさせないこと。

⑳ クレーンの組立てまたは解体の作業を行うときは，作業を指揮する者を選任して，その者の指揮のもとに作業を実施させる等所定の措置を講じること。

㈠−2　第3節　定期自主検査等

① クレーンを用いて作業を行うときは，その日の作業開始前に，巻過防止装置，ブレーキ，クラッチおよびコントローラーの機能等所定の事項について点検を行うこと。

② 屋外に設置されているクレーンを用いて瞬間風速が毎秒30mをこえる風が吹いた後，またはクレーンを用いて中震以上の地震の後に作業を行うときは，各部分の異常の有無を点検すること。

③ 定期自主検査または点検で異常を認めたときは直ちに補修すること。

㈡　第3章（移動式クレーン）中の規制

㈡−1　第2節　使用及び就業

① 移動式クレーンを用いて作業を行うときは，当該移動式クレーンに，検査証を備え付けておくこと。

② 移動式クレーンについては，厚生労働大臣の定める基準に適合するものでなければ使用しないこと。

③ 移動式クレーンを使用するときは，当該移動式クレーンの設計の基準とされた負荷条件に留

意すること。

④ 移動式クレーンの巻過防止装置については，つり具等の上面とジブの先端のシーブ等の下面との間隔が 0.25m 以上となるようにしておく等所定の調整を行うこと。

⑤ 油圧等（水圧または油圧）を動力として用いる移動式クレーンの油圧等の過度の昇圧を防止するための安全弁については，最大の定格荷重に相当する荷重をかけたときの油圧等以下で作用するように調整しておくこと。

⑥ 移動式クレーンを用いて作業を行うときは，移動式クレーンの転倒等による危険防止のため，あらかじめ，作業場所の広さ等，運搬しようとする荷の重量，使用する移動式クレーンの能力等を考慮し，作業の方法等，所定の事項を定めること。

⑦ 移動式クレーンを用いて荷をつり上げるときは，外れ止め装置を使用すること。

⑧ つり上げ荷重が 1t 未満の移動式クレーンの運転の業務に労働者を就かせるときは，特別の教育を行うこと。

⑨ 移動式クレーンにその定格荷重をこえる荷重をかけて使用しないこと。

⑩ 移動式クレーンについては，移動式クレーン明細書に記載されているジブの傾斜角等の範囲をこえて使用しないこと。

⑪ 移動式クレーンを用いて作業を行うときは，運転者および玉掛者が移動式クレーンの定格荷重を常時知ることができるよう，表示その他の措置を講じること。

⑫ 地盤が軟弱であること，埋設物その他地下に存する工作物が損壊するおそれがあること等により移動式クレーンが転倒するおそれのある場所においては，移動式クレーンを用いて作業を行わないこと。

⑬ ⑫において，アウトリガーを使用する移動式クレーンで作業を行うときは，アウトリガーを鉄板等の上で移動式クレーンが転倒するおそれのない位置に設置すること。

⑭ アウトリガーまたは拡幅式のクローラを有する移動式クレーンを用いて作業を行うときは，アウトリガー等を最大限に張り出すこと。

⑮ 移動式クレーンを用いて作業を行うときは，移動式クレーンの運転について一定の合図を定め，合図を行う者を指名して，合図を行わせること。

⑯ 移動式クレーンにより，労働者を運搬し，または労働者をつり上げて作業させないこと。

⑰ ⑯にかかわらず，作業の性質上やむを得ない場合等は，つり具に専用のとう乗設備を設け，当該とう乗設備の転位および脱落を防止する措置を講じる等墜落防止のため所定の事項を行い，労働者を乗せることができる。

⑱ 移動式クレーンに係る作業を行うときは，移動式クレーンの上部旋回体と接触することによる危険のある箇所に労働者を立ち入らせないこと。

⑲ 移動式クレーンに係る作業を行う場合であって，ハッカーを用いて玉掛けをした荷がつり上げられているとき等所定の事項に該当するときは，つり上げられている荷の下に労働者を立ち入らせないこと。

⑳ 強風のため，移動式クレーンに係る作業の実施について危険が予想されるときは，作業を中止すること。

㉑ ⑳の規定により作業を中止した場合であって移動式クレーンが転倒するおそれのあるときは，ジブの位置を固定させる等により移動式クレーンの転倒による危険の防止のための措置を講じること。

㉒ 移動式クレーンの運転者を，荷をつったままで，運転位置から離れさせないこと。

㉓ 移動式クレーンのジブの組立てまたは解体の作業を行うときは，作業を指揮する者を選任して，その者の指揮の下に作業を実施させる等所定の措置を講じること。

(イ)－2　第3節　定期自主検査等

① 移動式クレーンを用いて作業を行うときは，その日の作業開始前に，巻過防止装置，過負荷警報装置その他の警報装置，ブレーキ，クラッチおよびコントローラーの機能について点検を行うこと。

② 定期自主検査または点検を行った場合において，異常を認めたときは，直ちに補修すること。

(ウ)　第4章（デリック）中の規制

(ウ)－1　第2節　使用及び就業

① デリックを用いて作業を行うときは，作業を行う場所に，当該デリックの検査証を備え付けておくこと。

② デリックについては，厚生労働大臣の定める

基準に適合するものでなければ使用しないこと。

③　つり上げ荷重が5t未満のデリックの運転の業務に労働者をつかせるときは，特別の教育を行うこと。

④　デリックにその定格荷重をこえる荷重をかけて使用しないこと。

⑤　ブームを有するデリックについては，デリック明細書に記載されているブームの傾斜角等の範囲をこえて使用しないこと。

⑥　デリックを用いて作業を行うときは，デリックの運転について一定の合図を定め，合図を行う者を指名して，合図を行わせること。

⑦　デリックにより労働者を運搬し，または労働者をつり上げて作業させないこと。

⑧　デリックに係る作業を行う場合であって所定の事項に該当するときは，つり上げられている荷の下に労働者を立ち入らせないこと。

⑨　強風のため，デリックに係る作業の実施について危険が予想されるときは，作業を中止すること。

⑩　デリックの運転者を，荷をつったままで，運転位置から離れさせないこと。

（ウ）－2　第3節　定期自主検査等

①　デリックを用いて作業を行うときは，その日の作業開始前に，巻過防止装置，ブレーキ，クラッチおよびコントローラの機能等所定の事項について点検を行うこと。

②　屋外に設置されているデリックを用いて瞬間風速が毎秒30mをこえる風が吹いた後に作業を行うとき，またはデリックを用いて中震以上の震度の地震の後に作業を行うときは，あらかじめ，デリックの各部分の異常の有無について点検を行うこと。

③　定期自主検査または点検を行った場合において，異常を認めたときは，直ちに補修すること。

（エ）　第5章（エレベーター）中の規制

（エ）－1　第2節　使用及び就業

①　エレベーターを用いて作業を行うときは，作業を行う場所に，当該エレベーターの検査証を備え付けておくこと。

②　エレベーターについては，厚生労働大臣の定める基準に適合するものでなければ使用しないこと。

③　エレベーターのファイナルリミットスイッチ，非常止めその他の安全装置が有効に作用するように調整しておくこと。

④　エレベーターにその積載荷重をこえる荷重をかけて使用しないこと。

⑤　エレベーターの運転の方法および故障した場合の処置を，使用する労働者に周知させること。

⑥　瞬間風速が毎秒35mをこえる風が吹くおそれのあるときは，屋外に設置されているエレベーターについて倒壊防止措置を講じること。

⑦　屋外に設置するエレベーターの昇降路塔，ガイドレール支持塔の組立てまたは解体の作業を行うときは，作業を指揮する者を選任して，その者の指揮のもとに作業を実施させる等所定の措置を講じること。

（エ）－2　第3節　定期自主検査等

①　屋外に設置されているエレベーターを用いて瞬間風速が毎秒30mをこえる風が吹いた後または中震以上の地震の後に作業を行うときは，あらかじめ，当該エレベーターの各部分の異常の有無について点検すること。

②　定期自主検査または点検を行なった場合において，異常を認めたときは，直ちに補修すること。

（オ）　第6章（建設用リフト）中の規制

（オ）－1　第2節　使用及び就業

①　建設用リフトを用いて作業を行うときは，作業を行う場所に，当該建設用リフトの検査証を備え付けておくこと。

②　建設用リフトについては，厚生労働大臣が定める基準に適合するものでなければ使用しないこと。

③　建設用リフトについて，巻上げ用ワイヤロープに標識を付すること，警報装置を設けること等巻上げ用ワイヤロープの巻過ぎによる危険の防止のための措置を講じること。

④　建設用リフトの運転の業務に労働者をつかせるときは，特別の教育を行うこと。

⑤　建設用リフトにその積載荷重をこえる荷重をかけて使用しないこと。

⑥　建設用リフトを用いて作業を行うときは，建設用リフトの運転について一定の合図を定め，合図を行う者を指名して，合図を行わせること。

⑦ 建設用リフトの搬器に労働者を乗せないこと。

⑧ 建設用リフトを用いて作業を行うときは，所定の危険な場所に労働者を立ち入らせないこと。

⑨ 建設用リフトのピットまたは基底部をそうじするときは，昇降路に角材，丸太等の物をかけ渡してその物の上に搬器を置くこと等搬器が落下することによる危険の防止のための措置を講じること。

⑩ 瞬間風速が毎秒35mをこえる風が吹くおそれのあるときは，建設用リフト（地下のものを除く。）について倒壊防止措置を講じること。

⑪ 建設用リフトの運転者を，搬器を上げたままで，運転位置から離れさせないこと。

⑫ 建設用リフトの組立てまたは解体の作業を行なうときは，作業を指揮する者を選任して，その者の指揮のもとに作業を実施させる等所定の措置を講じること。

㋔－2　第3節　定期自主検査等

① 建設用リフトを用いて作業を行うときは，その日の作業開始前に，ブレーキおよびクラッチの機能等所定の事項について点検すること。

② 建設用リフト（地下のものを除く。）を用いて瞬間風速が毎秒30mをこえる風が吹いた後に作業を行うとき，または建設用リフトを用いて中震以上の地震の後に作業を行うときは，あらかじめ，当該建設用リフトの各部分の異常の有無について点検すること。

③ 定期自主検査または点検を行なった場合において，異常を認めたときは，直ちに補修すること。

㋕　第7章（簡易リフト）中の規制

㋕－1　第2節　使用及び就業

① 簡易リフトの巻過防止装置その他安全装置が有効に作用するように調整しておくこと。

② 簡易リフトにその積載荷重をこえる荷重をかけて使用しないこと。

③ 簡易リフトを用いて作業を行うときは，簡易リフトの運転について一定の合図を定め，作業に従事する労働者に合図を行わせること。

④ 簡易リフトの搬器に労働者を乗せないこと。

㋕－2　第3節　定期自主検査等

① 簡易リフトを用いて作業を行うときは，その日の作業開始前に，ブレーキの機能について点検すること。

② 定期自主検査または点検を行なった場合において，異常を認めたときは，直ちに補修すること。

㋖　第8章（玉掛け）中の規制

㋖－1　第1節　玉掛用具

① クレーン，移動式クレーンまたはデリックの玉掛用具であるワイヤロープの安全係数については，6以上でなければ使用しないこと。

② クレーン，移動式クレーンまたはデリックの玉掛用具であるつりチェーンの安全係数については，所定の値以上でなければ使用しないこと。

③ クレーン，移動式クレーンまたはデリックの玉掛用具であるフックまたはシャックルの安全係数については，5以上でなければ使用しないこと。

④ 1よりの間に10%以上の素線が切断しているもの等所定の不適格なワイヤロープをクレーン，移動式クレーンまたはデリックの玉掛用具として使用しないこと。

⑤ 伸びが製造時の長さの5%をこえるもの等所定の不適格なつりチェーンをクレーン，移動式クレーンまたはデリックの玉掛用具として使用しないこと。

⑥ フック，シャックル，リング等の金具で，変形しているものまたはき裂があるものを，クレーン，移動式クレーンまたはデリックの玉掛用具として使用しないこと。

⑦ ストランドが切断しているもの等所定の不適格な繊維ロープまたは繊維ベルトをクレーン，移動式クレーンまたはデリックの玉掛用具として使用しないこと。

⑧ エンドレスでないワイヤロープまたはつりチェーンについては，その両端にフック，シャックル，リングまたはアイ（アイスプライスもしくは圧縮どめまたはこれらと同等以上の強さを保持する方法によるもの）を備えているものでなければクレーン，移動式クレーンまたはデリックの玉掛用具として使用しないこと。

⑨ 磁力，陰圧により吸着させる玉掛用具，チェーンブロックまたはチェーンレバーホイスト，つりクランプを用いて玉掛けの作業を行うときは，当該用具等に定められた使用荷重等の範囲で使用すること。

⑩ クレーン，移動式クレーンまたはデリックの玉掛用具であるワイヤロープ，つりチェーン，繊維ロープ，繊維ベルトまたはフック，シャックル，リング等の金具を用いて玉掛けの作業を行うときは，その日の作業開始前に当該ワイヤロープ等の異常の有無について点検すること。また，点検の結果，異常を認めたときは，直ちに補修すること。

ウ　ゴンドラ安全規則

（ア）　第3章（使用及び就業）中の規制

① ゴンドラについては，厚生労働大臣の定める基準に適合するものでなければ使用しないこと。

② ゴンドラにその積載荷重をこえる荷重をかけて使用しないこと。

③ ゴンドラの作業床の上で，脚立，はしご等を使用して労働者に作業させないこと。

④ ゴンドラが使用されている間，操作者を操作位置から離れさせないこと。

⑤ 作業を行うときは，ゴンドラの操作について一定の合図を定め，合図を行う者を指名すること。

⑥ ゴンドラの作業床において作業を行うときは，労働者に墜落による危険のおそれに応じた性能を有する墜落制止用器具（以下「要求性能墜落制止用器具」という。）等を使用させること。

⑦ ゴンドラを使用して作業を行っている箇所の下方には，関係労働者以外の者がみだりに立ち入ることを禁止すること。

⑧ 悪天候のためゴンドラを使用する作業で危険が予想されるときは作業を行わないこと。

⑨ ゴンドラを使用して作業を行う場所については，必要な照度を保持すること。

（イ）　第4章（定期自主検査等）中の規制

① ゴンドラを使用して作業を行うときは，その日の作業開始前にワイヤロープおよび緊結金具類の損傷および腐食の状態等所定の事項について点検を行うこと。

② 定期自主検査または点検で異常を認めたときは直ちに補修すること。

（2）第6章4（6）「労働者の健康障害を防止するための措置に関する法令」関係

イ　有機溶剤中毒予防規則

（ア）　第2章（設備）中の規制

① 屋内作業場等で第一種有機溶剤等または第二種有機溶剤等を使用する場合には，密閉設備，局所排気装置またはプッシュプル型換気装置を設置すること。

② タンク等の内部で第三種有機溶剤等を使用する場合には，密閉設備，局所排気装置，プッシュプル型換気装置または全体換気装置を設けること。

（イ）　第3章（換気装置の性能等）中の規制

① 局所排気装置のフード等は，有機溶剤の蒸気の発散源ごとに設けられていること等所定の条件に適合させること。

② 局所排気装置の排風機等は，局所排気装置に空気清浄装置が設けられているときは清浄後の空気が通る位置に設ける等所定の位置に設けること。

③ 局所排気装置等の排気口は，直接外気に向かって開放すること。

④ 局所排気装置は，所定の制御風速を出し得る能力等所定の性能を有するものであること。

⑤ プッシュプル型換気装置は，厚生労働大臣が定める構造および性能を有するものであること。

⑥ 全体換気装置は，所定の式により計算した1分間当たりの換気量を出し得る能力等所定の性能を有するものであること。

⑦ 換気装置等は，労働者が就業している間稼働させること。

（ウ）　第4章（管理）中の規制

① 局所排気装置等をはじめて使用するとき等には点検すること。

② 局所排気装置等の定期自主検査または点検を行い，異常を認めたときは直ちにこれを補修すること。

③ 屋内作業場等においては，有機溶剤により生ずるおそれのある疾病の種類およびその症状等所定の注意事項を見やすい場所に掲示すること。

④　屋内作業場等で作業中の労働者が，有機溶剤の区分を容易に知ることができるよう，所定の色分けおよびその他の方法で見やすい場所に表示すること。

⑤　タンクの内部で有機溶剤業務に従事させるときは，作業開始前にタンクのマンホールその他有機溶剤等が流入するおそれのない開口部をすべて開放する等所定の措置を講じること。

㈔　第7章（保護具）中の規制

局所排気装置等を設けないで行う有機溶剤業務等に労働者を従事させるときは，送気マスクまたは有機ガス用防毒マスクを使用させること。

㈕　第8章（有機溶剤の貯蔵および空容器の処理）中の規制

①　有機溶剤等を屋内に貯蔵する場合には，それがこぼれる等のおそれがない容器を用い，かつ，貯蔵場所には関係労働者以外の労働者がその貯蔵場所に立ち入ることを防ぐ設備等所定の設備を設けること。

②　有機溶剤等を入れてあった空容器で，有機溶剤の蒸気が発散するおそれがあるものは，その容器を密閉するか，または屋外の一定の場所に集積すること。

ウ　鉛中毒予防規則

㈠　第2章（設備）中の規制

①　鉛製錬等に係る設備について，その作業場所の種類に応じて，発散源を密閉する設備，局所排気装置またはプッシュプル型換気装置，および煙灰，浮渣等を入れる容器を備える等の措置を講じること。

②　銅製錬等に係る設備について，その作業場所の種類に応じて，発散源を密閉する設備，局所排気装置またはプッシュプル型換気装置，および煙灰，浮渣等を入れる容器を設ける等の措置を講じること。

③　鉛蓄電池の製造等に係る設備について，その作業場所の種類に応じて，局所排気装置またはプッシュプル型換気装置，発散源を密閉する設備，容器もしくは飛散防止の覆いを設けること，また作業床を容易にそうじできる構造のものとする等の措置を講じること。

④　電線等の製造に係る設備については，局所排気装置またはプッシュプル型換気装置，および

浮渣を入れる容器を設けること。また，作業床を容易にそうじできる構造のものとすること。

⑤　鉛合金の製造等に係る設備について，局所排気装置またはプッシュプル型換気装置，および切りくずを入れる容器等を設け，自動鋳造機には飛散防止の覆いを設けること，また作業床を容易にそうじできる構造のものとする等の措置を講じること。

⑥　鉛化合物の製造に係る設備について，局所排気装置またはプッシュプル型換気装置，発散源を密閉する設備もしくは浮渣を入れる容器を設けること，また作業床を容易にそうじできる構造のものとする等の措置を講じること。

⑦　鉛ライニングに係る設備について，局所排気装置またはプッシュプル型換気装置，および浮渣を入れる容器を設けること。

⑧　鉛ライニングを施した物の溶接等に係る設備について，局所排気装置またはプッシュプル型換気装置もしくは発散源を密閉する設備を設けること。

⑨　鉛装置の破砕等に係る設備について，局所排気装置またはプッシュプル型換気装置を設けること。

⑩　転写紙の製造に係る設備について，局所排気装置またはプッシュプル型換気装置を設けること。

⑪　含鉛塗料等の製造に係る設備について，局所排気装置またはプッシュプル型換気装置を設け，および浮渣を入れる容器を備える等の措置を講じること。他の屋内作業場所から隔離すること。

⑫　はんだ付けに係る設備について，局所排気装置，プッシュプル型換気装置または全体換気装置を設けること。

⑬　施釉に係る設備について，局所排気装置またはプッシュプル型換気装置を設けること。

⑭　絵付けに係る設備について，局所排気装置またはプッシュプル型換気装置を設けること。

⑮　焼入れに係る設備について，局所排気装置もしくはプッシュプル型換気装置および浮渣を入れる容器を設けること。

⑯　屋内作業場において粉状の鉛等の運搬の用に供するコンベヤーについて，発散源を密閉する設備，局所排気装置またはプッシュプル型換気装置を設け，バケットコンベヤーには覆い等を設けること。

⑰　鉛業務の用に供する乾燥設備について，屋内に漏えいしないものとし，かつ，作業床を容易にそうじできる構造とすること。

⑱　粉状鉛等に係るろ過式集じん装置は，ろ材に覆いを設け，排気口を屋外にし，ろ材に付着した粉状鉛等を覆いをしたまま払い落とすための設備を設けること。

⑲　①から⑨まで，および⑮に係る設備について，発散防止抑制措置を講じ，作業場の空気中における鉛の濃度の測定結果が第一管理区分に区分されたときは，所轄労働基準監督署長の許可を受けて，発散源を密閉する設備，局所排気装置およびプッシュプル型換気装置を設けないことができる。

（イ）　第3章（換気装置の構造，性能等）中の規制
①　局所排気装置または排気筒のフードは，蒸気または粉じんの発散源ごとに設ける等所定の事項に適合するものとすること。
②　局所排気装置のダクトは，所定の長さ，構造等のものとすること。
③　焙燃炉，焼結炉，溶解炉，転炉等の排気を排出する設備および局所排気装置またはプッシュプル型換気装置であって，鉛の粉じんを排出するものには，ろ過方式の除じん装置を設け，かつ，これを有効に稼働させること。
④　除じん装置が設置されているときの局所排気装置のファンは，除じん後の空気が通る位置に設けること。
⑤　局所排気装置，プッシュプル型換気装置等の排気口は，屋外に設けること。
⑥　局所排気装置または排気筒による抑制濃度は，1m³あたり0.05mgを超えないものとすること。
⑦　プッシュプル型換気装置は，厚生労働大臣が定める構造および性能を有するものであること。
⑧　全体換気装置の換気能力は，従事労働者1人当たり100m³毎時以上とすること。
⑨　局所排気装置，プッシュプル型換気装置，全体換気装置等を，労働者の作業中，有効に稼働させること。

（ウ）　第4章（管理）中の規制
①　局所排気装置，プッシュプル型換気装置もしくは除じん装置をはじめて使用するとき，また

は分解して改造もしくは修理を行ったときは，ダクトおよび排風機等におけるじんあいのたい積状態等所定の事項について点検すること。
②　局所排気装置，プッシュプル型換気装置および除じん装置の定期自主検査または点検を行った結果，異常を認めたときは，直ちにこれを補修すること。
③　粉状鉛等をホッパーに入れる作業を行う場合には，臨時のものであって呼吸用保護具を用いる場合以外は，その下方で労働者に作業をさせないこと。
④　含鉛塗料のかき落としの作業は，湿式にし，かつ，かき落としたものをすみやかに取り除くこと。
⑤　鉛化合物の焼成炉からのかき出しの作業は，容器をかき出し口に接近させ，長い柄の用具で行わせること。
⑥　鉛装置の内部における業務では，内部の換気，付着物，たい積粉じんについての与湿等による発散防止措置，作業後の洗身等の措置を講じること。
⑦　粉状鉛を貯蔵するときは，容器などに収納し，かつ，こぼれたときは，掃除をすること。
⑧　粉状鉛を入れたことのある容器については，鉛等の粉じんが発散しないようにすること。
⑨　鉛業務に労働者を従事させるときは，休憩室を設け，入口には除去設備を設ける等の措置を講じること。
⑩　鉛作業に従事する者の作業衣等の保管設備を設けること。
⑪　粉状鉛等に係る作業に労働者を従事させるときは，洗身設備を設けること。
⑫　鉛業務を行う屋内作業場，休憩室，食堂の床等は，毎日1回以上掃除をすること。
⑬　鉛業務に労働者を従事させるときは，手洗い用溶液などを備えること。
⑭　鉛業務に労働者を従事させるときは，洗たくのための設備の設置等汚染の除去のための措置を講じること。
⑮　鉛業務を行う屋内作業場では，労働者が喫煙または飲食をすることを禁止し，かつ，この旨を見やすい箇所に表示すること。

（エ）　第7章（保護具等）中の規制
①　鉛装置の内部における業務に労働者を従事させるときは，有効な呼吸用保護具および労働衛

生保護衣類を使用させ，その他の所定の業務に労働者を従事させるときは，有効な呼吸用保護具を使用させること。

② 粉状鉛の取扱業務に労働者を従事させるときは，作業衣を着用させること。

オ　特定化学物質障害予防規則

(ア)　**第2章（製造等に係る措置）中の規制**

① 第一類物質を容器に入れ，容器から取り出し，または反応槽等へ投入する作業を行うときは，発散源を密閉する設備，囲い式フードの局所排気装置またはプッシュプル型換気装置を設けること。

② 特定第二類物質またはオーラミン等を製造する設備は密閉式のものとし，当該物質を労働者に取り扱わせるときは，隔離室での遠隔操作によること。

③ 特定第二類物質または管理第二類物質のガス，蒸気または粉じんが発散する屋内作業場については，発散源を密閉する設備，局所排気装置またはプッシュプル型換気装置を設けること。

④ 局所排気装置またはプッシュプル型換気装置については，フードの位置（前者に限る。），ダクトの構造，ファンの位置および排気口の位置が所定の要件に適合し，かつ，所定の能力を具備するものとすること。

⑤ 局所排気装置またはプッシュプル型換気装置を作業中有効に稼働させること。

(イ)　**第3章（用後処理）中の規制**

① 第一類物質または第二類物質中の粉じんを含む排気は，所定の方式による除じん装置等により処理すること。

② アクロレイン，弗化水素，硫化水素または硫酸ジメチルを含む排気は，所定の処理方式による排ガス処理装置等により処理すること。

③ アルキル水銀化合物，塩酸，硝酸，硫酸，シアン化カリウム，シアン化ナトリウム，ペンタクロルフェノールまたは硫化ナトリウムを含む排液は，所定の処理方式による排液処理装置等により処理すること。

④ アルキル水銀化合物の含有残さい物は，除毒処理をした後，廃棄すること。

⑤ 特定化学物質により汚染されたぼろ，紙くず等は，ふたまたは栓をした不浸透性の容器にお

さめておく等の措置を講じること。

(ウ)　**第4章（漏えいの防止）中の規制**

① 特定化学設備（大量漏えい事故の原因となりやすい化学物質に係る定置式の設備）については，腐食しにくい材料でつくる等の措置を講じること。

② 特定化学設備のバルブ等の接合部については，ガスケットを使用し，接合面を相互に密接させる等の措置を講じること。

③ 特定化学設備のバルブ等については，開閉の方向を表示する等の措置を講じること。

④ 特定化学設備のバルブまたはコックについては，耐久性のある材料でつくる等の措置を講じること。

⑤ 特定化学設備に送給する原材料の種類，送給の対象となる設備等を表示すること。

⑥ 特定化学設備を設置する屋内作業場等には，地上に通じる避難用の出入口等を2以上設けること。

⑦ 管理特定化学設備（特定化学設備のうち発熱反応が行われる反応槽等で，異常化学反応等により第三類物質等が大量に漏えいするおそれのあるもの）については，異常化学反応等の発生を早期に把握する温度計，圧力計等の計測装置を設けること。

⑧ 特定化学設備を設置する作業場等には，警報用の器具，除害に必要な器具等の設備を設けること。

⑨ 管理特定化学設備については，異常化学反応等に対処するための緊急しゃ断装置を設ける等の措置を講じること。

⑩ 管理特定化学設備などの動力源については，予備動力源を備える等の措置を講じること。

⑪ 特定化学設備を使用して作業を行うときは，第三類物質等の漏えいを防止するための必要な作業規程を定め，これにより作業を行うこと。

⑫ 第一類物質を取り扱う事業場，オーラミン等または管理第二類物質を製造し，または取り扱う作業場および特定化学設備を設置する屋内作業場の床は，不浸透性の材料でつくること。

⑬ 特定化学物質を製造し，または取り扱う設備の改造，修理，清掃等の作業を行うときは，所定の措置を講じること。

⑭ 第一類物質または第二類物質を製造し，または取り扱う作業場等には，関係者以外の者が立

ち入ることを禁止し，かつ，その旨を見やすい箇所に表示すること。

⑮　特定化学物質を運搬し，または貯蔵するときは，堅固な容器を使用し，または確実に包装する等の措置を講じること。

(ｴ)　**第5章（管理）中の規制**

①　局所排気装置，プッシュプル型換気装置，除じん装置，特定化学設備等をはじめて使用するとき等には，点検を行うこと。

②　局所排気装置，プッシュプル型換気装置，除じん装置等の定期自主検査または①の点検を行った場合において，異常を認めたときには，補修その他の措置を講じること。

③　第一類物質または第二類物質を製造し，または取り扱う作業に労働者を従事させるときは，作業場以外の場所に休憩室を設け，当該休憩室について汚染防止のための措置を講じること。

④　第一類物質または第二類物質を製造し，または取り扱う作業に労働者を従事させるときは，洗眼，洗身等の設備，更衣設備および洗たくのための設備を設け，労働者の身体がこれらの物質により汚染されたときは，すみやかに身体を洗浄させ，汚染を除去させること。

⑤　第一類物質または第二類物質を製造し，または取り扱う作業場では，喫煙，飲食を禁止し，その旨を表示すること。

⑥　特別管理物質を製造し，または取り扱う作業場には，その名称，人体に及ぼす作用等を掲示すること。

(ｵ)　**第5章の2（特殊な作業等の管理）中の規制**

①　塩素化ビフェニル等を取り扱う作業に労働者を従事させるときは，その日の作業開始前に塩素化ビフェニル等が入っている容器の状態および容器が置いてある場所の塩素化ビフェニル等による汚染の有無を点検する等所定の措置を講じること。

②　塩素化ビフェニル等の運搬等に使用した容器で，塩素化ビフェニル等が付着しているものには，その旨を表示すること。

③　インジウム化合物等を製造し，または取り扱う作業に労働者を従事させるときは，作業場の床等は水洗等によって容易に掃除できる構造のものとし，水洗する等粉じんの飛散しない方法によって毎日1回以上掃除する等所定の措置を講じること。

④　特別有機溶剤業務（特化則第2条の2第1号イからハに掲げる業務）に労働者を従事させるときは，（準用させる一部の有機則の規定により）所定の措置を講じること。

⑤　エチレンオキシド等を用いて行う滅菌作業に労働者を従事させる場合において労働者がその中に立ち入ることができない構造の滅菌器を用いる等所定の事項によるときは，第2章③の規定にかかわらず局所排気装置等を設けることを要しないこと。

⑥　コバルト等を製造し，または取り扱う作業に労働者を従事させるときは，作業場の床等は水洗等によって容易に掃除できる構造のものとし，水洗する等粉じんの飛散しない方法によって毎日1回以上掃除すること。

⑦　コークス炉に係るコークス製造の作業に労働者を従事させるときは，使用する装置や消火車等は運転室の内部にコークス炉発散物が流入しない構造のものとする等所定の事項によること。

⑧　三酸化二アンチモン等を製造し，または取り扱う作業に労働者を従事させるときは，作業場の床等は水洗等によって容易に掃除できる構造のものとし，水洗する等粉じんの飛散しない方法によって毎日1回以上掃除する等所定の事項によること。

⑨　臭化メチル等を用いて行う燻蒸作業に労働者を従事させるときは，燻蒸する場所における空気中の臭化メチル等の濃度の測定は当該場所の外から行うことができるようにする等所定の事項によること。

⑩　ダイナマイトを製造する作業に労働者を従事させるときは，ニトログリコールの配合率が所定の値以下である薬を用いる等所定の事項によること。

⑪　ベンゼン等を溶剤として取り扱う作業には労働者を従事させてはならないこと。

⑫　1・3-ブタジエン等を製造し，もしくは取り扱う設備から試料を採取または当該設備の保守点検を行う作業に労働者を従事させるときは，作業場所にガスの発生源を密閉する設備または局所排気装置等を設ける等所定の措置を講じること。

⑬　硫酸ジエチル等を触媒として取り扱う作業に労働者を従事させるときは，作業場所に硫酸ジ

エチル等の発散源を密閉する設備または局所排気装置等を設ける等所定の措置を講じること。

⑭　1・3-プロパンスルトン等を製造し，または取り扱う作業に労働者を従事させるときは，密閉式の構造の設備とする等所定の措置を講じること。

⑮　リフラクトリーセラミックファイバー等を製造し，または取り扱う作業に労働者を従事させるときは，作業場の床等は水洗等によって容易に掃除できる構造のものとし，水洗する等粉じんの飛散しない方法によって毎日1回以上掃除する等所定の措置を講じること。

⑯　金属をアーク溶接する作業等の溶接ヒュームを製造し，または取り扱う作業を行う屋内作業場については，当該作業に係る溶接ヒュームを減少させるため，全体換気装置による換気の実施またはこれと同等以上の措置等所定の措置を講じること。

(カ)　第7章（保護具）中の規制

①　特定化学物質を製造し，または取り扱う作業場には，呼吸用保護具を備えること。

②　特定化学物質で皮膚に障害を与え，もしくは皮膚から吸収されることにより障害を起こすおそれのあるものを製造し，もしくは取り扱う作業等に従事する労働者に使用させるため，不浸透性の保護衣等および塗布剤を備えつけること。労働者は保護衣等の使用を命じられたときはこれを使用すること。

③　①および②の保護具については，同時に就業する労働者の人数と同数以上を備えるとともに，常時有効かつ清潔に保持すること。

カ　高気圧作業安全衛生規則

(ア)　第2章（設備）中の規則

(ア)-1　高圧室内業務の設備

①　高圧室内業務に労働者を従事させるときは，作業室の気積を労働者1人について4m³以上とすること。

②　気こう室の床面積および気積を労働者1人あたり，それぞれ0.3m²以上および0.6m³以上とすること。

③　送気管をシャフトの中を通すことなく作業室または気こう室へ配管すること，および作業室への送気管には近接する部分に逆止弁を設けること。

④　空気圧縮機と作業室または気こう室との間に，空気清浄装置を設けること。

⑤　作業室および気こう室にそれぞれ専用の排気管を設け，気こう室の減圧用排気管は，内径53ミリメートル以下のものとすること。

⑥　作業室への送気の調節を行うための弁またはコックの操作を行う場所等には，所定の圧力計を設けるか，所定の携帯式の圧力計を携行させること。ゲージ圧力が，0.1MPa以上の気圧下における高圧室内業務を行うときは，気こう室に自記記録圧力計を備えること。

⑦　作業室や気こう室へ送気するための空気圧縮機から吐出される空気等の温度が異常に上昇したことを知らせる自動警報装置を設けること。

⑧　のぞき窓等外部から気こう室の内部の状態を把握することができる措置を講じること。

⑨　高圧室内業務を行うときは，避難用具等を備えること。

(ア)-2　潜水業務の設備

①　潜水作業者に空気圧縮機により送気するときは，潜水作業者ごとに送気を調節するための空気層および所定の事項に適合する予備空気層を設ける等所定の事項によること。

②　潜水作業者に空気圧縮機により送気するときは，空気清浄装置および流量計を設けること。

(イ)　第3章（業務管理）中の規制

(イ)-1　高圧室内業務の管理

①　高圧室内作業主任者免許を受けた者のうちから，作業室ごとに高圧室内作業主任者を選任し，作業者を直接指揮するなどの定められた事項を行わせること。

②　高圧室内業務など法定の業務に就く労働者に対し，特別教育を実施すること。

③　作業計画を定め，関係労働者に周知するとともに，当該作業計画により作業を行うこと。

④　気こう室および作業室には，必要のある者以外の者の立入りを禁止し，その旨を外部に表示すること。

⑤　気こう室内において加圧を行うときは，毎分0.08MPa以下の速度で行うこと。

⑥　作業室および気こう室における気圧の分圧・酸素ばく露量がそれぞれ次ページの表に定める制限値の範囲に収まるように，送気，換気その他の必要な措置を講じること。

⑦　作業室内の有害ガスによる危害を防止するた

表　気体の分圧・酸素ばく露量の制限値

酸素分圧	18kPa 以上 160kPa 以下（ただし，気こう室において減圧する場合は 18kPa 以上 220kPa 以下）
窒素分圧	400kPa 以下
二酸化炭素分圧	0.5kPa 以下
1日当たりの酸素ばく露量	600UPTD（肺酸素毒性量単位）を超えない
1週間当たりの酸素ばく露量	2,500CPTD（累積肺酸素毒性量単位）を超えない

（kPa：キロパスカル）

め，換気，測定等の措置を講じること。

⑧　気こう室内で高圧室内作業者に減圧を行うときは，その速度は，毎分 0.08MPa 以下とし，厚生労働大臣が定める方法（平成 26 年厚生労働省告示第 457 号）により減圧を停止する圧力および減圧を停止する時間を求め，当該時間以上減圧を停止すること。

⑨　減圧を終了した者に対して，減圧を終了した時から 14 時間は，重激な業務に従事させないこと。

⑩　気こう室で高圧室内作業者に減圧を行うときは，床面の照度の保持，保温用具の使用および休息用具の使用の措置を講じること。

⑪　ゲージ圧力 0.1MPa 以上の気圧下における高圧室内業務を行う都度，作業室または気こう室へ送気する気体の成分組成等所定の事項を記録した書類等所定の書類を作成し，5 年間保存すること。

⑫　気こう室の付近に，高圧室内作業者および空気圧縮機の運転を行う者との連絡その他必要な措置を講じるための者を常時配置すること。

⑬　空気圧縮機，圧力計，空気清浄装置等について，一定期間ごとに点検し，修理その他必要な措置を講じること。

⑭　送気設備を初めて使用するとき等は，当該送気装置の機能を点検し，異常がないことを確認した後にこれを使用すること。

⑮　作業室内を排気して潜函を沈下させるときは，作業者を潜函の外部へ退避させること。

⑯　作業室内において発破を行ったときは，作業室内の空気が発破前の状態に復するまで，作業者を入室させないこと。

⑰　高圧室内作業主任者に，携帯式の圧力計，懐中電灯，酸素，炭酸ガスおよび有害ガス測定器ならびに非常の場合の信号用器具を携行させること。

（イ）−2　潜水業務の管理

①　潜水業務は潜水士免許を受けた者に行わせること。

②　潜水作業者への送気の調節を行うためのバルブまたはコックを操作する業務に就く労働者に対し，特別教育を実施すること。

③　作業計画を定め，関係労働者に周知するとともに，当該作業計画により作業を行うこと（水深 10m 以上の場所における潜水業務に限る）。

④　潜水作業者が吸入する気体の分圧および酸素ばく露量が，それぞれ前出の表「気体の分圧・酸素ばく露量の制限値」における制限値の範囲に収まるように，送気，ボンベから給気その他の必要な措置を講じること。

⑤　潜水作業者に浮上を行わせるときは，その速度は毎分 10m 以下とし，厚生労働大臣が定める方法（平成 26 年厚生労働省告示第 457 号）により浮上を停止させる水深の圧力および浮上を停止させる時間を求め，当該時間以上浮上を停止させること。

⑥　浮上を終了した者に対して，浮上を終了した時から 14 時間は重激な業務に従事させないこと。

⑦　水深 10m 以上の場所における潜水業務を行う都度，潜水作業者に送気し，またはボンベに充填する気体の成分組成等所定の事項を記録した書類等所定の書類を作成し，5 年間保存すること。

⑧　空気圧縮機または手押ポンプにより，潜水作業者に送気するときは，その水深の圧力下における送気量を，毎分 60L 以上とすること。

⑨　潜水作業者に携行させたボンベから給気を受けさせるときは，潜降直前に，ボンベの給気能力を知らせ，かつ，潜水作業者に異常がないかどうかを監視する者を置くこと。

⑩　圧力 1MPa 以上のボンベからの給気を受けさせるときは，2 段以上の減圧方式の圧力調整器を潜水作業者に使用させること。

⑪　潜水業務を行うときは，3m ごとに水深を表示する木札または布等を取り付けたさがり綱を備え，これを潜水作業者に使用させる等の措置を講じること。

⑫　潜水作業を行うときは，潜水前に，潜水器具を点検し，また，潜水業務の形態に応じ，一定の期間ごとに，空気圧縮機，手押ポンプ等の設備を点検し，修理その他必要な措置を講じるこ

と。

⑬ 送気による潜水業務等を行うときは，潜水作業者と連絡するための者を潜水作業者 2 人以下ごとに 1 人置き，潜水作業者と連絡して，潜降および浮上を適正に行わせること等所定の事項を行わせること。

⑭ 潜水業務を行わせるときは，潜水作業者に，信号索，水深計等を携行させること。

(ｳ) **第 5 章（再圧室）中の規制**

① 0.1MPa 以上の気圧下の高圧室内業務または水深 10m 以上の潜水業務を行うときは，近接した安全な場所に再圧室を設置する等の措置を講じること。

② 必要のある者以外の者が再圧室を設置した場所等に立ち入ることを禁止する等の措置を講じること。

③ 再圧室を使用するときは，使用を開始する前に送気設備の作動状況について点検する等の措置を講じること。また，再圧室を使用したときは，その都度，加圧および減圧の状況の記録を作成し，5 年間保存すること。

④ 再圧室については，設置時およびその後 1 カ月を超えない期間ごとに点検し，異常を認めたときは，直ちに補修する等の措置を講じること。

⑤ 再圧室の内部に危険物等を持ち込むことを禁止し，その旨を再圧室の入口に掲示しておくこと。

キ　電離放射線障害防止規則

(ｱ) **第 2 章（管理区域ならびに線量の限度および測定）中の規制**

① 外部放射線による実効線量と空気中の放射性物質による実効線量との合計が 3 カ月間につき 1.3mSv を超えるおそれのある区域等を「管理区域」として，標識による明示，必要のある者以外の立入禁止等の措置を講じること。

② 放射線装置室等について，遮蔽壁，防護ついたて等を設け，外部放射線による実効線量と空気中の放射性物質による実効線量との合計を 1 週間につき 1mSv 以下にすること。

③ 放射線業務従事者について実効線量を 1 年間につき 50mSv 以下，5 年間につき 100mSv 以下にすること。また，等価線量を所定の限度以下にすること。

④ 女性（妊娠する可能性がないと診断された者および妊娠している者を除く。）の放射線業務従事者の受ける実効線量を 3 カ月間につき 5mSv 以下にすること。

⑤ 事故後の緊急作業を行う者の作業の間の実効線量は 100mSv 以下とし，等価線量も所定の限度以下とすること。

⑥ 「放射線業務従事者」「緊急作業に従事する労働者」「管理区域に一時的に立ち入る労働者」に対し，放射線測定器を装着させて，管理区域内における外部被ばくによる線量を測定すること。また，放射性物質を経口あるいは吸入摂取するおそれのある場所に立ち入る者については，内部被ばくによる線量を測定すること。測定結果については，所定の事項を記録すること。

(ｲ) **第 3 章（外部放射線の防護）中の規制**

① 特定エックス線装置（定格管電圧が 10 キロボルト以上のもの）を使用するときは，所定の規格を具備する照射筒またはしぼり，およびろ過板を用いること。

② 特定エックス線装置を用いて間接撮影または透視を行うときは，利用するエックス線管焦点受像器間距離において，エックス線照射野が受像面を超えないようにする等所定の防護措置を講じること。

③ 荷電粒子加速装置および放射性物質装備機器に所要の事項を明記した標識を掲げること。

④ エックス線装置，荷電粒子加速装置，放射性物質装備機器等には専用の放射線装置室を設け，入口にその旨を明記した標識を掲げる等の措置を講じること。

⑤ エックス線装置等に電力が供給されている場合および放射性物質装備機器で照射している場合には，自動警報装置等でその旨を関係者に周知させるとともに，一定以上の能力の装置を置く放射線装置室の出入口にはインターロックを設けること。

⑥ エックス線装置または放射性物質装備機器を放射線装置室以外の場所で使用するときは，労働者を一定の範囲内に立ち入らせない等の措置を講じること。

⑦ 特定エックス線装置または透過写真撮影用ガンマ線照射装置を放射線装置室以外の場所で使用するときは，放射線を労働者が立ち入らない方向に照射し，または遮へいする措置を講じる

こと。
⑧　透過写真撮影用ガンマ線照射装置を使用する
ときは，放射線源送出し装置を用いなければ線
源容器から放射線源を取り出さないこと。
⑨　放射線源送出し装置を有する透過写真撮影用
ガンマ線照射装置を使用するときは，伝送管の
移動，利用線錐の放射角に関し，所定の措置を
講じること。
⑩　透過写真撮影用ガンマ線照射装置を初めて使
用するときその他一定の場合には，線源容器の
シャッターおよびこれを開閉するための装置の
異常の有無等所定の事項について点検を行うこ
と。
⑪　透過写真撮影用ガンマ線照射装置の定期の自
主検査等において異常を認めたときは，直ちに
補修その他の措置を講じること。
⑫　一定の事故が発生した場合において，放射線
源を線源容器等に収納する作業に労働者を従事
させるときは，遮へい物を設ける等の措置を講
じること。
⑬　放射性物質装備機器を移動して使用した後
は，放射線源の紛失の有無等を測定器で点検す
る等の措置を講じること。

（ウ）　第4章（汚染の防止）中の規制
①　非密封の放射性物質を取り扱う作業を行うと
きは，特別の場合を除き，専用の作業室（放射
性物質取扱作業室）を設けて行う等の措置を講
じること。
②　放射性物質取扱作業室は，気体または液体が
浸透しにくく，かつ腐食しにくい材料でつくら
れている等所定の構造のものとすること。
③　放射性物質の飛沫または粉末が飛来するおそ
れのあるときは，飛来防止設備を設ける等の措
置を講じること。
④　放射性物質の取扱いに用いる用具は専用のも
のとする等の措置を講じること。
⑤　放射性物質がこぼれる等により汚染が生じた
ときは，汚染が拡がらない措置などを講じるこ
と。
⑥　放射性物質取扱作業室内は，月1回以上汚染
検査をし，所定限度を超えて汚染されていると
きは，汚染を除去する等の措置を講じること。
⑦　⑤または⑥の汚染の除去等に用いた用具が所
定限度を超えて汚染されていると認められると
きは，使用させない等の措置を講じること。

⑧　放射性物質取扱作業室の出口に汚染検査場所
を設け，退去する労働者の汚染検査をし，所定
限度を超えて汚染されていると認められるとき
は，洗身等をさせること。
⑨　放射性物質取扱作業室から持ち出す物品につ
いては，汚染検査場所で汚染検査をする等の措
置を講じること。
⑩　放射性物質または汚染物を貯蔵するときは，
所定の構造を有する貯蔵施設において行う等の
措置を講じること。
⑪　放射性物質取扱作業室からの排気または排液
の処理施設は，排気または排液がもれるおそれ
のない構造であり，かつ腐食等しにくい材料を
用いる等の措置を講じること。
⑫　放射性物質または汚染物を焼却し，または保
管廃棄するときは，所定の構造を有する焼却炉
または保管廃棄施設において行う等の措置を講
じること。
⑬　放射性物質等の保管，貯蔵，運搬等には，所
定の構造を有する容器を用いる等の措置を講じ
ること。
⑭　放射性物質に係る緊急作業等に労働者を従事
させるときは，有効な呼吸用保護具等を使用さ
せること。
⑮　所定限度を超えて汚染されるおそれのある作
業に労働者を従事させるときは，保護衣類等の
保護具を使用させること。
⑯　放射性物質取扱作業室内において労働者を作
業に従事させるときは，専用の作業衣を使用さ
せること。
⑰　⑭から⑯までに使用させる保護具または作業
衣が，所定の限度を超えて汚染されていると認
められるときは，あらかじめ，所定限度以下に
なるまで汚染を除去しなければ労働者に使用さ
せないこと。
⑱　放射性物質取扱作業室等においては喫煙，飲
食を禁止し，その旨を見やすい箇所に表示する
こと。

（エ）　その他の規制
①　実効線量または等価線量の年限度以上被ばく
した労働者等に，すみやかに，医師の診察また
は処置を受けさせること。
②　電離放射線に係る事故が発生したときは，労
働者が受けた実効線量等を記録し，または，そ
れを算出するため，空気中の放射性物質の濃度

等を測定すること。

③　厚生労働大臣が指定する緊急作業に従事している労働者等を雇用する事業者は，労働者の健康診断結果，被ばく線量，作業内容等を定期的に厚生労働大臣へ提出すること。

④　放射線に関する測定器を備える等の措置を講じること。

ケ　酸素欠乏症等防止規則

㋐　第2章（一般的防止措置）中の規制

①　酸素欠乏危険作業に労働者を従事させるときは，その日の作業の開始前に，作業場の酸素の濃度もしくは酸素および硫化水素の濃度を測定し，記録を3年間保存すること。

②　酸素欠乏危険作業に労働者を従事させるときは，酸素および硫化水素濃度測定に必要な測定器具を備える等の措置を講じること。

③　酸素欠乏危険作業に労働者を従事させるときは，空気中の酸素濃度を18％以上（第二種酸素欠乏危険作業に係る場所にあっては，空気中の酸素の濃度を18％以上，かつ，硫化水素の濃度を100万分の10以下）に保つよう換気するか，それが困難な場合には指定防護係数が1,000以上の全面形面体を有する空気呼吸器等（空気呼吸器，酸素呼吸器または送気マスク）を使用させる等の措置を講じること。

④　酸素欠乏危険作業に労働者を従事させる場合，労働者が酸素欠乏症等（酸素欠乏症および硫化水素中毒）にかかり転落するおそれがあるときは要求性能墜落制止用器具等を使用させること。

⑤　作業を開始する前に保護具等を点検し，異常を認めたときは直ちに補修または取り替えること。

⑥　酸素欠乏危険作業に労働者を従事させるときは，入退場時に人員を点検すること。

⑦　酸素欠乏危険作業を行う場所に，関係者以外の者が立ち入ることを禁止し，かつ，その旨を表示すること。

⑧　酸素欠乏危険作業に労働者を従事させる場合で近接作業場の作業により酸素欠乏等のおそれがあるときには，近接作業場との間の連絡を保つこと。

⑨　酸素欠乏危険作業に労働者を従事させるときは，監視人を置く等異常を早期に把握するために必要な措置を講じるとともに，避難用具等を

備える措置を講じること。

⑩　酸素欠乏症等にかかった労働者の救出作業に従事する労働者には，指定防護係数が1,000以上の全面形面体を有する空気呼吸器等を使用させること。

⑪　酸素欠乏症等にかかった労働者には，直ちに医師の診察または処置を受けさせること。

㋑　第3章（特殊な作業における防止措置）中の規制

①　ずい道等を掘削する作業に労働者を従事させる場合で，メタンまたは炭酸ガスの突出による酸素欠乏症の発生のおそれがあるときは，あらかじめボーリング等により調査し，その結果に基づいて作業方法を定め，これにより作業を行わせること。

②　地下室等通風が不十分な場所に備える炭酸ガス消火設備等については，労働者が誤って接触したことにより容易に転倒または作動することのないようにする等所定の措置を講じること。

③　冷蔵室，冷凍室等密閉して使用する施設または設備の内部における作業に労働者を従事させる場合には，労働者が作業している間，扉等が締まらないような措置を講じること。

④　タンク等通風が不十分な場所において，アルゴン，炭酸ガスまたはヘリウムを使用して行う溶接の作業に労働者を従事させるときは，作業場所の酸素濃度を18％以上に保つように換気する等所定の措置を講じること。

⑤　ボイラー，タンク，反応塔，船倉等の内部で，ヘリウム，アルゴン，窒素等の不活性の気体を送給する配管があるところにおける作業に労働者を従事させるときは，バルブ等を閉止しまたは閉止板を施す等所定の措置を講じること。

⑥　タンク，反応塔等の容器の安全弁等から排出される不活性気体が流入するおそれがあり，かつ，通風等が不十分な場所における作業に労働者を従事させるときは，当該不活性気体が当該場所に滞留することを防止するための措置を講じること。

⑦　その内部の空気を吸引する配管に通ずるタンク，反応塔その他密閉して使用する施設または設備の内部における作業に労働者を従事させるときは，労働者が作業している間，その出入口の扉等が締まらないような措置を講じること。

⑧　地下室等通風が不十分な場所において，メタン等を送給する配管を取り外し，または取り付ける作業に労働者を従事させるときは，作業箇所にこれらのガスが流入しないようにガスを遮断する等所定の措置を講じること。

⑨　圧気工法による作業を行う場合，酸素欠乏の空気が漏出するおそれのあるときは，空気中の酸素濃度を調査し，その結果に基づき，危険な場所への立入りを禁止する等必要な措置を講じること。

⑩　地下室，ピット等の内部における作業に労働者を従事させる場合，酸素欠乏の空気が漏出するおそれのあるときは，酸素欠乏の空気が漏出するおそれのある箇所を閉そくし，酸素欠乏の空気を直接外部へ放出することができる設備を設ける等の措置を講じること。

⑪　し尿，腐泥，汚水，パルプ液その他腐敗し，もしくは分解しやすい物質を入れてあり，もしくは入れたことのあるポンプもしくは配管等またはこれらに附属する設備の改造，修理，清掃等を行う場合において，これらの設備を分解する作業に労働者を従事させるときは，所定の措置を講じること。

コ　事務所衛生基準規則

㋐　第2章（事務室の環境管理）中の規制

①　設備の占める容積および床面から4mを超える高さにある空間を除き，室の気積を労働者1人について10m³以上とすること。

②　室には床面積の20分の1以上の面積の換気窓等を設けるとともに，その内部の一酸化炭素の含有率を100万分の50以下に，また，二酸化炭素の含有率を100万分の5,000以下とすること。

③　室の温度を適当に調節すること。

④　空気調和設備等を設けている場合は，室に供給される空気が浮遊粉じん量，一酸化炭素および二酸化炭素の含有率，ホルムアルデヒドの量，気流についての所定の基準に適合するように，当該設備等を調整する等の措置を講じること。また，室温を18度以上28度以下および相対湿度を40％以上70％以下になるように努めること。

⑤　室内で燃焼器具を使用する場合には，換気のための設備を設け，また，毎日，器具を点検すること等の措置を講じること。

⑥　機械による換気のための設備について，初めて使用するとき，分解して改造または修理を行ったときには，その時および2カ月以内ごとに1回定期に点検する等の措置を講じること。

⑦　室の作業面の照度を一般的な事務作業で300lx以上，付随的な事務作業で150lx以上とする等の措置を講じること。

⑧　室内の労働者に有害な影響を及ぼすおそれのある騒音または振動について，その伝ばを防止するため必要な措置を講じること。

⑨　事務用機器で騒音を発するものを5台以上集中して同時に使用するときは，専用の作業室を設けること。

㋑　第3章（清潔）中の規制

①　労働者の飲用に供する水その他の飲料を十分に供給する等の措置を講じること。

②　排水設備については，汚水の漏出等が生じないように保持すること。

③　日常行う清掃のほか，6カ月以内ごとに定期に大掃除を行うほか，統一的に行った調査結果に基づき，ねずみ，昆虫等の防除を行う等の措置を講じること。

④　便所については，男女別に，所定数以上の適切な構造のものを設ける等の措置を講じること。

⑤　洗面設備ならびに被服を汚染する等のおそれのある労働者のため更衣設備および被服の乾燥設備を設けること。

㋒　第4章（休養）および第5章（救急用具）中の規制

①　有効に利用できる休憩の設備を設けるよう努めること。

②　必要に応じ，睡眠または仮眠することのできる設備を男女別に設ける等の措置を講じること。

③　常時50人以上または常時女性30人以上の労働者を使用する場合は，臥床し得る休養室等を，男女別に設けること。

④　持続的立業に従事する労働者が使用することのできるいすを備えること。

⑤　負傷者の手当に必要な救急用具および材料を備える等の措置を講じること。

サ 粉じん障害防止規則

(ア) 第2章（設備等の基準）中の規制

① 特定粉じん発生源については，密閉設備，局所排気装置，プッシュプル型換気装置，湿潤な状態に保つための設備等を設置すること。

② 特定粉じん作業以外の粉じん作業を行う屋内作業場については，全体換気装置による換気等を実施すること。

③ 特定粉じん作業以外の粉じん作業を行う坑内作業場については，換気装置による換気等を実施すること。

④ 所定の局所排気装置，プッシュプル型換気装置には，除じん装置を設けること。

(イ) 第3章（設備の性能等）中の規制

① 局所排気装置のフード，ダクト，排風機，排出口等，または，プッシュプル型換気装置のダクト，排風機，排出口等は，所定の条件に適合させること。

② 局所排気装置またはプッシュプル型換気装置は，粉じん作業が行われている間有効に稼働させること。

③ 除じん装置は，所定の除じん方式またはこれらと同等以上の性能を有するものであること。

④ 除じん装置は，局所排気装置またはプッシュプル型換気装置が稼働している間有効に稼働させること。

⑤ 湿式型の衝撃式削岩機は，特定粉じん作業が行われている間有効に給水を行うこと。

⑥ 湿潤な状態を保つための設備により，粉じん作業が行われている間，粉じんの発生源を湿潤な状態に保つこと。

(ウ) 第4章（管理）中の規制

① 局所排気装置，プッシュプル型換気装置または除じん装置を初めて使用するとき，または修理等を行ったときは，所定の事項について点検を行うこと。

② 定期自主検査等または点検の結果異常を認めたときは，直ちに補修等の措置を講じること。

③ 粉じん作業を行う作業場以外の場所に休憩設備を設けること。

④ 粉じん作業を行う作業場等については，定期に清掃すること。

(エ) 第6章（保護具）中の規制

坑外において衝撃式削岩機を用いて掘削する作業等所定の粉じん作業に労働者を従事させるときは，有効な呼吸用保護具を使用させること。

〔参考資料〕3　安全関係統計資料

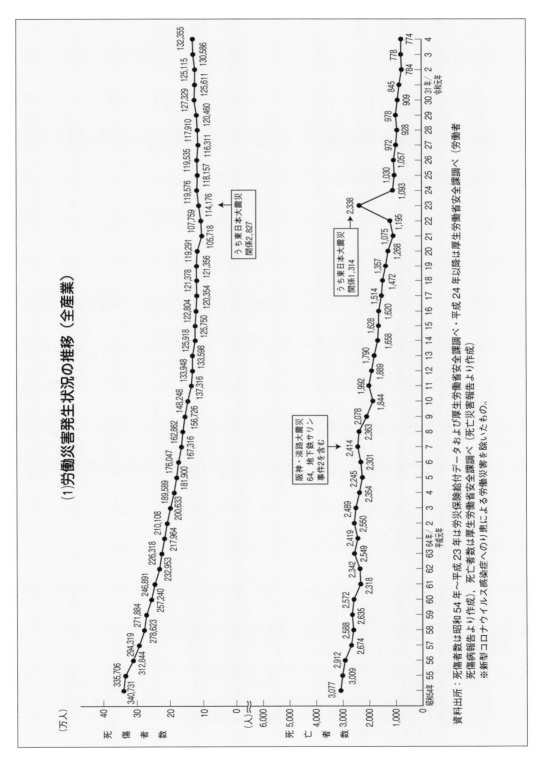

(1)労働災害発生状況の推移（全産業）

資料出所：死傷者数は昭和54年〜平成23年は労災保険給付データおよび厚生労働省安全課調べ・平成24年以降は厚生労働省安全課調べ（労働者死傷病報告より作成）、死亡者数は厚生労働省安全課調べ（死亡災害報告より作成）。
※新型コロナウイルス感染症への罹患による労働災害を除いたもの。

⑵産業別死傷年千人率の推移（休業4日以上）

年	全産業	製造業	鉱業	建設業	陸上貨物運送事業	林業
平成11	2.8	3.6	18.3	6.3	9.8	29.3
12	2.8	3.6	17.4	6.3	9.8	28.7
13	2.7	3.5	17.7	6.2	10.0	27.6
14	2.6	3.3	16.5	6.1	9.2	27.7
15	2.6	3.4	19.1	6.0	9.3	29.7
16	2.5	3.4	18.3	6.0	8.9	27.7
17	2.4	3.3	18.8	5.8	8.4	26.8
18	2.4	3.2	16.9	5.7	8.3	26.3
19	2.3	3.2	16.3	5.6	8.2	29.5
20	2.3	3.0	14.0	5.3	7.9	29.9
21	2.0	2.5	14.2	4.9	6.4	30.0
22	2.1	2.6	13.9	4.9	7.0	28.6
23	2.1	2.7	13.9	5.2	7.1	27.7
24	2.3	3.0	9.9	5.0	8.4	31.6
25	2.3	2.8	12.0	5.0	8.3	28.7
26	2.3	2.9	8.1	5.0	8.4	26.9
27	2.2	2.8	7.0	4.6	8.2	27.0
28	2.2	2.7	9.2	4.5	8.2	31.2
29	2.2	2.7	7.0	4.5	8.4	32.9
30	2.3	2.8	10.7	4.5	8.9	22.4
平成31／令和元	2.2	2.7	10.2	4.5	8.5	20.8
2	2.2	2.6	10.0	4.4	8.9	25.4
3	2.3	2.7	10.8	4.6	9.1	24.7
4	2.3	2.7	9.9	4.5	9.1	23.5

資料出所：平成23年までは労働者災害補償保険事業年報，労災保険給付データ，平成24年以降は労働者死傷病報告，総務省労働力調査

（注）死傷年千人率とは，労働者1,000人あたりの1年間の死傷件数である。
　　平成23年の死傷者数には東日本大震災を直接の原因とするものを含まない。
　　令和2年〜令和4年の死傷者数には新型コロナウイルス感染症へのり患によるものを含まない。

(3)業種別・事業場規模別死傷災害発生状況（休業 4 日以上）（令和 4 年）

業種 ＼ 事業場規模	計	1人〜9人	10人〜29人	30人〜49人	50人〜99人	100人〜299人	300人以上
全　産　業	132,355	24,165	34,656	20,120	20,355	21,717	11,342
製　造　業	26,694	3,647	6,342	4,052	4,275	5,250	3,128
鉱　　　業	198	70	89	29	6	4	0
建　設　業	14,539	8,178	4,371	1,112	550	253	75
運 輸 交 通 業	17,735	1,370	4,540	3,659	3,725	3,375	1,066
貨 物 取 扱 業	2,102	132	410	309	362	535	354
農　林　業	2,637	1,425	786	225	134	66	1
そ　の　他	68,450	9,343	18,118	10,734	11,303	12,234	6,718

資料出所：「労働者死傷病報告」

(4)事業場規模別死傷年千人率（令和 4 年）

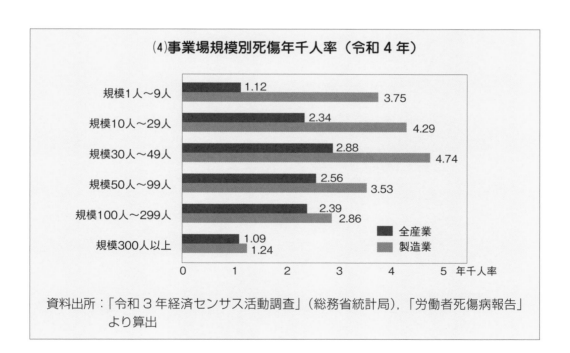

資料出所：「令和 3 年経済センサス活動調査」（総務省統計局），「労働者死傷病報告」
　　　　より算出

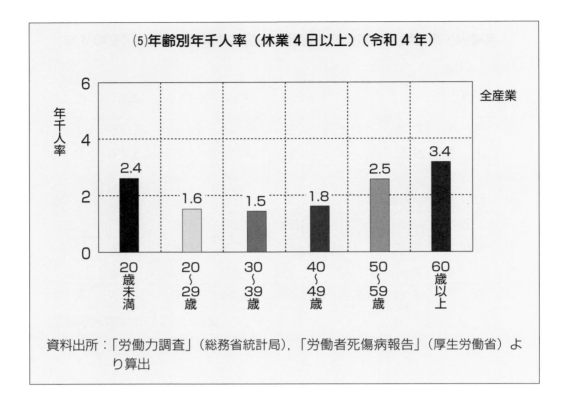

(5)年齢別年千人率（休業4日以上）（令和4年）

資料出所：「労働力調査」（総務省統計局），「労働者死傷病報告」（厚生労働省）より算出

〔参考資料〕 4　労働衛生関係統計資料

(1)業務上疾病発生状況（年次別）

業種／年	製造業						鉱業	建設業	運輸交通業	貨物取扱業	その他の事業	合計
	全製造業	繊維工業	化学工業	窯業・土石製品製造業	金属工業	機械器具工業						
昭和45	13,408 (1.0)	579 (0.3)	1,205 (1.3)	1,073 (1.9)	4,122 (2.2)	2,789 (0.8)	2,034 (7.7)	5,735 (1.7)	4,098 (2.2)	1,758 (3.8)	3,763 (0.3)	30,796 (0.9)
55	7,020 (0.6)	263 (0.2)	493 (0.6)	947 (1.7)	1,811 (1.2)	1,473 (0.4)	1,394 (11.6)	3,965 (1.1)	2,518 (1.2)	600 (2.8)	3,147 (0.2)	18,644 (0.5)
昭和64／平成元年	4,340 (0.3)	176 (0.1)	273 (0.3)	491 (1.0)	725 (0.9)	880 (0.2)	615 (8.6)	2,162 (0.6)	1,998 (0.9)	259 (1.6)	3,090 (0.1)	12,464 (0.3)
5	3,154 (0.2)	114 (0.1)	268 (0.2)	340 (0.7)	451 (0.5)	572 (0.1)	462 (6.8)	1,661 (0.4)	1,400 (0.6)	221 (0.9)	2,732 (0.1)	9,630 (0.2)
10	2,457 (0.2)	87 (0.1)	221 (0.2)	306 (0.7)	490 (0.4)	470 (0.1)	468 (8.7)	1,364 (0.3)	1,100 (0.5)	87 (0.6)	3,098 (0.1)	8,574 (0.2)
15	1,965 (0.2)	39 (0.1)	166 (0.1)	231 (0.6)	416 (0.4)	410 (0.1)	356 (9.0)	1,093 (0.3)	969 (0.4)	99 (0.8)	3,573 (0.1)	8,055 (0.2)
20	1,965 (0.2)	19 (0.1)	169 (0.2)	175 (0.6)	396 (0.4)	508 (0.1)	175 (6.4)	930 (0.3)	1,097 (0.5)	93 (0.8)	4,614 (0.1)	8,874 (0.2)
21	1,485 (0.1)	30 (0.2)	145 (0.1)	141 (0.5)	280 (0.3)	322 (0.1)	141 (5.1)	718 (0.2)	927 (0.4)	82 (0.7)	4,138 (0.1)	7,491 (0.1)
22	1,745 (0.2)	19 (0.1)	178 (0.2)	151 (0.5)	309 (0.3)	434 (0.1)	138 (5.0)	881 (0.3)	956 (0.4)	88 (0.8)	4,303 (0.1)	8,111 (0.2)
23	1,624 (0.2)	22 (0.1)	167 (0.2)	133 (0.5)	293 (0.3)	408 (0.1)	117 (4.3)	800 (0.3)	922 (0.4)	87 (0.7)	4,229 (0.1)	7,779 (0.2)
24	1,479 (0.2)	29 (0.2)	125 (0.1)	128 (0.5)	244 (0.2)	358 (0.1)	107 (4.4)	745 (0.2)	912 (0.4)	104 (0.8)	4,396 (0.1)	7,743 (0.1)
25	1,389 (0.2)	29 (0.2)	125 (0.1)	105 (0.4)	277 (0.3)	301 (0.1)	97 (4.0)	733 (0.2)	887 (0.4)	103 (0.8)	4,101 (0.1)	7,310 (0.1)
26	1,459 (0.2)	27 (0.2)	161 (0.2)	112 (0.4)	262 (0.3)	311 (0.1)	61 (2.5)	705 (0.2)	860 (0.3)	107 (0.8)	4,223 (0.1)	7,415 (0.1)
27	1,411 (0.1)	24 (0.1)	125 (0.1)	89 (0.3)	261 (0.2)	324 (0.1)	63 (2.1)	641 (0.2)	1,007 (0.4)		4,246 (0.1)	7,368 (0.1)
28 ※1	1,421 (0.1)	18 (0.0)	134 (0.1)	83 (0.2)	272 (0.2)	336 (0.1)	54 (2.7)	614 (0.2)	1,059 (0.4)		4,192 (0.1)	7,340 (0.1)
29	1,464 (0.1)	24 (0.1)	154 (0.1)	85 (0.3)	245 (0.2)	349 (0.1)	42 (1.4)	665 (0.2)	1,163 (0.4)		4,510 (0.1)	7,844 (0.1)
30	1,631 (0.2)	20 (0.1)	169 (0.1)	86 (0.3)	288 (0.2)	358 (0.1)	32 (1.6)	697 (0.2)	1,297 (0.5)		5,027 (0.2)	8,684 (0.2)
31／令和元年	1,569 (0.2)	24 (0.1)	137 (0.1)	86 (0.3)	296 (0.2)	377 (0.1)	39 (2.0)	605 (0.2)	1,169 (0.4)		4,928 (0.1)	8,310 (0.2)
2 ※2	1,853 (0.2)	105 (0.3)	173 (0.1)	96 (0.4)	190 (0.2)	430 (0.1)	35 (1.8)	883 (0.3)	1,438 (0.5)		10,829 (0.3)	15,038 (0.3)
3 ※3	3,672 (0.4)	58 (0.2)	364 (0.3)	108 (0.4)	525 (0.4)	908 (0.2)	25 (1.3)	1,770 (0.5)	1,870 (0.7)		20,734 (0.5)	28,071 (0.5)
4 ※4	5,732 (0.6)	177 (0.7)	421 (0.3)	191 (0.7)	800 (0.7)	1,539 (0.4)	35 (1.8)	3,477 (1.1)	3,100 (1.0)		153,151 (3.8)	165,495 (2.9)

資料出所：厚生労働省「業務上疾病調」

（注）1. 表は休業4日以上のものである。
　　 2. （ ）は疾病者数年千人率　　疾病者数年千人率＝$\dfrac{疾病者数}{労働基準法適用労働者数}×1,000$
　　 3. 平成26年までの労働基準法適用労働者数は経済センサス，平成27年からの労働基準法適用労働者数は労働力調査より。　4. ※1は公表値を修正している。　5. ※2は新型コロナウイルス感染症のり患によるもの（6,041）を含む。　6. ※3は新型コロナウイルス感染症のり患によるもの（19,332）を含む。　7. ※4は新型コロナウイルス感染症のり患によるもの（155,989）を含む。

(2)業務上疾病発生状況（業種別・疾病別）（令和4年）

業種	(1) 負傷に起因する疾病	うち腰痛（災害性腰痛）	物理的因子による疾病 (2) 有害光線による疾病	(3) 電離放射線による疾病	(4) 異常気圧下における疾病	(5) 異常温度条件による疾病	うち熱中症	(6) 騒音による耳の疾病	(7) (2)～(6)以外の物理的因子による疾病	作業態様による (8) 重激業務による運動器疾患と内臓脱	(9) 負傷によらない業務上の腰痛
食料品製造業	284 (0)	225 (0)	10 (0)	0 (0)	0 (0)	63 (0)	27 (0)	0 (0)	1 (0)	6 (0)	1 (0)
繊維・繊維製品製造業	20 (0)	14 (0)	0 (0)	0 (0)	0 (0)	1 (0)	1 (0)	1 (0)	0 (0)	0 (0)	0 (0)
木材・木製品家具装備品製造業	21 (1)	19 (0)	0 (0)	0 (0)	0 (0)	5 (1)	5 (0)	0 (0)	0 (0)	1 (0)	0 (0)
パルプ・紙, 紙加工品印刷・製本業	47 (0)	36 (0)	0 (0)	0 (0)	0 (0)	9 (0)	8 (0)	1 (0)	0 (0)	3 (0)	0 (0)
化学工業	98 (0)	77 (0)	0 (0)	0 (0)	0 (0)	20 (0)	9 (0)	2 (0)	2 (0)	2 (0)	0 (0)
窯業・土石製品製造業	32 (0)	25 (0)	0 (0)	0 (0)	0 (0)	13 (0)	12 (0)	0 (0)	0 (0)	0 (0)	0 (0)
鉄鋼・非鉄金属製造業	40 (0)	31 (0)	0 (0)	0 (0)	0 (0)	31 (0)	13 (0)	0 (0)	0 (0)	0 (0)	0 (0)
金属製品製造業	91 (0)	75 (0)	0 (0)	0 (0)	0 (0)	16 (0)	15 (0)	0 (0)	0 (0)	0 (0)	0 (0)
一般・電気・輸送用機械工業	251 (0)	213 (0)	3 (0)	0 (0)	0 (0)	39 (0)	38 (0)	1 (0)	1 (0)	0 (0)	1 (0)
電気・ガス・水道業	5 (0)	4 (0)	0 (0)	0 (0)	0 (0)	3 (0)	3 (0)	0 (0)	0 (0)	0 (0)	0 (0)
その他の製造業	76 (2)	59 (0)	0 (0)	0 (0)	0 (0)	18 (1)	14 (1)	0 (0)	1 (0)	0 (0)	0 (0)
製造業小計	965 (3)	778 (0)	13 (0)	0 (0)	0 (0)	218 (3)	145 (2)	6 (0)	6 (0)	18 (0)	2 (0)
鉱業	3 (0)	1 (0)	0 (0)	0 (0)	0 (0)	0 (0)	0 (0)	0 (0)	0 (0)	0 (0)	0 (0)
建設業	370 (11)	213 (0)	0 (0)	0 (0)	1 (0)	182 (15)	179 (14)	3 (0)	8 (3)	5 (0)	0 (0)
運輸交通業	901 (6)	746 (0)	0 (0)	0 (0)	10 (0)	141 (2)	125 (1)	1 (0)	5 (0)	23 (0)	0 (0)
貨物取扱業	170 (0)	154 (0)	0 (0)	0 (0)	0 (0)	17 (0)	13 (0)	0 (0)	3 (0)	4 (0)	0 (0)
農林水産業	139 (0)	88 (0)	1 (0)	0 (0)	2 (0)	36 (2)	36 (2)	0 (0)	2 (1)	2 (0)	0 (0)
商業・金融・広告業	1,432 (7)	1,234 (0)	2 (0)	0 (0)	2 (0)	121 (0)	98 (0)	0 (0)	4 (0)	36 (0)	8 (0)
保健衛生業	2,228 (0)	2,050 (0)	0 (0)	0 (0)	0 (0)	31 (0)		0 (0)	6 (0)	31 (0)	8 (0)
接客・娯楽業	341 (0)	284 (0)	0 (0)	0 (0)	0 (0)	88 (0)	27 (0)	1 (0)	4 (0)	4 (0)	0 (0)
清掃・と畜業	227 (0)	176 (0)	0 (0)	0 (0)	0 (0)	62 (2)	58 (2)	1 (0)	0 (0)	10 (0)	0 (0)
その他の事業	305 (2)	235 (0)	3 (0)	0 (0)	1 (0)	132 (7)	124 (7)	0 (0)	2 (0)	12 (0)	4 (0)
合計	7,081 (29)	5,959 (0)	19 (0)	0 (0)	16 (0)	1,028 (33)	827 (30)	12 (0)	40 (4)	145 (0)	31 (0)

（製造業の食料品製造業から製造業小計までは「製造業」に属する。）

資料：厚生労働省「業務上疾病調」

(注) 1. 表は休業4日以上のものである。

2. 疾病分類は労働基準法施行規則第35条によるものを整理したものである。

3. 表中の（　）は死亡で内数である。

起因する疾病 (10) 振動障害	(11) 手指前腕の障害及び頸肩腕症候群	(12) (8)～(11)以外に起因する疾病態様	(13) 酸素欠乏症	(14) 化学物質による疾病（がんを除く）	(15) じん肺症及びじん肺合併症（休業のみ）	(16) 病原体による疾病	うち新型コロナウイルスり患によるもの	がん (17) 電離放射線によるがん	(18) 化学物質によるがん	(19) (17)(18)以外の原因によるがん	(20) 過重な業務による脳血管疾患・心臓疾患等	(21) 強い心理的負荷を伴う業務による精神障害	(22) その他の業務に起因することの明らかな疾病	合計	うち新型コロナウイルスり患によるものを除く
0 (0)	26 (0)	4 (0)	0 (0)	31 (0)	0	808 (0)	806 (0)	0 (0)	0 (0)	0 (0)	1 (0)	3 (0)	4 (0)	1,242 (0)	436 (0)
0 (0)	0 (0)	0 (0)	0 (0)	1 (0)	0	154 (1)	152 (1)	0 (0)	0 (0)	0 (0)	0 (0)	0 (0)	0 (0)	177 (1)	25 (0)
0 (0)	7 (0)	2 (0)	0 (0)	1 (0)	0	127 (0)	127 (0)	0 (0)	0 (0)	0 (0)	0 (0)	0 (0)	0 (0)	164 (2)	37 (2)
0 (0)	3 (0)	1 (0)	0 (0)	0 (0)	0	229 (0)	229 (0)	0 (0)	0 (0)	0 (0)	0 (0)	0 (0)	2 (1)	296 (1)	67 (1)
0 (0)	5 (0)	1 (0)	0 (0)	28 (0)	0	259 (0)	259 (0)	0 (0)	1 (0)	0 (0)	0 (0)	2 (0)	0 (0)	421 (0)	162 (1)
0 (0)	0 (0)	2 (0)	0 (0)	0 (0)	17	126 (0)	126 (0)	0 (0)	0 (0)	0 (0)	0 (0)	0 (0)	0 (0)	191 (0)	65 (0)
0 (0)	2 (0)	0 (0)	2 (2)	3 (0)	6	206 (0)	206 (0)	0 (0)	0 (0)	1 (0)	0 (0)	0 (0)	0 (0)	293 (3)	87 (3)
2 (0)	5 (0)	4 (0)	1 (0)	20 (0)	10	353 (1)	353 (1)	0 (0)	0 (0)	0 (0)	0 (0)	1 (0)	1 (0)	507 (1)	154 (0)
0 (0)	18 (0)	5 (0)	0 (0)	28 (0)	17	1,163 (1)	1,161 (1)	0 (0)	0 (0)	0 (0)	1 (0)	3 (0)	6 (0)	1,539 (2)	378 (2)
0 (0)	0 (0)	0 (0)	0 (0)	0 (0)	0	523 (1)	523 (1)	0 (0)	0 (0)	0 (0)	0 (0)	0 (0)	0 (0)	531 (1)	8 (0)
1 (0)	6 (0)	2 (0)	0 (0)	6 (0)	3	256 (0)	255 (0)	0 (0)	0 (0)	0 (0)	0 (0)	0 (0)	0 (0)	371 (3)	116 (3)
3 (0)	72 (0)	21 (0)	3 (2)	119 (1)	53	4,204 (3)	4,197 (3)	0 (0)	2 (0)	1 (0)	2 (1)	10 (0)	14 (2)	5,732 (15)	1,535 (12)
0 (0)	0 (0)	0 (0)	0 (0)	0 (0)	16	15 (0)	15 (0)	0 (0)	0 (0)	0 (0)	0 (0)	0 (0)	0 (0)	35 (0)	20 (0)
3 (0)	6 (0)	7 (1)	3 (3)	43 (1)	48	2,775 (1)	2,766 (1)	0 (0)	0 (0)	0 (0)	4 (1)	5 (0)	14 (6)	3,477 (42)	711 (41)
0 (0)	11 (0)	25 (0)	0 (0)	8 (0)	0	1,533 (0)	1,526 (0)	0 (0)	0 (0)	0 (0)	17 (7)	0 (0)	8 (0)	2,691 (17)	1,165 (16)
0 (0)	9 (0)	7 (0)	0 (0)	1 (0)	0	194 (0)	194 (0)	0 (0)	0 (0)	0 (0)	1 (0)	0 (0)	3 (0)	409 (1)	215 (1)
1 (0)	5 (0)	0 (0)	0 (0)	11 (0)	0	227 (0)	215 (0)	0 (0)	0 (0)	0 (0)	0 (0)	0 (0)	7 (0)	433 (4)	218 (4)
0 (0)	47 (0)	22 (0)	0 (0)	18 (0)	0	4,110 (0)	4,100 (0)	0 (0)	0 (0)	0 (0)	6 (1)	10 (0)	15 (0)	5,833 (11)	1,733 (11)
0 (0)	27 (0)	25 (0)	0 (0)	14 (0)	0	138,853 (8)	138,752 (8)	0 (0)	0 (0)	0 (0)	8 (0)	35 (0)	23 (0)	141,289 (9)	2,537 (0)
1 (0)	25 (0)	16 (0)	0 (0)	11 (0)	0	1,425 (1)	1,419 (1)	0 (0)	0 (0)	0 (0)	3 (0)	7 (0)	9 (0)	1,938 (1)	519 (0)
0 (0)	7 (0)	5 (0)	0 (0)	26 (0)	0	474 (1)	472 (1)	0 (0)	0 (0)	0 (0)	1 (0)	1 (0)	6 (0)	820 (5)	348 (4)
2 (0)	9 (0)	7 (0)	0 (0)	4 (0)	3	2,339 (1)	2,333 (1)	0 (0)	0 (0)	0 (0)	1 (0)	4 (0)	10 (0)	2,838 (11)	505 (10)
10 (0)	218 (0)	135 (1)	6 (5)	255 (3)	120	156,149 (17)	155,989 (16)	0 (0)	2 (0)	1 (0)	43 (11)	74 (0)	110 (12)	165,495 (116)	9,506 (100)

4．「化学物質」は労働基準法施行規則別表第1の2第7号に掲げる名称の化学物質である。

5．本統計の数字は令和4年中に発生した疾病で令和5年3月末日までに把握したものである。

(3)特殊健康診断実施状況（年次別）

年 ＼ 項目	実施 事業場数	受診者数 （A）	有所見者数 （B）	有所見率 $\frac{(B)}{(A)}$ （%）
平成25	101,452	2,229,617	134,434	6.0
26	110,489	2,347,420	135,678	5.8
27[※1]	129,812	2,575,063	144,842	5.6
28[※2]	148,775	2,910,631	175,016	6.0
29[※2]	154,609	3,008,834	183,589	6.1
30[※2]	158,931	3,115,040	194,176	6.2
31年／令和元年[※2]	162,029	3,196,111	197,928	6.2
2	149,533	2,886,849	164,214	5.7
3	168,703	3,105,058	157,436	5.1
4	178,082	3,180,836	160,817	5.1

資料出所：厚生労働省「特殊健康診断結果調」
（注）1. 有機溶剤，鉛健康診断は平成元年10月より項目等が変更されている。
　　　2. ※1　平成27年は公表値を修正している。
　　　3. ※2　平成28〜30年は集計対象の報告書を精査の上再集計し，公表値を修正している。
　　　　　再集計では再集計時までに提出された報告書が集計対象となるため，通常よりも集計対
　　　　　象が多くなっている（令和元年は精査後にのみ集計を行った）。

(4)じん肺管理区分の決定状況（年次別）

年 ＼ 項目	じん肺健 康診断受 診労働者 数 (A)	管理2	管理3	管理4	有所見者 数 （B）	合併症 り患者数	有所見 率(%) (B)／(A) ×100
平成25	243,740	2,186	295	12	2,493	5	1.0
26	251,730	1,967	246	12	2,225	1	0.9
27	249,759	1,691	229	15	1,935	3	0.8
28	300,551※	1,573	221	13	1,807	2	0.6※
29	303,294※	1,456	219	9	1,684	4	0.6※
30	306,475※	1,161	195	10	1,366	3	0.4※
31年／平成元年	318,984	1,011	187	13	1,211	4	0.4
2	271,502	945	159	12	1,116	2	0.4
3	297,837	797	148	9	954	3	0.3
4	292,090	766	162	18	946	1	0.3

資料出所：厚生労働省「じん肺健康管理実施結果調」
（注）1. 本統計中には，随時申請によるものは含まれていない。
　　　2. じん肺管理区分の管理4は，療養を要するもの。
　　　3. ※部分は集計対象の報告書を精査の上再集計し，公表値を修正している。再集計では再集計時
　　　　　までに提出された報告書が集計対象となるため，通常よりも集計対象が多くなっている（令和元
　　　　　年は精査後にのみ集計を行った）。

安全衛生推進者必携

平成29年1月31日	第1版第1刷発行
令和2年8月31日	第2版第1刷発行
令和5年10月31日	第3版第1刷発行
令和6年9月30日	第4刷発行

編　　　者　中央労働災害防止協会

発　行　者　平山　剛

発　行　所　中央労働災害防止協会
　　　　　　〒108-0023
　　　　　　東京都港区芝浦3丁目17番12号
　　　　　　吾妻ビル9階
　　　　　　電話　販売　03(3452)6401
　　　　　　　　　編集　03(3452)6209

イ ラ ス ト　㈲ワークス（平松ひろし）

表紙デザイン　新島　浩幸

印刷・製本　㈱丸井工文社

落丁・乱丁本はお取り替えいたします。　　　ⒸJISHA 2023
ISBN978-4-8059-2136-4 C3060
中災防ホームページ　https://www.jisha.or.jp/